2017最具公众影响力公共关系案例集

金旗奖编委会　编著

中国财富出版社

图书在版编目（CIP）数据

2017 最具公众影响力公共关系案例集 / 金旗奖编委会编著 .—北京：中国财富出版社，2018.5

ISBN 978-7-5047-6641-0

Ⅰ . ① 2… Ⅱ . ①金… Ⅲ . ①公共关系学—案例 Ⅳ . ① C912.3

中国版本图书馆 CIP 数据核字（2018）第 092218 号

策划编辑 谢晓绚　　**责任编辑** 张冬梅　周　畅
责任印制 梁　凡　　**责任校对** 孙会香　卓闪闪　　**责任发行** 董　倩

出版发行 中国财富出版社
社　　址 北京市丰台区南四环西路 188 号 5 区 20 楼　**邮政编码** 100070
电　　话 010-52227588 转 2048/2028（发行部）　010-52227588 转 321（总编室）
010-68589540（读者服务部）　010-52227588 转 305（质检部）
网　　址 http://www.cfpress.com.cn
经　　销 新华书店
印　　刷 北京京都六环印刷厂
书　　号 ISBN 978-7-5047-6641-0/C・0219
开　　本 710mm×1000mm　1/16　**版　　次** 2018 年 6 月第 1 版
印　　张 28.5　**印　　次** 2018 年 6 月第 1 次印刷
字　　数 481 千字　**定　　价** 86.00 元

本书编委会

前　言 | PREFACE

公共关系的影响力时代

各位新老朋友，大家好!

经过一年的精心筹备，金旗奖《2017 最具公众影响力公共关系案例集》终于尘埃落定，顺利问世。

首先感谢公共关系业界及学界的鼎力支持，这是这么多年来我们坚持打造金旗奖案例集系列丛书的根本动力。

我们郑重承诺，将再接再厉，遴选引领公共关系创新发展，彰显公共关系在社会政治、商业生活中独特价值的经典案例，通过优秀案例展示公共关系影响力价值，推动商业繁荣和社会进步。

2017 金旗奖案例评选从企业社会责任、数字营销、社群互动营销、品牌传播、公关活动、内容营销、娱乐营销、技术创新营销、营销实效、海外传播 10 个类别进一步扩展，为了助力“一带一路”倡议的传播，特别增设了“一带一路”传播大奖，希望为在“一带一路”倡议下出海发展的企业提供有益的传播参考。各个类别的出色案例在本书中均有展示。

多年来，我们一直在思考：什么是公共关系真正的价值？如何提升公众对公共关系价值的认知？如何给公共关系一个公众听得懂的定义和解释？正如我在 2017 金旗奖颁奖典礼演讲中提到的，我们正迎来一个公共关系影响力时代，公共关系真正的价值是创造影响力，通过影响力改变人或组织的行为及决策，最终推动商业繁荣和社会进步。

我们可以看到很多公共关系帮助国家、机构和品牌扩大影响力的案例。

“一带一路”倡议不仅为沿线国家创造了共同发展的机会，也使得中国的国际影响力得到了很大的提升，这是公共关系的国家影响力。

在全球化的商业环境中，中国企业正在用新的策略扩大影响力，树立全球化的、普世的价值观，传播本土文化，拥有面对不公正待遇，既据理力争，又能坦然面对的勇气。企业作为独立个体参与全球市场竞争，以平等沟通扩大影响力，获得极佳的商业价值，这是很多已经在中国成功的全球大公司的经验，也是中国企业走向全球市场的竞争发展之路。

公共关系决定着品牌影响力，在一部近万元的苹果手机中，真正的材料和人工成本有多少，品牌溢价有多高，我们非常清楚。品牌影响力意味着品牌不仅仅是一个商标，而是消费者对产品有形资产和无形资产的全部认知并愿意为此付出高于产品价值本身的溢价。

未来是中国企业全球化的时代，是中国品牌全球化的时代，是在变革的大潮中，公共关系重塑影响力的时代。

希望每一位从业者都能抓住这个机遇，在公共关系影响力时代，用你们的智慧和洞见创造出更多更好的案例，在全球化的浪潮中不断发挥公共关系影响力的价值，为推动商业繁荣和社会进步做出努力，“一起影响世界，一旗影响世界”！

银小冬

金旗奖创始人

中国公共关系网（17PR）总经理

目　录 | CONTENTS

2017 最具公众影响力 “一带一路”传播大奖

M 地铁·影廊“一带一路”影像展

执行时间：2016 年—2017 年

企业名称：北京京港地铁有限公司

品牌名称：京港地铁

获奖情况：金旗奖——2017 最具公众影响力“一带一路”传播大奖

项目概述

京港地铁在为乘客提供安全、可靠、舒适、便捷的生活服务的同时，持续打造现代城市的出行空间。2016 年，京港地铁发起文化类公益项目——M 地铁·影廊，充分利用地铁媒体空间，打造京城首个地铁影廊，让乘客在出行的碎片化时间内，足不出地铁就能感知并体验各类风情文化。

结合国家“一带一路”倡议背景，2016 年 6 月，M 地铁·影廊推出“欢·乘京港线，乐·享丝路情”主题影像展，2017 年，该项目在“一带一路”国际合作高峰论坛举办前，推出“@所有人　看路，看世界”2017 丝路主题影像展，通过打造主题车站、主题列车，举办赏片会、摄影大咖分享会，策划旅游、美食等更贴近大众的主题，以图片、影像、音乐、故事分享等形式，向公众介绍了丝绸之路沿线国家的风土人情，丰富乘客的出行体验，提升公众对京港地铁的品牌认知度，该项目得到了媒体的广泛关注。

M 地铁 · 影廊 1

项目背景

（1）2013 年，习近平主席提出的共同建设“丝绸之路经济带”和 21 世纪“海上丝绸之路”的倡议，引起了国际社会的高度关注和沿途国家的积极响应。

（2）京港地铁作为国内城市轨道交通领域首家引入境外资本的合作经营企业，在为广大乘客提供安全、可靠、舒适、便捷的生活服务的同时，积极履行企业社会责任并致力打造现代城市的出行空间；地铁是一个公共出行平台，京港地铁希望充分发挥地铁的平台优势和媒体资源，通过丰富的文化活动和平台资源的展示，更多地实现与乘客的互动，让乘客在出行过程中享受文化的盛宴，体验丝绸之路的风情。

项目调研

（1）在 M 地铁 · 影廊项目开展之前，京港地铁具有多年策划、推行文化类公益活动的经验。自京港地铁运营的首条线路地铁 4 号线 2009 年开通以来，京港地铁就持续开展安全类和文化类的公益活动并逐渐形成规模。如推广公益阅读的M地铁·图书馆项目，截至2017年，已开展7期主题活动，开放了70本国家图书馆的优质电子书资源，有超过20万人进行了分享阅读；在安全方面，京港地铁推出的京港地铁安全训练营项目已开展安全课堂、地铁职业体验以及主题活动数十次，将安全、文明的出行意识传递给百余所学校的万余名学生及其家庭。通过这些公益活动，京港地铁在打造公益项目上积累了丰富的经验，熟悉了公益文化活动的推行与传播规律，能有效利用地铁车站、列车空间及站内的媒体资源并有良好的执行能力。

（2）京港地铁M地铁·影廊两期主题活动均选择新华社作为合作方，新华社是权威国家通讯社，对政策有准确的解读；同时，新华社从2014年起，连续四年举办丝路行相关活动，组织媒体、专家、部委及企业界代表重走丝绸之路，2014—2015年，新华社丝路行相关活动走过国内多个地区，跨越十多个国家、上百座城市，累计行程逾4万千米并拍摄了十几万张照片，播发稿件三千余条，全面覆盖报纸、电视、PC（个人计算机）端、移动端等渠道，读者超过3亿人次。M地铁·影廊项目丝路主题活动与新华社合作，可通过照片、视频和亲自

M地铁·影廊启动仪式

走丝路的记者的讲述，立体地展现“一带一路”沿线国家的风景、深入阐述“一带一路”倡议带给当地的益处，让 M 地铁 · 影廊带给乘客强烈的视觉和文化体验；此外，新华社作为国家通讯社，具有对内、对外传播的绝对优势，能够对活动及京港地铁的品牌传播起到极强的助力作用。

项目策划

1. 目标

（1）京港地铁希望通过打造 M 地铁 · 影廊项目，积极传播“一带一路”倡议，通过地铁这一公众出行平台，让乘地铁出行的乘客感受到世界各地的风土人情，增进对“一带一路”倡议的认识。

（2）京港地铁着力打造现代城市的出行空间，希望通过推出 M 地铁 · 影廊项目，让乘客感受到简单出行服务之外的丰富的出行体验，享受到更多元的出行服务。

（3）京港地铁希望将地铁与城市文化相结合，反映城市风貌。

2. 策略

（1）京港地铁 M 地铁 · 影廊项目从内容着手，从宏大的“一带一路”倡议中选取文化这一切口，通过民俗、旅游、美食等角度切入，组织赏片会、摄影大咖分享会，以不同形式，拉进公众与“一带一路”倡议的距离，提升传播效果。

（2）M 地铁 · 影廊项目设置主题车站、主题列车，充分利用站内广告灯箱、站内墙体、柱体，车内顶棚、地面、内壁，营造具有空间感的氛围，让乘客置身于丝绸之路国家的美景、文化中，有更强烈的共鸣与体验。

3. 传播内容

（1）M 地铁 · 影廊通过照片、音乐、视频等方式，传递“一带一路”沿线国家、地区的风土人情，如建筑、美食、民俗等；通过在摄影大咖分享会上分享亲历者拍摄的照片，讲述“一带一路”沿线国家见闻的形式，与公众深入探讨“一带一路”倡议给中国和国际社会带来的有益影响，树立了国家形象。

（2）M 地铁 · 影廊项目还传播了京港地铁打造现代城市的出行空间，积极创新公益活动的品牌形象。

M 地铁 · 影廊 2

4. 媒介策略

（1）京港地铁 4 号线、大兴线、14 号线及 16 号线四条线路日均客运量约 200 万人次，M 地铁 · 影廊充分利用地铁媒体资源，使用京港地铁所辖各线灯箱以及 4 号线国家图书馆站、4 号线宣武门站车站、4 号线动物园站备用房进行展示，展示周期 3 个月；同时，还在 4 号线装饰了两辆地铁列车，专列在线上共运行 2 个月。整个项目可影响受众达 3.6 亿人次。

（2）M 地铁 · 影廊项目充分发挥传统媒体及新媒体的传播优势，通过近 30 家新闻媒体以及微博、微信等媒介进行立体宣传，在形式上既有视频报道、图文报道，又有时下热门的直播报道，以专访、一般性报道等多种方式积极传递项目理念和内容。

（3）M 地铁 · 影廊项目作为京港地铁 2016 年、2017 年重点推广项目，加强了自有媒体平台的传播，比如在京港地铁官方网站的首页图片、公司新闻传播，在京港地铁的官方微信、微博的重点位置进行宣传预热、招募互动及活动展示等，提升传播力。

（4）M 地铁·影廊项目两期丝路相关的主题活动均与新华社合作，可有效借助国家通讯社的媒体网络，进行立体化宣传，将传播范围拓展至国内外的媒体和公众。

项目执行

1. 2016 年 M 地铁·影廊项目

（1）构想与规划期（2015 年 10 月—2016 年 3 月）：M 地铁·影廊项目的构想最早萌发于 2015 年年底，京港地铁确立了在地铁内开展影像展的想法后，便开始着手进行主题选择，经过长达 5 个月的讨论，确立具体的表现形式及项目传播方案。

（2）预热期（2016 年 3 月—2016 年 6 月）：在不断细化项目具体方案并进行主题车站、主题列车、赏片会、摄影爱好者俱乐部、活动启动仪式等设计的同时，京港地铁通过与新华社官方渠道进行摄影爱好者俱乐部成员招募并发布首期主题活动相关预热宣传，积极进行预热传播。

（3）高潮期（2016 年 6 月 15 日）：在京港地铁 4 号线国家图书馆站举行 M 地铁·影廊项目启动仪式，开展赏片会，同日摄影爱好者俱乐部成立。京港地铁与新华社联合邀请重量级嘉宾以及近 30 家媒体到现场进行报道，通过媒体的广泛、积极传播以及与现场公众的良好互动，成功推出了 M 地铁·影廊项目及首期丝绸之路影像展，形成了一轮围绕丝路美景、文化的传播热潮。

（4）持续传播期（2016 年 6 月—2016 年 10 月）：在京港地铁 4 号线动物园站设立实体 M 地铁·影廊，通过对项目长期实地展示，提升了项目长期的传播效果。

2. 2017 年 M 地铁·影廊项目

（1）设计与规划期（2017 年 1 月—2017 年 3 月）：结合“一带一路”倡议确定项目第二期主题，与合作方新华社沟通，进行形式及项目传播方案的设计。

（2）预热期（2017 年 4 月—2017 年 5 月）：在进行主题车站、主题列车、摄影大咖分享会等设计的同时，邀请嘉宾，准备宣传资料，通过京港地铁、新华社的官方微博、微信进行影廊大咖分享会的招募，进行活动的预热传播。

（3）高潮期（2017 年 5 月—2017 年 6 月）：2017 年 5 月 5 日，在 4 号线宣武门站举行 M 地铁 · 影廊项目第二期活动的启动仪式，主题车站、主题列车及现场的点亮丝路的仪式受到嘉宾、媒体及公众的广泛关注；5 月 10 日，在新华社举行 M 地铁 · 影廊丝绸之路主题摄影大咖分享会，有力地为该项目提升了内容的深度；在随后的两个月内，与国内外多家媒体合作，对主题车站、主题列车进行后续深入的报道，进一步提升并延续了传播效果。

• 项目评估 •

自 2016 年启动以来，M 地铁 · 影廊项目备受关注，从政府支持到媒体积极报道，包括乘客的参与、互动，都显示出该项目在“一带一路”倡议传播方面与公共传播方面的成功。

（1）现场效果：M 地铁 · 影廊项目得到了政府与国家权威媒体的支持，两期活动启动仪式现场均有重量级嘉宾出席，包括新华社国际部主任以及美国前总统法律顾问等。

M 地铁 · 影廊项目两年的活动均在现场的主题车站、主题列车设有照片展，乘客纷纷驻足，在车站、列车上欣赏富有异域风情的照片并通过耳机装置，聆听来自丝绸之路沿线国家的声音，参与者兴致勃勃，对项目传递的内容和形式表现出极高的热情。

（2）受众反应：M 地铁 · 影廊 2016 年进行了摄影爱好者的招募，通过京港地铁官方微信、官方微博发出招募信息后，仅仅一周时间，首期的 50 个名额就已报满；2017 年的丝路主题摄影大咖分享会也吸引了大量摄影爱好者和摄影大咖的参与。

（3）媒体统计：M 地铁 · 影廊项目因其契合国家“一带一路”倡议并为乘客提供了更丰富的出行体验，受到了媒体的广泛关注，两期活动共邀请到包括新华社、中新社、北京电视台、《北京日报》等权威媒体在内近 40 家媒体参与报道，共发出 70 余篇原创报道，报道总露出量达到 400 余篇，广告价值超过

640 万元；京港地铁官方微信、新华社官方微信推送的文章，引发了一轮转载热潮。

M 地铁 · 影廊项目在国内广泛传播的同时，也得到了“一带一路”沿线国家的关注。2017 年 M 地铁 · 影廊活动被国内媒体广泛报道后，北京电视台新闻频道、经济频道、哈萨克斯坦 24kz 电视台主动与京港地铁联系，希望进行报道。其中，哈萨克斯坦 24kz 电视台安排其在北京的记者，专程两度到京港地铁 M 地铁 · 影廊项目的主题车站、主题列车上拍摄并在其国内的重点节目上进行了积极的报道。

• 项目亮点 •

（1）京港地铁积极响应国家“一带一路”倡议号召，将丝路沿线的风土人情等内容，置入地铁这一公众出行平台，为乘客提供极具价值的文化享受与出行体验。

（2）京港地铁 M 地铁 · 影廊项目选取贴近公众生活的旅游话题，让公众感受到近在咫尺的可触摸可感受的“一带一路”倡议。

（3）M 地铁 · 影廊开创地铁内的影像展，通过开拓独特、新颖、贴合受众的形式，以极具吸引力的图片、文字和音乐创新了地铁文化的形式。

亲历者说 京港地铁公共关系部

（1）M 地铁 · 影廊项目是京港地铁首次紧密结合“一带一路”倡议这样高度的议题，进行策划、推广的公益活动，宏大的选题如何贴近受众是我们思考的首要问题，我们选取了旅游、美食等贴近大众的话题进行策划，让公众充分感受到了丝路的魅力。

（2）京港地铁持续打造现代城市的出行空间，我们希望充分利用地铁这一公众出行平台的资源，让乘客在安全、快捷出行的同时，能拥有愉悦的心情，M 地铁 · 影廊项目达成了这样的目标，乘客在地铁出行过程中欣赏丝路美景、体验丝路文化、聆听丝路声音，享受到更为丰富的出行体验。

（3）M 地铁·影廊选择新华社作为合作方，充分发挥了新华社在丝路沿线文化内容提供以及传播上的影响力，打造了一个得到政府认可、民众关注的丝路影像展，为 M 地铁·影廊项目增添了一抹亮丽的色彩。

案例点评

点评专家：张美慧　战国策传播集团副董事长

M 地铁·影廊“丝绸之路”主题影像展将丝路沿线风土人情融入民众的日常生活之中，创下傲人的宣传效益，分析其成功因素如下。

该项目采用的“移动式体验营销”将每天都需搭乘的交通运输工具作为政策倡导的载具，不仅创造新鲜感，更锁定静止封闭的行进时间让创意得以被大众阅读与吸收，能够更精准传达“一带一路”的核心，与乘客深度交流。

除了选对平台之外，丰富且充实的内容也是营销的重要环节之一，该项目的合作方新华社为权威通讯社，不仅具有国内外绝对的传播优势，也能产制相关的深度内容。此外，因“一带一路”包含面甚广，此项目选择的文化相关主题，也较为雅俗共赏、容易引起共鸣，透过影片、照片和文字等多元的表达方式呈现丝路之美，扩大宣传的效果。

京港地铁本身共拥有四条线路以及约 200 万人次日均客运量，拥有基本的曝光量，除此之外，此项目也整合了不同媒体资源，运用多层次的营销手法、融合传统媒体和新媒体，通过电视台、广播以及微博、微信等自媒体进行宣传，以在线宣传结合线下活动的方式，成功地传递“一带一路”的理念。

中国茅台“一带一路”行德国站

执行时间：2016 年 8 月 20 日—2016 年 12 月 30 日

企业名称：中国贵州茅台酒厂（集团）有限责任公司

品牌名称：贵州茅台

获奖情况：金旗奖——2017 最具公众影响力“一带一路”传播大奖

• 项目概述 •

由蓝标承办的贵州茅台“一带一路”海外推广活动于当地时间 12 月 6 日在德国汉堡成功举办，活动云集 300 余名德国政、商、文化、媒体界等知名人士，以高规模的嘉宾阵容、百年文化展览、经典产品展览、独具创意的茅台鸡尾酒会、高端商务会谈、亮点突出的品牌推介晚宴以及极具影响力的海内外全媒体传播，获得了客户认可。

• 项目背景 •

“一带一路”的建设，既需要资源、能源合作等方面的“硬联通”，也需要文化相关的“软联通”，而茅台作为中国白酒百年品牌，民族企业的代表，响应政策，走出国门，义不容辞。

随后，2016 年 9 月，央视发布“国家品牌计划”，为中国企业参与全球竞争和文化交流提供了战略支持。面对全球商业市场，中国文化品牌出海迎来了良机。作为中国白酒行业的龙头企业，茅台顺应政策，紧抓时代机遇，采取

中国茅台“一带一路”行德国站 1

了一系列海外推广动作，在积极探索中国文化品牌的出海之路上不断突破，阔步前行。

项目调研

德国是“一带一路”主要参与国。同为酿酒大国，德国是茅台欧洲足迹的真空地带。汉堡作为德国重要的海港和外贸中心，具有数量众多从事中国贸易的外贸公司，具有雄厚的经济基础。汉堡市市长也多次表示出积极参与“一带一路”的意愿，且茅台在汉堡有一级经销商，市场有望深耕。因此，茅台“一带一路”品牌推广活动在德国汉堡举办，具有一定的战略意义。

项目策划

1. 目标

积极响应国家“一带一路”倡议，拓展海外市场，促进海外销售，加大对国际新兴市场，特别是西方主流市场的渗透力度。不断扩大茅台酒的国际影响

力，提升茅台品牌的国际影响力，提高其国际市场份额，推进茅台品牌国际化、产品国际化、市场国际化。

2. 策略

国家的国际形象要靠文化的输出与打造，同理，企业的国际形象塑造也离不开文化助力；打造一个具有国际号召力、影响力的高端艺术文化活动，一个引领行业的品牌庆典，是茅台扬帆国际的绝佳路径。茅台“一带一路”品牌推广以联通友谊、加深交流为目的，因此茅台酒也是友谊的象征，“与德国干杯”是友好合作的开始，创意也围绕此展开。

3. 受众

国内外的茅台消费者，热爱酒文化的大众以及国际高端商务人群。

4. 传播内容

传递茅台践行“一带一路”倡议举办品牌推广活动的信息，发布大量原创文章和图片，报道活动期间的多边、新鲜、实时的动态新闻，深度挖掘活动意义以及弘扬中国文化的重大影响。

5. 媒体策略

国内外全媒体阵地覆盖，以传统媒体为深度报道发声阵地，辅助以社交媒体宣传造势和粉丝招募。从前期预热到活动当天的现场，媒体阵地涵盖了中外报纸、杂志、电视、网络 PC 端与社交媒体。

项目执行

（1）前期预热：活动前在德国主流媒体投放软文及形象广告。在国内外社交平台进行活动信息预热，成功在 Facebook（脸书）平台招募海外茅台粉丝 40 名参加活动现场的文化展览。

（2）中期活动：活动当天，邀请包括德国前副总理菲舍尔以及中国驻汉堡总领事孙从彬等在内的政治、商业、文化、媒体各界的 300 余名重量级嘉宾，参与商务会谈、“与德国干杯——中国茅台‘一带一路’行”品牌推广活动及晚宴。传播上，中国驻德国媒体参会并产出报道，重点媒体进行小范围嘉宾专访；国内微博、微信公众号发布现场直播图文、新闻通稿推送至德国网络媒体及其

中国茅台“一带一路”行德国站 2

他欧洲部分媒体。

（3）后续传播：通过组织撰写活动通稿和专业的深度报道等内容，选取影响力较大的国内纸媒进行软文投放，扩大传播的广度和深度，其中投放媒体包括新华社、中国新闻社（简称：中新社）、中央电视台、凤凰卫视、贵州广播电视台、《人民日报》、《中国日报》、《中国青年报》、《第一财经日报》、《21世纪经济报道》、《证券时报》、《糖烟酒周刊》、《贵州日报》等，并将内容同步到其相应的网站、客户端做到传播内容的全渠道投放；门户网站同步完成投放，包括新浪、网易、搜狐、凤凰网等主流门户网站，提升传播内容的权威性。

项目评估

（1）效果综述：受邀出席活动的重量级嘉宾给予充分肯定。活动从嘉宾反馈、经销商满意度、媒体评价以及市场反应来看都取得了良好效果。后续影响

中国茅台“一带一路”行德国站 3

深远，2017 年德国汉堡 G20 峰会（二十国集团财长和央行行长会议），茅台企业代表应邀参加。

（2）现场效果：活动获得了当地政府和群众的热情支持以及各大媒体聚焦关注，充分展现了中国文化的凝聚力、创造力和无穷魅力，提升了茅台品牌地位和国际形象。茅台酒让中德两个历史悠久的国家产生了又一次文化交融和智慧碰撞，德国乃至欧洲因中国茅台的到来掀起了一股红色旋风。活动立竿见影，提升了茅台的海外销量并为茅台日后国际平台上的高端社交打开了新的篇章，传播覆盖国内外各大主流媒体。

（3）受众反应：活动覆盖 80% 的行业人士，并辐射到国内外相关媒体受众，有效地传播了中国文化，取得了良好的受众口碑。

（4）市场反应：茅台响应“一带一路”倡议后，在中欧和东欧区域发展喜人，销量同比增长接近 90%，发展了立陶宛、白俄罗斯、乌克兰等地的新经销商，而“一带一路”行作为茅台在海外市场发展的核心战略，意义深远。

（5）媒体统计：通过此次活动的影响力辐射，诸多媒体主动发布资源，维持事件热度。近500家媒体陆续发布报道，并在中国糖酒网、搜狐、财经网等30余家媒体网页及频道首页位置露出，在微信、微博、贴吧等各渠道获得热议。

项目亮点

（1）茅台“一带一路”行德国站活动由茅台百年文化主题展览、经典产品展览、茅台鸡尾酒现场调制及品鉴、高端商务会谈、推介晚宴等环节组成。

（2）亮点纷呈：设计并落成了德国茅台文化交流协会；茅台集团董事长被授予“中德文化交流大使”称号等。

（3）海内外全媒体平台强势曝光，结合茅台特色和海外饮酒习惯，制作创意视频，同期在社交媒体发布中国特色邀请函，进行精准投放，锁定海外茅台粉丝。

亲历者说 袁仁国 茅台集团董事长
吴德望 茅台集团战略管理处处长

2016年《财富》世界五百强名单，中国上榜公司数仅次于美国，稳居全球第二，中国企业的国际地位在不断提高，全球消费者对中国品牌的正面认知在逐年提升。同时我们还看到，中国元素在西方时尚领域越来越多地被引用，中国文化的世界关注度在逐年提高。近两年来，国家大力弘扬中国文化，《中国成语大会》《中国诗词大会》一系列文化节目开始热播，国家“一带一路”倡议更是强调文化走出去、文化先行的概念。因此，我们可以得出这样一个结论：我们正处于中国文化品牌出海的良好时机，而茅台作为民族品牌的代表，正处于响应国家“一带一路”倡议，走出国门的好时机。我们紧抓这一契机，在中国品牌文化出海的风口上，推进茅台“一带一路”品牌推广活动，不仅仅是为了提升茅台品牌的国际影响力，更是为了将中国优秀传统文化传播向世界。

案例点评

点评专家：于剑　雅诗兰黛中国区政府事务总监

目前国内企业借力政府项目来推广企业品牌的技巧越来越娴熟，“一带一路”倡议是政府提出的，很多企业希望能乘上“一带一路”的风，以达到双赢的目的。一方面助力政府推动“一带一路”，同时借助“一带一路”推广宣传企业形象，扩大海外市场。这种活动，往往起到事半功倍的奇效。

贵州茅台这次推广活动，成功邀请了政治、商业、文化、媒体各界的 300 余名重量级嘉宾参加，对于扩大品牌知名度是非常有利的。因为德国也是啤酒消费大国，提出的“与德国干杯”的口号，也非常便于德国消费者接受。

在我看来，此项活动的市场性并不如其意义来得明显，这也是中国企业和外国企业在做公关活动方面的很大区别。比如活动选择的媒体所做的报道以及对后续效果的跟进等，我们还是往往流于形式。但是，如果我们换一个角度考虑：赢得政府的支持，对企业而言不也是公关活动的重要环节吗？

2017 最具公众影响力企业社会责任大奖

2017“BMW 中国文化之旅”

执行时间： 2017 年 4 月—2017 年 12 月

企业名称： 华晨宝马汽车有限公司

品牌名称： BMW

获奖情况： 金旗奖——2017 最具公众影响力企业社会责任大奖

项目概述

“BMW 中国文化之旅”发起于 2007 年，至今已持续开展十余年，项目先后探访了多个中国国家级文化生态保护实验区以及多个地区 300 余项非物质文化遗产，对沿途近百项亟待保护的非遗项目和研究课题给予了总计 1600 多万元的捐助，在促进传统文化传承与发展的同时，唤起公众对非物质文化遗产的关注和保护意识。

作为 BMW（宝马）战略型企业社会责任的标志性项目，“BMW 中国文化之旅”旨在探访和保护中国传统文化，促进非物质文化遗产的传承与发展，是企业参与非遗保护的典范。

项目背景

2016 年恰逢宝马集团百年和“BMW 中国文化之旅”十周年，“BMW 中国文化之旅”不断升级以探索非遗保护的创新模式，对传承人的支持从过去“授

人以鱼”的捐助模式升级为“授人以渔”的赋能模式并搭建三大非遗保护的公益平台。

1. 发现的平台

非遗探访活动升级为发现有创新需求和潜力的传承人的发现之旅。

2. 创新的平台

2016 年 6 月，BMW 与清华大学美术学院共同创办“清华美院 BMW 非遗保护创新基地”，每年推选出十位具有创新需求的传承人去创新基地进修和交流。

2017 年 8 月，“BMW 中国文化之旅”启动“非遗跨界孵化项目”，通过“非遗跨界创意大使 + 非遗传承人”的全新模式，探索非遗在现代生活中的跨界创新。

3. 共享的平台

2017 年 3 月起，“BMW 中国文化之旅”邀请非遗传承人在 BMW 上海体验中心举办非遗讲座和非遗手工体验课，邀请公众免费学习和体验非遗技艺。

“清华美院 BMW 非遗保护创新基地”非遗传承人赴 BMW 上海体验中心参展

2017 年 11 月 10—12 日，“BMW 中国文化之旅”非遗创意节在北京 751 D · park 北京时尚设计广场举办，集中呈现项目的创新成果，向公众传播非遗走进现代生活的创新理念。

2017“BMW 中国文化之旅”非遗创意节盛大开幕

● 项目调研 ●

BMW 企业的社会责任始终以解决实际的社会问题为导向。在针对“BMW 中国文化之旅”所关注的非物质文化遗产领域的项目调研中，企业拜访了文化主管部门人员、传统文化和非遗等领域的专家学者以及文创等相关领域的商界精英和意见领袖。

在调研中，企业对中国非物质文化遗产传承和保护所面临的问题进行了甄别，发现现阶段，中国的非物质文化遗产面临着“活化难”和“传承难”两大问题。

（1）“活化难”的问题。随着社会的快速发展，不少非物质文化遗产已经丧失了原本的社会属性，渐渐淡出人们的日常生活，从而导致其行业发展越来越

困难，部分传承人甚至无法以其一技之长谋生。

（2）“传承难”的问题。非物质文化遗产的传承倚赖于师徒传承，而非遗传承人的老龄化和断代导致不少非物质文化遗产濒临失传。在调研中，我们进一步发现了非遗传承和保护的问题根本，即非遗难以“活化”、难以融入现代生活，而只有让非遗“活化”、让非遗重新进入消费市场并融入现代生活，才能实现其行业和产业的良性发展，传承的问题也自然会迎刃而解。

因此，企业将项目目标设置为：让非遗走进现代生活。

为了实现该目标，企业在 2017 年项目策划之初，针对项目受众和策略进行了广泛调研，得出以下洞察。①目前市场消费的主体人群是“80 后”和“90 后”；②“80 后”和“90 后”十分感兴趣的话题和消费领域为音乐、时装、手作和美食这四大领域，而传统文化和非遗相关的话题则很难直接吸引年轻人关注。基于上述发现，企业得出以下结论：让非遗走进现代生活、给非遗重新注入活力，首先，需要让“80 后”和“90 后”关注并对非遗产生兴趣，而非遗在音乐、时装、手作和美食这四大领域的跨界，将对“80 后”和“90 后”极具吸引力。

上述调研结论对 2017“BMW 中国文化之旅”的项目策划起到了主要指导作用。

项目策划

整体思路：洞察社会问题 → 提出针对性目标 → 实施创新战略 → 提供创新性解决方案。

1. 洞察社会问题

在针对“BMW 中国文化之旅”所关注的非物质文化遗产领域的项目调研中，企业发现目前中国的非遗面临着“活化难”和“传承难”两大问题。

2. 提出针对性目标

用创新的方式支持非遗的传承和保护，解决“活化难”和“传承难”两大问题，帮助非遗走进现代生活。

3. 实施创新战略

在过去两年中，“BMW 中国文化之旅”发挥 BMW 的品牌影响力和优势资源，探索非遗走进现代生活。

（1）战略升级：以“授人以鱼不如授人以渔”为指导原则，对传承人的支持从“捐助”转向“赋能”。

2017 年 10 月，BMW 高层受邀赴创新基地举办专场讲座，为非遗传承人提供商业管理、市场营销、社交媒体传播等方面具有针对性的指导。

（2）市场洞察：明确了非遗传播以及影响的受众主体——“80 后”和“90 后”。

（3）融入利益相关方：“BMW 中国文化之旅”全面升级为凝聚社会资源、助力“非遗走进现代生活”的可持续性公益平台，吸引 BMW 经销商、爱心车主、非遗保护及文化专家、设计师等共同参与到非遗保护中。

4. 提供创新性解决方案

在探索“非遗走进现代生活”方面，具体通过两个路径来提供创新性解决方案，分别是促进非遗领域的文化传播、促进非遗作品的使用和消费。

（1）促进非遗领域的文化传播。

定制非遗旅行攻略：2017 年，“BMW 中国文化之旅”联合知名旅行网站马蜂窝旅游网探索“非遗 + 旅游”的融合，在非遗创意节中推出以非遗为主题的旅行攻略《BMW 中国文化之旅湖南非遗旅行攻略》。

创新传播：2017 年湖南非遗探访活动，邀请文化类网红通过直播的形式，面向广大网友做实时沟通和互动，强化非遗探访的现场感，活动总计吸引超过 100 万人次在线观看。

开设非遗讲座及手工体验课：“BMW 中国文化之旅”邀请非遗传承人在 BMW 上海体验中心举办非遗讲座和非遗手工体验课，邀请公众免费学习和体验非遗技艺。作为 BMW 主要的利益相关方之一，6 家 BMW 经销商代表（北京宝诚、长春宝兴行、广州宝悦、南京宁宝、郑州宝莲祥、杭州骏宝行）作为经销商非遗传播大使，在各地组织区域性“非遗探访”或“非遗体验”等系列活动。

（2）促进非遗作品的使用和消费。

启动“非遗跨界孵化项目”：邀请不同领域的“非遗跨界创意大使”与有跨界潜力的非遗传承人共同设计和开发不同类别的、具有非遗核心工艺或元素的文化创意作品和产品，探索非遗在现代生活领域的跨界创新。经过超过三个

月的孵化，在非遗创意节上发布非遗在音乐、时装、美食和手作四大领域的跨界作品。

定制非遗创意品：BMW 以公司礼品定制的方式，向传承人定制非遗创意礼品。例如：定制非遗创意品作为大东工厂开幕礼品，为 BMW 上海体验中心定制成都漆艺餐具套装等。

目前，BMW 已采购超过价值 50 万元的非遗创意品作为公司礼品，进一步支持非遗传承人的创意孵化。

项目执行

2017“BMW 中国文化之旅”系列创新活动包括下述活动。

1.“BMW 中国文化之旅”湖南非遗探访活动（7 月 26 日—8 月 4 日）

（1）邀请全国知名媒体、专家学者、设计师等 200 多名人士，共同前往湖南省探访丰富的非物质文化遗产项目，历时 10 天，行程 2300 多千米，足迹遍布湖南 11 个地区，探访了 40 余项非遗项目。

（2）成功遴选出 10 位具有创新潜力和学习需求的非遗传承人，进入“清华大学美术学院 BMW 非物质文化遗产保护创新基地”研修研习。

2. 传承人在“清华大学美术学院 BMW 非物质文化遗产保护创新基地”学习和交流活动（10 月起）

“BMW 中国文化之旅”从湖南推选的 10 位非遗传承人于 10 月进入创新基地，提升文化自觉与自信并与创新基地的 100 余位非遗传承人及设计师学习、交流和合作。

3.“非遗跨界孵化项目”（8 月—11 月）

启动“非遗跨界孵化项目”，邀请音乐、时装、美食、手作等领域的“非遗跨界创意大使”与传承人共同创作具有非遗核心工艺或元素的跨界创意作品。

（1）非遗音乐：邀请流行音乐人吉克隽逸与湖南传统音乐类非遗项目的传承人，共同打造以非遗为主题的公益性音乐。

（2）非遗时装：邀请时装设计师 SaraYun 与湖南传统美术类、传统技艺类等非遗项目的传承人，共同打造一系列极具中国传统文化底蕴又不失时尚的服饰。

（3）非遗美食：邀请创意美食家黑麦将湖南传统美食与现代创意菜元素相融合，打造“舌尖上的非遗”。

（4）非遗手作：邀请以设计师高一强为代表的BMW车主志愿者，与十余位湖南非遗传承人共同设计和创作兼具非遗核心技艺与实用性的创意中式生活用品。

4.“BMW中国文化之旅”非遗创意节（11月10—12日）

（1）“BMW中国文化之旅”非遗创意节由过去举办的项目成果展升级而来，从过去单一的展览形式转变为以非遗为主题的互动体验活动，传播“非遗走进现代生活”的核心理念，邀请公众共享非遗创意成果，更加务实，更接地气。除了鼓励公众零距离体验非遗的魅力外，还特别倡导非遗传承人在展演非遗的同时带动销售他们的作品。

（2）非遗创意节由非遗跨界创新盛典、创意生活空间、创意手作市集、创意灵感乐园和创意体验课堂五部分组成，以互动体验的形式集中展示“非遗跨界孵化项目”和“清华美院BMW非遗保护创新基地”的创新成果。

（3）“非遗跨界创意大使”与传承人共同在创新盛典上发表跨界创意作品：一首结合湖南非遗元素的跨界歌曲、一组极具湖南非遗底蕴的跨界时装、一套融合湖南非遗特色的跨界美食、一系列具有非遗核心工艺的跨界手工作品。

（4）以非遗为主题的旅行攻略《BMW中国文化之旅湖南非遗旅行攻略》也正式在马蜂窝旅游网及其客户端上线。

“非遗跨界孵化项目”之非遗音乐

“非遗跨界孵化项目”之非遗时装秀

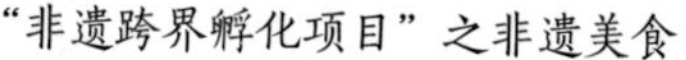
“非遗跨界孵化项目”之非遗美食

“非遗跨界孵化项目”之非遗手作

5. BMW 上海体验中心非遗手工体验课（3 月—12 月）

“BMW 中国文化之旅”邀请非遗传承人在 BMW 上海体验中心举办非遗讲座与手工体验课，以公益的性质向公众展示非遗魅力。目前，已举办了 8 场活动，共吸引 160 多名公众参与其中。

6. BMW 经销商开展区域非遗主题系列活动（9 月—12 月）

（1）6 家 BMW 经销商代表（北京宝诚、长春宝兴行、广州宝悦、南京宁宝、郑州宝莲祥、杭州骏宝行）作为经销商非遗传播大使，参与到 2017“BMW 中国文化之旅”湖南非遗探访活动中。

（2）湖南非遗探访活动结束后，6 家 BMW 经销商代表在各地组织区域性“非遗探访”或“非遗体验”等系列活动，进一步扩大“BMW 中国文化之旅”在 BMW 利益相关方特别是经销商层面及各区域公众中的知名度和影响力。

项目评估

1. 预热阶段

通过马蜂窝旅游网招募成功制造社会热点，招募稿阅读量达 3 万人次。

2. 活动期间

（1）参与探访活动的专家、媒体、BMW 利益相关方等嘉宾对 2017“BMW 中国文化之旅”的创新举措表示认可和支持，并纷纷表示将通过个人力量和资源进一步支持非遗走进现代生活。

（2）探访活动期间进行全程 KOL（关键意见领袖）直播，浏览量超过 1000

万，进行实时网友互动，引起社会广泛关注和讨论；KOL 还通过微博直播，获得 8000 多次转发以及近 1 万条评论。

3. 持续阶段

（1）探访活动结束后三周之内，共收录超过 2100 条报道，其中原创报道近 500 条，媒体从不同角度对探访中的非遗项目亮点和创新举措进行了深度报道。

（2）受邀作为“非遗跨界创意大使”的明星在其官方及个人社交平台上进行传播，引发微信和微博圈大量关注和转发。

（3）推出《BMW 中国文化之旅湖南非遗旅行攻略》，上线仅一个月已有接近 30 万的在线阅读和下载量。

项目亮点

“BMW 中国文化之旅”借助 BMW 的品牌影响力和资源为非遗保护做出贡献，产生了深远的社会影响，创新亮点具体如下。

（1）启动“BMW 中国文化之旅”非遗跨界孵化项目，探索非遗在音乐、时装、美食、手作等领域的跨界创新，以更加互动、年轻化的形式向公众呈现非遗，促进非遗融入现代生活。

（2）在 BMW 上海体验中心开展公益性的非遗体验课，从“走出去”到“拉回城市”，让都市家庭有机会体验和学习非遗。

（3）KOL 全程直播非遗探访活动并与广大网友实时互动，向公众传播非遗知识。

（4）联合知名旅游网站马蜂窝旅游网制作《BMW 中国文化之旅湖南非遗旅行攻略》，助力湖南非遗推广的同时，让更多年轻人有机会近距离了解和体验非遗的魅力。

亲历者说 马俊珩 凯维公关负责人

在项目策划之时，“BMW 中国文化之旅”工作团队对国内非遗传承和保护的问题进行了广泛调研，发现在现阶段非遗主要面临着“活化难”和“传承难”

两大问题。我们对项目的受众进行了广泛调研后得出：让非遗走进现代生活，需要首先让“80 后”和“90 后”喜欢并传承非遗。

因此，“BMW 中国文化之旅”大胆地提出用跨界创新的方式将现代元素和非遗有机结合在一起，支持非遗的传承和保护。2017 年，启动“非遗跨界孵化项目”，通过“非遗跨界创意大使 + 非遗传承人”的模式，探索非遗在音乐、时装、美食、手作等领域的跨界创新，在年底的“BMW 中国文化之旅”非遗跨界创新盛典上发布跨界创意作品，让非遗在现代生活中焕发全新的活力。

未来，“BMW 中国文化之旅”也将继续用创新的思维和方式支持非遗的传承和保护。

案例点评

点评专家：陈先红　华中科技大学新闻与信息传播学院副院长、教授、博士生导师，中国新闻史学会公共关系分会会长

“2017 BMW 中国文化之旅”作为 BMW 战略型企业社会责任的标志性项目，不愧是企业参与非遗保护的典范。该项目立意深远、内容丰富、形式新颖、传播效果好，在探访和保护中国传统文化、促进非物质文化遗产的传承与发展方面产生了巨大社会影响力。

此项目基于前期科学的市场调查和分析，紧扣“非遗如何融入现代生活”这一问题，针对目标受众“80 后”“90 后”的特点，探索非遗在音乐、时装、美食、手作等领域的跨界创新，兴起了“音乐里的非遗”“时装上的非遗”“舌尖上的非遗”“手作里的非遗”还有“旅行中的非遗”，真正做到了把非遗融入现代生活的方方面面，在传播方式上跨屏联动、跨界整合，故而有良好的传播效果和社会效果。

本项目成功的原因在于遵循“洞察社会问题 → 提出针对性目标 →

实施创新战略 → 提供创新性解决方案”的科学路径，改变了过去企业参与非遗项目的传统的“授人以鱼”的捐助模式，而立足长远，开创“授人以渔”的赋能模式，让受众真正去了解、体验非遗，让非遗真正融入每个现代人的生活中去，是一个成功的有创新性的项目，这对于我国非物质文化遗产的保护和传承事业有着重要的社会典范价值，也充分彰显了 BMW 长远的目光和高度的社会责任感！

万华化学神奇实验室

执行时间：2015 年至今

企业名称：万华化学集团股份有限公司

品牌名称：万华化学

获奖情况：金旗奖——2017 最具公众影响力企业社会责任大奖

项目概述

化学在人类的生活中不可或缺，它让世界更多彩，让生活更美好。而好奇心是人类生活不断发展的源动力，为激发中小学生的创新思维，培养对科学的兴趣，让小朋友们在零距离感知神奇化学世界的同时茁壮成长，万华化学充分利用自己的科学优势，倾力打造大型化学科普活动——神奇实验室，为未来社会培养创新型人才。

神奇实验室自 2015 年开展以来，先后走过烟台、宁波、青岛、四川等地，为孩子们带去神奇又有趣的实验课，带领孩子们踏上神奇的化学之旅。

项目背景

青少年是国家和民族的希望，少年智则国智，少年强则国强。青少年科学素质的高低直接影响着祖国未来的建设和发展。企业有责任贡献自己的力量，增强青少年科技教育的责任感、使命感和紧迫感，促成科普活动的开展并长期坚持下去，在他们幼小的心灵里播撒下热爱科学的种子，为中华民族的明天培

万华化学神奇实验室 LOGO（商标）

养科技生力军。

近几年，公众环保安全意识觉醒，但公众对化学化工认知的扭曲与信息不对称，导致了公众对化学化工的误解。神奇实验室的开展，让亲身参与的孩子们影响到一个个家庭，让大家正确地认识化学、了解化学、使用化学，改变“谈化色变”的现象。

万华化学是一家全球化运营的化工新材料公司，能够取得今天的成就，离不开“创新成就卓越”的理念，公司极其重视科技创新并拥有一支高科技人才队伍，鉴于公司创新和人才优势，万华化学创办神奇实验室活动，为化学科普事业贡献自己的力量。

• 项目调研 •

（1）学校走访。通过对学校领导、老师进行采访，公司了解到，因器材、教师资源等情况限制，目前学校十分缺乏科学实验类课程，尤其是化学实验课程，学校非常欢迎神奇实验室这种形式的活动，希望能加强与企业的合作，充分借助企业的资源优势，为学生的发展助力。

（2）家长随机访问。通过对各行各业家长的抽调访问，家长均表示希望孩子多多参与化学互动实验活动，不要死读书，要提高动手实践能力。

• 项目策划 •

1. 目标

为更多的孩子提供近距离感知化学的平台，提升孩子们的动手实践能力，为探索未知世界和创造无限精彩孕育一颗颗神奇的种子。

2. 受众

6~12 岁少年儿童。

3. 策略和内容

神奇实验室每年推出一份新课件和一套新实验，通过博士课堂和互动小实验为孩子们提供生动有趣的化学课程，寓教于乐。

博士课堂以孩子们日常喜爱的动画片段将化学引入课堂，通过有趣的 PPT（演示文稿）演示、化学科普系列小动画和授课博士深入浅出的讲解，为孩子们生动地科普化学知识，为动手实验打下良好的理论基础。

互动小实验由万华化学研发工程师本着实验物料安全无害、实验过程生动有趣、实验现象对比明显的原则为孩子们量身设计，配以实验服、防护镜、防护手套等专业实验防护用品及实验记录表，从小培养孩子们严谨的科学态度。

课程过程中，积极互动问答的孩子们会获得实验相关的小礼品。课程结束后，由主讲博士为孩子们颁发结业证书，极大地促进了孩子们参与的积极性和课堂互动性。

4. 媒介策略

运用微信公众平台、网站等与电视台、大众报纸等大众媒体和化工行业网站、行业报刊等行业媒体相结合的传播方式，传播形式多样化、传播覆盖面广而精准，有效覆盖项目目标受众群体并影响行业和社会大众。

项目执行

神奇实验室活动采用小课堂分组进行的方式，每组三四个孩子和一位实验老师，每堂课由一位博士主讲。

课程开始后先由博士进行化学知识讲解，用动画和 PPT 相结合的方法与孩子们探讨化学是什么，化学在生活中的应用，由此引出互动小实验。博士进行实验演示后孩子们开始动手操作：先由实验老师带领孩子们穿好防护服，指导孩子们戴好护目镜和手套，传递给孩子良好的安全理念。实验结束后带领孩子们填写实验记录表，记录看到的现象、实验的步骤及效果等。

神奇实验室 2017 实验目录如下。

疯狂的泡沫：让孩子们了解聚氨酯发泡的原理和应用，学习发泡实验的步骤和方法，运用各种模具制作出形状各异的泡沫玩具。

静待发泡

冰雪奇缘：通过引入《冰雪奇缘》动画片，让孩子们了解过饱和溶液的特性和溶液结晶的原理，让孩子们动手操作醋酸钠的结晶实验，触摸感受神奇的“热冰”。

大胃王：让孩子们认识功能性高分子材料高吸水性树脂，了解它的广泛应用。现场用纸尿裤做实验，测试高吸水性树脂超强的吸水保水性能。

神奇实验室是一项持续性的公益科普活动，2015 年启动至今，已完成多场次的活动，并将以每年 4 场的计划持续下去。

大合影

2015 年 11 月，神奇实验室第一站在烟台市青少年宫顺利启动。

2016 年 4 月，神奇实验室走进烟台经济技术开发区实验小学。

2016 年 5 月，神奇实验室走进宁波大榭开发区第一小学、大榭开发区第二小学。

2016 年 7 月，神奇实验室携手海信冰箱为青岛宜阳路小学和四川北川羌族自治县陈家坝乡的孩子送去有趣的化学互动课堂。

2016 年 10 月，神奇实验室走进烟台经济技术开发区大季家中心小学。

2017 年 5 月，神奇实验室在四川省达州市开江县普安镇杨柳小学建立活动基地。

2017 年 7 月，神奇实验室应海信冰箱邀请，为北川羌族自治县陈家坝乡小学、昆明帽盒小学、汶上小学和青岛宜阳路小学的孩子们带去神奇又有趣的实验课。

项目评估

一场场生动有趣的化学实验课让孩子们认识到化学这个神奇的“精灵”在日常生活中的千姿百态，从未进行过实验操作的孩子们纷纷争先参与，兴趣盎然，孩子们纷纷表示在神奇实验室过得非常快乐，还学到了很多知识，体验到了化学的神奇之处，感受到了化学世界的无穷魅力。家长们对神奇实验室活动更是赞不绝口，表示希望孩子有更多的机会参与神奇实验室。神奇实验室受到了中小学生的热烈欢迎，中小学校纷纷邀请神奇实验室到学校开展活动。

“神奇实验室太有趣了！以前我从来没有上过这样的课程，听博士讲课能学到很多知识，还能动手做很多有趣的实验，我很喜欢神奇实验室！”

——烟台开发区实验小学五年级 2 班同学

神奇实验室活动非常好地弥补了课堂教学中孩子们动手欠缺的短板，孩子们通过亲手操作小实验更直观地感受化学的奇妙之处，寓教于乐，很好地激发了孩子的学习兴趣。

——烟台开发区实验小学五年级 5 班学生家长

通过参与神奇实验室，我深刻地感受到孩子们对化学、对科学的兴趣，感受到这个活动对孩子们的意义。我们会持续做下去，给孩子们带来更多科学文化知识，也更好地体现万华化学作为一家负责任企业的社会价值。

——万华化学中央研究院刘赵兴博士

化学实验对山区的孩子来说非常新奇，山区学校的实验设备和师资和大城市相比有一定的差距，万华化学神奇实验室给山区的孩子打开了一扇神奇的窗户，可以提高学生对探究化学的兴趣，对学生学习能力的提升也有很大帮助。

——四川省达州市开江县普安镇杨柳小学李建校长

万华化学一直以社会未来发展为己任，创办了非常多的公益活动，其中就包含一项充满乐趣的大型科普活动——神奇实验室，它让中小学生感受到科学与化学的神奇魅力，更难能可贵的是除了在城市开办，万华化学更坚持走进山区，让更多的孩子感受化学的魅力，科普同时兼济扶困，普及范围十分广泛，是真正坚持用心、用爱将公益事业做好做到底的一项活动。

——天天化工网吴红记者

项目亮点

（1）走进贫困地区。对于贫困地区的孩子们而言，科学普及始终是一个大难题，为解决东西部以及城乡教育资源与教育机会不均衡、贫困地区儿童发展滞后等问题，万华化学神奇实验室走进贫困地区，2017 年率先在四川达州市开江县普安镇杨柳小学设立活动基地，带去完善的硬件配套，还将定制课程，提升基地软教育，未来计划拓展到其他领域和学科。

（2）携手上下游共建公益生态圈。扶危助困是社会各界的共同责任。普及知识，推动教育发展的公益模式，推动的是社会的长远发展，意义更为深远。目前，神奇实验室活动得到了万华化学客户的大力支持，海信冰箱为杨柳小学捐赠冰箱产品，确保贫困山区的学子们食用健康新鲜的食物，茁壮成长。未来，万华化学将继续携手上下游共同推进教育扶贫，联合打造公益生态圈，为社会的发展和进步创造价值。

亲历者说 叶明　万华化学集团市场部总经理

万华化学希望通过神奇实验室为更多的孩子提供近距离动手学习的机会，培养创新型人才。

现今，贫困山区学校的硬件条件在社会各界的帮助下得到了很大改善，但留守儿童的教育仍面临很大挑战，山区的孩子对知识和世界是极其渴望的，生活条件所限，他们无法看到外面精彩纷呈的世界，大城市的学校有实验室，孩子们可以随时参与科学实验，偏远贫困地区的学生却很少有这样的机会。因此，我们把神奇实验室带进山区，希望我们的努力能够形成蝴蝶效应，让更多的企业关注贫困地区的教育，也希望能够有更多企业参与进来，结合自身的优势，积极承担社会责任，尽己所能投身到教育扶贫的公益活动之中，为促进社会和谐进步、共赢发展共同做出不懈的探索和努力。

案例点评

点评专家：陈凯　北京汉诺睿雅公关顾问有限公司董事长

万华化学神奇实验室项目是一个非常优秀的企业社会责任案例，它没有浮于表面流于形式，只是单纯进行捐赠，而是在公益内容上下功夫，深度参与，在策划执行及社会意义上都可圈可点。

首先，它进行了充分的调研工作，从学校老师和家长两个维度进行了调查，了解到了学校的痛点和家长的愿望，虽然项目的对象是孩子们，但是首先得到了学校和家长的支持，从而不仅确立了项目的方向，并且为项目顺利实施创造了外部条件。

其次，企业在执行方面非常了解孩子们，从引发孩子们兴趣出发，一方面，将枯燥的化学原理编排成孩子们喜欢的科普系列小动画和生动有趣的PPT，便于孩子理解和吸收；另一方面，通过互动小实验，强化孩子们的动手能力和探索能力。此外，在教学过程中善用正向激励，对孩子进行积极引导，提高孩子们参与积极性和荣誉感。

该项目的社会意义是具有示范效应的。

第一，项目本身对学校教育中动手能力培养方面是很好的补充，企业不仅提供教学课件和先进的实验设备，还提供优秀的讲师资源，由博士进行教学，这些都是值得大力推广的。

第二，该项目的积极作用还在于从企业自身公益行为逐步走向社会公益行为，万华化学的公益行为也让它的客户主动参与进来，从而打造了公益生态圈的雏形，一家企业的力量毕竟是有限的，更多企业参与进来形成更大的社会力量，受益的群体就会更多。

希望万华化学神奇实验室项目能够持续开展下去，同时要加大传播力量，联合更多机构和更多企业，为探索世界、创造精彩未来培育一个个人才。

“洁净水，滋润未来”大学生水资源调研竞赛

执行时间：2015 年 6 月至今

企业名称：朗盛化学（中国）有限公司

品牌名称：朗盛化学

获奖情况：金旗奖——2017 最具公众影响力企业社会责任大奖

项目概述

“洁净水，滋润未来”大学生水资源调研竞赛由特殊化学品公司朗盛携手《WTO 经济导刊》开展。第一届于 2015 年 6 月启动，朗盛资助了 5 所高校的 10 个团队近 50 名学生开展调研。继第一届活动取得圆满成功后，朗盛在 2016 年的第二届活动中将范围扩大到 9 所高校 15 个团队近 70 名学生，两届活动累计得到了公众投票超过 2.5 万张。2017 年，第三届竞赛的参赛学校已经从往届的长江中下游地区扩大至全国范围，来自清华大学、上海交通大学、同济大学、武汉大学等 12 所高校的 18 个团队，共 80 余名同学入选，并进行了长达三个月的水调研活动。

项目背景

随着工业化进程的不断加快，水资源短缺形势严峻。2015 年 4 月，国务院出台了《水污染防治行动计划》（简称：“水十条”）。特殊化学品公司朗盛借“水

第三届颁奖典礼集体照

十条”发布契机，携手《WTO 经济导刊》开展“洁净水，滋润未来”大学生水资源调研竞赛，资助高校学生开展水资源方面调研，提升学生保护水资源的意识和能力。

该项目与社会水资源问题、政府政策“水十条”、公司水处理业务、高校创新水治理等多方面契合，并且引领跨界合作，项目目的为搭建水资源保护交流平台，联合环保产业协会、上海市教委、上海外商投资企业协会、中国教育报刊社等各方力量，培育学生创新思维，为水治理做出贡献。

项目调研

从社会领域来看，高校既是创新的起点和摇篮，同时也是培育竞争力的源泉，肩负着传承、创新的使命。作为一家特殊化学品公司，朗盛通过资助高校学生开展调研、配备志愿者、高层亲自参与等，促进高校创新能力的提升。

从环境领域来看，该项目探索了一种多方合作的水资源保护的新模式。朗盛、高校与多方共同合作，搭建水资源保护交流的全新平台，提出了水处理的创新解决方案。解决方案从技术、政策、社会各方参与治理等层面入手，新颖

独特。

对于朗盛而言，社会责任项目的创新使其品牌形象得以提升，也在一定程度上促进了业务创新；学生保护水资源意识得以提升，创新力和解决社会问题的积极性被调动。朗盛液体净化技术业务部专业人员认为，这个项目让他们切实感受到了高校学生对于社会问题的关注和担当，也给从业者带来了新的视角和想法，是一次很好的互相学习的机会。多方合作的模式更容易提出水资源解决方案，在一定程度上促进了朗盛水处理业务的创新发展。

该项目有效提升了高校学生解决水资源的意识与能力。河海大学团队学生提到："感谢朗盛和《WTO 经济导刊》提供实践平台的机会，让我们可以深一度、进一步去认识我国水资源保护与利用现状，相信在更多朗盛这样优秀企业的引领下，更多的学生将会承担起应有的责任，为社会做出更大的贡献。"江南大学团队成员表示，项目促使团队成员不断地思考如何改善太湖水质，在这个过程中，团队成员关于水资源保护的理念、行为发生了转变。

项目策划

多年来，朗盛在环境方面将企业社会责任融入公司运营的各个方面，包括使用可再生的资源、采用优化的生产工艺尽可能减少对环境的影响、开发环保的产品和解决方案等。此外，朗盛积极支持教育，十多年来，朗盛为超过 300 所大学和中学的学生提供奖学金。通过持续地开展"洁净水，滋润未来"大学生水资源调研竞赛，朗盛希望搭建一个水治理的平台，让各高校间互相学习、互相交流，提升学生保护水资源的意识和能力，为解决社会问题贡献一份力量。

从企业未来发展方面来讲，朗盛希望通过主办水资源调研竞赛提高品牌知名度，强化朗盛作为良好企业的声誉，特别展示朗盛对保护水资源和教育的承诺以及致力于实现可持续发展的企业形象；提高外界对朗盛业务组合的认识和了解，与政府、业界和学界的重要合作伙伴共同提高影响力，维系和加强与官方和高校的伙伴关系；同时，借此机会提升朗盛的雇主形象，使朗盛成为有吸引力的雇主，吸引未来人才。

在整个活动实施过程中，朗盛给予各学生团队充分的自由选择权。每个项目团队可以任意选题，从水治理的任意角度切入，提出自己新颖的想法。朗盛还邀请中国环境保护产业协会水污染治理委员会、原中国环境保护部环境保护对外合作中心、中国教育报刊社等相关方对高校学生的项目进行评审，并积极听取他们的意见，对项目的整个环节进行优化与改进。朗盛还希望借此项目提高公众对于水资源的保护意识，通过媒体进行大力宣传并发动公众参与投票环节。对于企业内部，朗盛发动液体净化技术业务部的员工志愿者参与到项目之中并且通过内部媒体对项目进行宣传，提高员工的水资源保护意识。

在“洁净水，滋润未来”大学生水资源调研竞赛活动中，高校学生是整个活动实施的主体，朗盛希望通过资助调研项目提升学生保护水资源的意识和能力；朗盛志愿者是活动的参与者和指导者，在学生项目实施期间对学生开展活动进行指导，解答学生相关的疑惑；外界的专家学者，是活动的参与者、评委，对学生的项目进行评审，与学生之间交流、沟通，为中国的水治理贡献一份力量；公众则通过比赛投票和媒体的传播参与到活动中，他们的水资源保护意识有所提升。

朗盛从三个维度：传统媒体（2016 颁奖典礼邀请数十家媒体参加）、社交媒体（朗盛微信平台及金蜜蜂等微信公众号）、线下活动（2015 年在上海交响乐团音乐厅向一千余名观众揭晓首届调研竞赛结果）对项目进行了广泛传播。

项目执行

活动主要分为四个阶段，当年 5 月为第一阶段，面向全国高校的学生社团、兴趣小组广泛征集项目，通过联系高校邀请学生参加调研竞赛，并协调项目申请提交；同时，液体净化技术业务部开始分配项目志愿者。

6 月，项目主办方对申报的项目进行筛选、评审，确定受资助项目名单并召开启动会，由朗盛志愿者认领各自负责的团队，朗盛将带参赛队伍参观展览学习。

7 月—8 月，项目团队实施各自的项目，由液体净化技术业务部的志愿者担任每个团队的项目导师。

9 月—10 月，团队提交包含建设性意见的调研成果并且在朗盛社交媒体平台上发布简单版本，公众可以在平台上投票选出最佳项目；同时，各项目团队将集中进行汇报，主办方邀请内外部专家对项目进行评审并选出优秀项目，进行表彰。

评委们将根据以下的评分维度来进行打分：以百分制为基础，从项目技术（50 分）、完成水平（20 分）、执行质量（10 分）、演示技能（10 分）、视频投票（10 分）五个方面进行打分，其中项目技术又分为实用性（20 分）、创新性（10 分）、社会价值（20 分）三个方面。

10 月—11 月，举办“洁净水，滋润未来”大学生水资源调研竞赛颁奖典礼，百余名专家学者、企业管理者、合作伙伴、学生和媒体朋友齐聚上海，分享高校学子们的洁净水项目成果。除了公司颁发奖杯和奖金之外，获奖的学生团队还可获得在朗盛实习机会，进一步了解朗盛的业务结构和企业文化，得到实践的机会。

通过竞赛，朗盛也收获了人才，参加首届比赛获得二等奖的一名华东理工大学的学生加入了朗盛液体净化技术业务部团队并成为一名项目志愿者。

项目评估

在第一届“洁净水，滋润未来”大学生水资源调研竞赛中，朗盛资助了 5 所高校的 10 个团队开展调研；100% 的学生愿意持续参加活动，94% 的参与者认为活动组织有序，96% 的参与者认为企业高层重视；共有 6 名志愿者参与，志愿工作 160 小时。在第二届竞赛中朗盛资助了 9 所高校的 15 个团队，8 名志愿者参与，志愿工作 250 小时。第三届竞赛资助范围扩大到 12 所高校 18 个项目，9 名志愿者参与，志愿工作 290 小时。

该项目获得了极高的外部评价。中国教育报刊社副总编辑陈志伟说：“本次项目提供了一个平台，很好地将社会问题和高校教育、企业发展结合起来了。”《WTO 经济导刊》社长于志宏表示，很高兴能看到高校学生既具有家国情怀，又有专业能力的创新性，希望高校学生能够保持社会情怀并应用专业知识去创新解决社会问题。

该项目在平面媒体、网络媒体、社交媒体上都得到了广泛传播，如《中国日报》、《财经国家周刊》、《重庆晚报》、《国际商报》、《中国环境报》、财经网、凤凰网、网易、新浪、金蜜蜂微信公众号、商业洞察微信公众号等都对活动进行了报道。

朗盛利用自身的微信平台以及金蜜蜂微信公众号对项目进行传播，第一届竞赛的相关文章微信阅读量达2万人次，收到外界公众投票7470张。作为一家B2B（企业对企业）公司，朗盛中国微信公众号在投票发起日的粉丝数为2202，内容点击量约为2500。第二届竞赛的公众投票增加到1万8千余张。《中国教育报》《公益时报》《中国环境报》《科技日报》等多家媒体报道了首届活动的颁奖典礼。第三届竞赛的公众投票增加到2万2千余张，是第一届竞赛的三倍多。

亲历者说 张蔚 朗盛化学企业社会责任经理

本竞赛搭建水资源保护交流的平台，系统整合外界资源，与高校、协会、媒体、专家学者等多方合作，形成多方参与、跨界合作的突破性模式。

本竞赛激发学生的创新意识，提升他们的实地调研和动手能力。学生通过参观上海国际水展，更直观地了解水处理行业的新产品和技术；通过企业走访和朗盛专家的指导，重新认识理论与实践、实验室与市场的区别。同时，朗盛水处理业务逐渐被更多的人认识关注，志愿者团队不断扩大，还吸引高校人才加盟。

本竞赛以公众关注的水资源问题为切入点，利用朗盛自身的专业技术和人员，结合高校科研项目，秉承多方合作理念。相比于仅依赖自身力量研发，多方合作的模式更容易提出水资源创新解决方案，减少了研发成本。

案例点评

点评专家：殷俊　重庆工商大学艺术学院院长

在水污染、水资源短缺的背景下，该项目以高校学生为活动主体，通过调研竞赛的方式，借助政、企、校多界力量，开展水资源治理活动，具有一定的示范作用。

现代企业的社会责任是多元复合的，包括经济责任、环境责任、公益责任与社会发展责任。企业在履行这些社会责任时，应走出“宣教式”模式，将责任落到实处，做到“以理念为根基、以技术为支撑、以行动为指南”。该项目通过调研竞赛的方式，搭建了学界、业界共同推进水资源保护与社会发展的互动平台，起到了良好的示范作用。不仅鼓励、培育了学生的科研创新思维，也提升了其保护水资源的意识与能力。

同时，在传播过程中，该项目整合了线上与线下资源，联动了传统媒体与新媒体平台，有效传播了“保护、治理水资源，实现社会可持续发展”的理念，带动、鼓励了更多的人民群众、社会企业参与到水治理中并以此提升了企业知名度与品牌形象，实现了企业发展与环境效益、经济效益、公益效应的平衡。

该项目从水资源的保护治理、高校学生的培育创新、企业的可持续发展三个层面，展现了公益价值、公共价值与社会价值，实现了自身发展与社会可持续发展目标的一致性，体现了一家优质企业应有的社会责任与情怀。

华硕 e 创志愿者行动

执行时间：2017 年 4 月—2017 年 12 月

企业名称：华硕电脑（上海）有限公司

品牌名称：华硕电脑

获奖情况：金旗奖——2017 最具公众影响力企业社会责任大奖

项目概述

自 2009 年起，华硕联合中国科学技术协会科学技术普及部（简称：中国科协科普部），共同推出了“你的行动，中国的未来”华硕大学生科普志愿者行动，旨在鼓励当代大学生积极投身社会公益，通过 IT（信息技术）及互联网科技等创新手段，返乡、支边、公益创业创新创富，为缩小城乡数字鸿沟，加快城镇一体化建设贡献力量。

2015 年，华硕大学生科普志愿者行动升级为华硕 e 创志愿者行动，通过互联网触及到更多的青年群体，引导他们通过互联网的方式向更多人传播科普知识。

项目背景

华硕 e 创志愿者行动是 2009 年华硕电脑携手中国科协科普部联合主办的一项以在校大学生为主体的公益科普行动。在此之前，华硕还携手中国科协，共同推出了“华硕科普图书室”公益项目，累计投入价值 6000 万元的科普书籍

和电脑设备，在全国次发达地区建起了 1073 座“华硕科普图书室”。在图书室建设初期的走访调研中，华硕发现乡镇地区还普遍存在不会使用电脑和互联网的问题，于是从 2009 年起，开启了华硕科普 e 创志愿者行动计划。华硕相信，基于互联网和先进的电脑手机等 IT 设备，每个人都可以是公益的发起者与传播者。

为了积极响应国家“互联网 +”的号召，2015 年华硕大学生科普志愿者行动正式更名为华硕 e 创志愿者行动。通过线上线下相结合的培训，教会身边的人们享受互联网及电子产品的便利；发现家乡致富的可能；挖掘并分享返乡创业的成功经验；用奇思妙想发起有利于乡村的公益行动。

项目调研

在项目开展的过程中，华硕也实时关注社会热点问题，在以科普实践为主体的情况下，不断深化探索更多的公益主题来丰富活动。

随着中国社会快速发展，越来越多的青壮年农民走入城市，在广大农村也随之产生了一个特殊的未成年人群体——留守儿童。留守的少年儿童正处于成长发育的关键时期，他们无法享受到父母在思想认识及价值观念上的引导和帮助，成长中缺少了父母情感上的关注和呵护，容易产生人生观、价值观上的偏离，一些人甚至会因此走上犯罪道路。

为了让留守儿童获得更多关爱，同时也进一步开阔志愿者的公益眼界，丰富实践选择，华硕在近两年的行动中新增了关爱留守儿童的主题，希望能够用科技的力量搭建起爱的桥梁，增强他们与父母和外界的沟通交流，让他们离亲情更近，离愚昧更远，用心看到更加广阔的世界。

项目策划

1. 目标

（1）关注青年成长，缩短城乡数字鸿沟。

（2）通过科技的力量为留守儿童架起通向外面的桥梁。

2. 策略

（1）大学生招募、培训：通过线上线下结合的方式招募大学生志愿者，通过培训大学生志愿者，鼓励他们化身公益的火种，自行组队号召更多有爱心的公益青年加入到志愿者的队伍中来，通过暑期社会实践，到乡村帮助留守儿童，给他们带去丰富多彩的课外知识以及更多的关爱。

（2）明确任务：把三个小课堂（科技体验课、安全培训课、兴趣课）和一场音乐会带给孩子们，希望他们会对科技产生兴趣，爱学习并且有安全意识，能够保护自己，与孩子们建立一种愉快和谐的伙伴关系，培养有益的爱好。每个孩子都有巨大的潜能，华硕希望能尽一份力去帮助他们开发自己的闪光点。

（3）借助明星的力量：华硕携手多元流行组合南征北战 NZBZ 一同帮扶关爱留守儿童，并且邀请他们参与到社会实践中，通过他们亲身的所见所感，创作一首全新的华硕 e 创志愿者行动主题曲，鼓励更多的大学生志愿者参与到华硕 e 创的活动中来，同华硕一起为留守儿童带去更加美好的未来。

华硕 e 创公益大使南征北战 NZBZ、志愿者和小朋友一同为梦想涂鸦

3. 受众

大学生志愿者、留守儿童、社会爱心人士、媒体、NGO（非政府组织）、政府、学校、消费者。

4. 传播内容

科技助力公益。

5. 媒介策略

（1）大学生群体进行口碑传播。

（2）明星号召力，通过 e 创明星公益大使以及明星志愿者联盟，号召更多粉丝关注该活动，共同助力公益。

（3）跨界联合更多的 NGO 以及关注公益的企业共同发声参与，形成公益阵线联盟，扩大声量。

项目执行

（1）招募环节：2017 年 4 月，华硕在全国 16 个地区共计 300 所高校进行招募，大学生可通过线上和线下两种方式报名，华硕官方网站设置活动专区，填写相应表格即可完成报名，当年共招募到大学生志愿者 36000 名。

（2）培训环节：根据学校类型、学校生源、教师推荐、学生成绩、学生报名资料完整度以及学生家乡的科普现状等，通过简历筛选、电话面试，从报名者中筛选出具备一定策划组织、调研能力的志愿者进行为期两天的室内室外相结合的培训。通过公开课等进行培训，培训内容涵盖互联网 IT、实践技能等多种实用知识和技能。参与培训的志愿者带领其余志愿者进行社会实践。

（3）实践主体环节：志愿者们返回家乡，通过多种形式的电脑知识讲座、入户维修、上门调查等公益实践，为家乡带去了全新的电脑知识，帮助父老乡亲开拓出科技致富的新兴之路。华硕带领所有志愿者一起把三个小课堂和一场音乐会带给孩子们。与此同时，华硕 2017 年携手华硕 e 创公益大使南征北战 NZBZ 共同帮扶关爱留守儿童，邀请他们创作歌曲，参与实践。

（4）e 创暑期公益营：华硕通过积分累计兑换的方式筛选出优秀的大学生志愿者，和 e 创公益大使一起前往山西省左权县老井村以及云南省普洱市南亢村开展了 e 创暑期公益营。在公益营中，志愿者分别领取任务，制订调研计划，撰写调研报告，通过微博、微信等新媒体进行传播，希望可以真正帮助到当地的人们。

（5）e 创计划大赛：暑期实践结束后，e 创志愿者根据暑期实践情况撰写 2018 年 e 创计划书，将暑期实践的成果进行优化和整理，希望可以实现对实践地区长期并且有针对性的帮扶，而非一次性的帮扶。

（6）e 创台湾公益营：通过一整年的选拔，表现优秀的志愿者将一同前往中国台湾华硕总部，与当地的高校大学生志愿者相互交流公益心得，与当地 NGO 一同交流，开阔眼界。与此同时，志愿者同时承担记录者的角色，将自己的所观所感记录下来并传递给山区的孩子。

（7）e 创表彰：结合暑期社会实践以及 e 创计划大赛的综合得分，评选出全国获得一二三等奖的小队，给予一定的公益支持，鼓励更多的大学生志愿者加入到华硕 e 创志愿者的队伍中来。

项目评估

自 2009 年推出志愿活动以来，共培育出 3.5 万名志愿者，奔赴 5000 个地区，建立 1073 座“华硕科普图书室”，开办 33000 余场电脑知识讲座，惠及群众超 350 万人。

第 1070 座“华硕科普图书室”落成

2017 年，华硕 e 创志愿者行动在全国 16 座城市，300 所高校，共招募 36000 余名 e 创志愿者，培训覆盖 70 所高校，总计 20 场课堂培训，25 场社区实践，共培训了 3557 名志愿者，组成 280 个小队，利用周末及暑假时间在全国开展 300 余场公益实践活动，帮助和影响近 60 万人。2017 华硕 e 创志愿者行动累计曝光量破亿，网络、平面、电视媒体传播覆盖量达约 5062 万，自媒体传播量约 4527.2 万，直播累计观看人数约 129 万人次，校园传播覆盖量约 696 万。

● 项目亮点 ●

（1）在以科普为活动主轴的前提下，根据当下热点更新每年的活动主题。

（2）以大学生为依托，将大学生培养为公益的火种，依靠大家的力量去让更多的人投身到公益行动中。

（3）借助明星的力量进行传播，e 创公益大使带头一起做公益，鼓励更多的社会群体进行关注与帮扶。

（4）联合更多的公益组织，为大学生志愿者创造更多的社会实践机会，有助于大学生自身能力的提高与整体素质的发展。

亲历者说 郑威　华硕电脑中国业务总部副总经理兼新闻发言人

通过华硕 e 创志愿者行动，华硕给更多边远地区送去科技的关爱。同时，通过丰富多彩的公益实践，激发当代大学生建设家乡的热情。不仅如此，我们更希望华硕 e 创志愿者行动能够为大学生提供一个有感召力的公益平台，吸引、聚集更多有公益心的年轻力量，协同有价值的公益项目，帮助到更多群体，用有温度的科技带来共赢。

华硕是一家全球性的企业，把企业的社会责任视为永远追寻的目标，华硕携手大学生志愿者，在各地开展公益实践，在回报社会的道路上不断前行，希望更多的人获得帮助，也让公益理念传播到越来越多的年轻人心中，让我们的社会变得更好。

华硕e创志愿者参观华硕总部

作为一家有着高度社会责任感的科技领航企业，华硕一直秉承“创新与责任并重，科技与爱心同行”的理念，将自身发展与社会发展相容。从“Green ASUS（绿色华硕）”战略的制定与践行，到大学生科普志愿者行动、“华硕科普图书室”“爱梦想做自己”等公益活动，再到援助灾民、积极助力奥运会，传播正能量等爱心活动，华硕对于社会公益的热忱从未间断。20余年坚持不懈的付出，让华硕在保持自身良好发展的同时，为更多人带来不可思议的美好蜕变。

案例点评

点评专家：杨丽萍　广西财经学院财政与公共管理学院公共关系学系主任、副教授

战略性企业社会责任越来越得到企业的重视和认同。战略性社会责任更强调企业通过与社会议题相关联的产品或服务创新来创造企业价值以及社会价值。本案例中华硕e创志愿者行动，正是战略性地履行企业

社会责任并通过运用“互联网 +”的力量，扩大社会影响力，传播正能量的典范。本项目亮点及创新点具体体现在以下方面。

（1）华硕 e 创志愿者行动契合创新、创富的社会热点议题；而关爱留守儿童的主题又具有巨大的社会价值和传播价值，是项目获得良好社会效益的保证。

（2）以企业为主导、以大学生为主体创新履行企业社会责任。以每个人都成为公益发起者和传播者为理念，企业、社会、个人形成合力，通过科普训练营、三个小课堂、以线上线下相结合的创新形式带动社会青年加入到公益志愿者队伍中，辐射更广泛的乡村地区，使农民享受到科技带来的便利，缩小城乡间的数字鸿沟，开拓创富新思路。

（3）以爱心驱动、科技助力公益行动。运用互联网及电脑、IT 产品等科技创新手段，解决乡村留守儿童与父母间的情感交流难题，搭建留守儿童看世界的通道。这既有利于解决留守儿童亲情缺失带来的社会问题，又能够在留守儿童及其家庭中建立起对品牌牢固的情感关联和依赖，无疑为华硕品牌植入人心奠定了基础。实现了企业社会责任与企业价值创造的完美结合。

（4）运用整合新媒体传播媒介策略，通过大学生群体口碑传播提升可信赖、负责任的企业声誉；借势自带流量的明星效应，联合其他企业、NGO 共同发声，使传播效益最大化。

多方合作中外环境教育交流项目

执行时间：2016 年 5 月—2016 年 8 月

企业名称：奥科宁克（中国）投资有限公司

品牌名称：奥科宁克 Arconic

获奖情况：金旗奖——2017 最具公众影响力企业社会责任大奖

项目概述

2016 年 5 月到 8 月，奥科宁克基金会中国团队与中国非营利机构中国教育国际交流协会以及美国非营利组织 AFS 国际文化交流组织共同完成了多方合作中外环境教育交流项目。该项目通过多种活动形式，发动了 3000 多名学生，其中包括 350 多名来自 30 多个国家和地区的国际学生。活动影响北京、河北、辽宁、黑龙江、安徽、江西、江苏、四川、广东等十余个省市，在当地很好地宣传了环境保护的理念并促进了中外学生交流，有助于中国学生初步接触国外的教育理念和教育体系。

项目背景

中国经济快速发展，但中国社会对环境的重视远远不够，而相较于环境保护，中国教育与先进国家的教育差异更急需缩小。奥科宁克基金会因公司业务拆分重组由美铝基金会拆分而来，一直致力于全球环境保护和青少年教育等公益事业。2016 年对于奥科宁克是有着划时代历史意义的一年，美铝公司在 2016

年进行业务拆分重组成立了新的美铝公司和奥科宁克公司。对于基金会而言，美铝基金会将继续注重可持续发展方面如环境保护等，而奥科宁克基金会则偏重于科技教育和创新方面。而由中国非营利机构中国教育国际交流协会提交的多方合作中外环境教育交流项目结合了环境保护和教育交流，融合了中国当代社会面临的两大问题，通过中外学生身体力行宣扬环保理念，在此过程中，中外学生的交流也能在一定程度让中国学生有机会了解不同的教育体系，有助于未来中国教育体系的改革。

项目调研

大部分中国学生受制于目前的中国教育体系，他们专注于课本学习而忽略了社会责任。奥科宁克公司在致力于发展经济的同时，时刻不忘所背负的社会责任，每一年，奥科宁克基金会都会拿出相当一部分资金用于全球非营利项目以回报社会。2016 年对于奥科宁克来讲是非常重要的一年，美铝公司在这一年进行了业务拆分重组，而对于基金会来说，选择什么样的公益项目也面临着很大的挑战。因为业务原因，美铝基金会选择项目一直偏重于环境保护等方面；

多方合作中外环境教育交流项目 1

而奥科宁克作为一家技术创新公司，基金会的项目重点也偏重于教育及技术创新方面。在众多项目方案中，中国教育国际交流协会国际文化教育交流志愿者工作委员会所提交的多方合作中外环境教育交流项目让基金会眼前一亮，在文化交流中宣扬环保，不仅能够宣扬环保理念，而且在宣扬环保理念的过程中中外学生可以进行文化交流。同时，借助这个机会，奥科宁克也能够宣传公司品牌，树立公司全球行业标杆的形象。

• 项目策划 •

多方合作中外环境教育交流项目旨在宣传环境保护理念，让全社会重视并参与环境保护。为提高全民环保意识，让更多的人参与到环保活动中来，奥科宁克基金会赞助了这个项目，以期社会尤其是学生们切身参与宣传环保，让他们的目光从书本中的理论知识暂时转移到社会责任上来，用他们的行动去影响身边的人，影响整个社区乃至社会。宣传环保理念是该项目的一个方面，更重要的是通过这次中外学生的交流，可以让学生和学校感受到中外教育方式的差异。这种交流有助于学生们在未来的学习生活中，更多地关注社会事务，承担社会责任。

媒体方面，在互联网时代，从项目预算出发，此次项目更多地选择了与互联网媒体合作。各个地区参与学校都选择在自己的校方官网发布此次活动的详情，让学校未参与该活动的老师学生能够更好地了解此次活动，感受交流氛围。借助校园网平台，更好地宣扬环保理念，鼓励学生走出校园，承担更多的社会责任。

• 项目执行 •

围绕“携手前行，共享蓝天”的主题，各地项目办及项目学校的负责同事群策群力，脑力激荡，很多新颖的富有地域特色的活动设计纷纷涌现出来。

安徽芜湖地区的“保护母亲河，诵读长江畔”；辽宁鞍山地区的“环保不分民族，生态不分国界”；黑龙江哈尔滨与佳木斯地区的“环保有我，百

多方合作中外环境教育交流项目 2

多方合作中外环境教育交流项目 3

人签名”……精彩纷呈的主题活动不但让学生们践行了“爱我家园，从我做起”的环保行动，同时也将诵读先贤经典，百人学跳健康舞步，参观农业生态园、城市规划馆等学习实践内容巧妙而有机地融入活动之中，让中外学子们直观感受先人的智慧，深入思考现代人与自然、环境、发展之间相互依存的关系。

四川地区在活动执行过程中则更多地让外国学子参与到活动的策划与设计中来，他们或自编自导自演了创意十足的视频短剧，或手工制作环保教育传单，走上街头分发给当地市民百姓，卖力推广环保理念。通过活动，“绿色出行，文明相约”从空洞的宣传口号变为了每个人都真正认可的行动指南。

通过 AFS 国际文化交流项目交换到海外的中国学子们，在进行文化交流的同时也不忘关注日益严峻的全球环境问题，他们通过发动自己的接待家庭成员、与自己的外国同学结成团队，制作了许多介绍国外先进的环保举措和设施的环保视频。通过这些具有借鉴意义的小视频，学子们也在为祖国未来的建设贡献着自己的力量。

与此同时，在 AFS 国际文化交流项目的课堂上，指导教师们悉心帮助来自世界各地的来华留学生，留学生们结合自己在中国的所见所闻，以自己对环保的感悟创作出一件件与环保息息相关的绘画和手工艺作品，以不同的视角展现着自己对绿色环保的理解。

● 项目评估 ●

本项目主题鲜明、形式新颖、代表性强，因而吸引了活动当地各类媒体的关注，通过报纸、电视以及互联网的多渠道多层次宣传，传递出中外年轻人积极关注环境问题，爱护绿色环境，企业、社会与个人联手履行社会责任的坚定信念。

自开展以来，活动得到了中国教育国际交流协会及项目学校的大力支持，共组织出国来华学生、志愿接待家庭、项目教师及环保热心人士等共计 3000 余人积极参与，间接影响了 5000 余个家庭与社区。

在整个活动期间，奥科宁克组织了数十次徒步行走，收集了 20 多个小视频

及 100 多幅书画作品参加第十七届中国国际教育年会的展出。此次活动也得到了各地的报纸、电视及互联网的深层次报道。互联网上相关报道层出不穷，《佳木斯日报》及佳木斯电视台更是深入报道了此次活动。该项目以其活动内容、活动形式受到学生、当地学校、教育部门以及社会的一致认可，并作为成功案例于 2016 年 10 月 20 日召开的第十七届中国国际教育年会上予以推出。关于该项目，第十七届中国国际教育年会特意安排了半天的会议与来自各地政府部门的领导分享并总结经验。

项目亮点

通过徒步减排绿色行走、环保微视频制作以及环保主题书画作品展等活动形式宣传了环保理念，使中外学生在参与活动时，得以互相交流互相学习。

亲历者说 胡南文 奥科宁克（中国）投资有限公司事务专员

我作为奥科宁克基金会中国区域的负责人，参与了这次多方合作中外环境教育交流项目，从项目策划，到项目执行，再到项目总结。整个项目给我的印象非常深刻，首先，项目不仅仅注重宣扬环境保护理念，更给予了中国学生与外国学生直接交流的机会，通过共同活动，让双方对对方有一定的了解。在事后我听很多中国学生说以后要多参与到社会公益活动来，不能只学课本知识而忽略应该承担的社会责任。其次，这次活动通过学生们的参与，影响到他们的家庭、学校、社区乃至整个社会，这样的影响很深远，可以让全民都参与到环境保护中来。经济发展固然重要，但是随着经济的快速发展，环境保护、教育都要跟上经济发展的步伐。而奥科宁克公司在此次活动中全程关注参与，宣扬了公司品牌，对于公司未来而言，可以让更多的学生了解奥科宁克，在未来的就业中选择奥科宁克。奥科宁克将持续关注中国公益事业，继续支持中国公益事业的发展。

案例点评

点评专家：马志强　浙江传媒学院文创学院公共关系学系教授

奥科宁克（中国）投资有限公司以企业社会责任为己任，在十余个省市，发动了3000多名学生，采取多种活动形式宣传了环境保护的理念，促进了中外学生交流。

该项目的特色之处有以下几点。

（1）活动目标鲜明，定位明确。活动做得扎实，有声有色，有很大的拓展和后续空间，具有可持续性。

（2）直接履行了企业社会责任，避免了简单粗暴的企业宣传，尽到了企业应有的社会责任和社会义务，把企业的活动和社会大环境有机地结合了起来。

（3）通过一系列的活动，营造了良好的企业知名度和美誉度，为企业营造良好的生存环境。

（4）企业把活动目标定位为学生并在全国多个省市进行活动，把企业的服务目标和当今的环境教育有机结合，暗合了企业产品和企业服务的目标公众，达到了多赢的目的。

2017 最具公众影响力
数字营销大奖

“至联致远”互联飞机全球巡展

执行时间：2017 年 5 月 28 日—2017 年 7 月 27 日

企业名称：霍尼韦尔航空航天集团

品牌名称：霍尼韦尔航空航天（Honeywell Aerospace）

获奖类别：金旗奖——2017 最具公众影响力数字营销大奖

项目概述

互联技术是改变当代飞行的伟大科技进步。霍尼韦尔通过打造互联飞机概念，对一系列产品、服务与软件解决方案进行营销。为帮助客户、乘客、监管机构、媒体等目标受众全面、迅速地了解互联飞机业务及产品，霍尼韦尔将一架波音 757 测试机改装为“空中实验室”，直观展示互联飞机所有功能。

2017 年 5 月—7 月，霍尼韦尔以“至联致远”为主题，在全球 30 多座城市进行了飞行巡演，在 11 座重点城市组织了近百位媒体参观及飞行。借助一线行业、商业及大众媒体的报道，霍尼韦尔互联飞机的形象深入人心。配合公关活动，霍尼韦尔还积极开展了新媒体平台营销——借助线上内容营销、社交媒体、直播等形式，与目标群体进行直接互动。活动获得包括 NBC（美国全国广播公司）、CNN（美国有限电视新闻网）、中央电视台、新华社、《华尔街日报》、《日本每日经济新闻》等全球重点媒体的近百篇原创报道，社交媒体覆盖超过 35 亿人次。巡展带来的销售额高达 1100 万美元，同时，还有数百万美元的订单正在洽谈之中。

项目背景

随着航空业迈向数字化和物联网时代，互联技术和软件服务正面临巨大机遇。波音公司预测称，未来十年内全球对于航空服务的需求将达到2.6万亿美元，其中亚洲市场增速最快。

空中Wi-Fi（无线宽带）已成为航空业近年来的热门话题。事实上，消费者所期待的在万米高空点赞朋友圈或观看视频直播网站仅仅是互联服务的一部分应用，互联技术能够彻底改变维护维修、运营和飞行方式——飞行员可以通过高速、实时的数据传输与分析来避免由恶劣天气带来的影响；维修人员可以在设备故障前及时发现并进行故障排查。无论是乘客、航空公司、公务机运营商、机组人员或是维护团队，都能通过互联飞机感受到安全性、效率与舒适度。

霍尼韦尔的技术广泛应用于飞机上几乎所有主要部件，这使得它具有独一无二的优势与实力，能够将各部件“连接”起来，打造真正的互联飞机。霍尼韦尔预计，互联飞机技术的市场需求约为70亿美元。为了向客户和媒体等目标受众展现互联飞机技术、应用及服务如何变革航空业，霍尼韦尔以“至联致远”为主题进行互联飞机全球巡展，通过整合营销传播将影响力最大化。

项目调研

根据霍尼韦尔与Kelton公司2016年发起的一项调查显示，近四分之三的乘客随时准备更换航空公司，以求获得更加快速可靠的Wi-Fi服务。“千禧一代”成为本次调查中对互联网需求最迫切的一代人，因为他们是首个完全成长于数字时代的人群。基于上述调研及市场洞察，霍尼韦尔得出结论，乘客对更加稳定、快速的空中网络连接的期待已经显而易见，航空公司需要迅速采取行动部署网络服务，以避免业务流失。

而从整个行业来看，乘客的需求反映出互联飞机业务与市场需求的冰山一角。航空业正在经历一场由大数据分析和物联网驱动的数字化转型。如果将传

飞行员演示互联飞机系列软件如何以简驭繁

统的机械和电子产品与最新互联技术相连，航空公司、公务机运营商、飞行员、机组人员、运维人员和产业链上的各方都将获得更大益处，例如实现预测性维修、优化路线并节油减排，等等。

如何让客户直观、清晰地了解到以上诸多霍尼韦尔互联产品和服务？霍尼韦尔市场与公关团队决定打造一架真正的互联飞机。不同于单纯讲述互联飞机如何改变飞行员、乘客、维修人员的体验，嘉宾将参与到飞机飞行的各个环节，亲身体验霍尼韦尔的最新技术。

在得到公司高层的首肯后，霍尼韦尔将其测试机队中的一架波音 757 飞机进行改装并换上新涂装，在飞机外部印上“Connected Aircraft”（互联飞机）并将各个互联部件标出来。

飞行后勤保障是巡展极具挑战性的难题之一。公关团队与霍尼韦尔飞行运营部门密切合作，确保飞机可用、安排航线与行程、统筹飞行计划，以确保活动成功。

通过演示航前准备、起飞、巡航和着陆的整个过程，霍尼韦尔向嘉宾充分

互联飞机新装

展现互联飞机技术如何提升飞行体验。为确保嘉宾此行能有最大的收获，霍尼韦尔为每一位嘉宾提供定制化日程，安排其最感兴趣的内容进行体验，与此同时让嘉宾了解霍尼韦尔互联飞机的完整故事。

项目策划

1. 目标

借助一线行业、商业、大众媒体平台，阐述霍尼韦尔在互联飞机业务方面的优势。配合公关活动，积极开展新媒体平台营销——借助线上内容营销、社交媒体、直播和视频等形式，与目标受众群体进行直接互动。具体目标如下：

（1）利用霍尼韦尔独有的波音 757“空中实验室”向记者全面展示互联飞机功能。

（2）支持霍尼韦尔“至联致远”的公司策略。

（3）在 11 座重点城市组织几十位媒体朋友参与互联飞机巡展活动。

（4）5~8 篇顶级媒体报道，20~30 篇专题报道，“互联”“创新”“升级”三条核心信息集中输出，占总篇幅的 50% 以上。

（5）社交媒体信息触达超过 30 亿人次。

（6）利用内部和外部传播渠道使信息触及员工，激励员工参与项目。

2. 受众

（1）全球航空公司采购部门与其他决策者。

（2）公务机所有者和运营商。

（3）商旅乘客。

（4）霍尼韦尔股东与潜在投资者。

（5）媒体和意见领袖。

3. 策略及传播内容

霍尼韦尔打造了一个前所未有、吸引眼球的独特展示平台——将改装的波音 757 飞机打造成互联飞机“空中实验室”，为它进行了全新涂装，通过前期预热宣传让其巡展成为航空业及大众关注的事件；在空中展示和传播过程中，将互联飞机与提升飞行安全性、效率及舒适度相挂钩，针对不同的目标人群定制差异化的场景和核心信息；通过线上、线下融媒体传播渠道将霍尼韦尔航空航

中国站媒体体验“全球最高直播室”

天集团打造成互联飞机解决方案的全球领导者。

高速而稳定的机上 Wi-Fi 是本次活动的一大亮点，而霍尼韦尔的 JetWave 卫星通信系统——这一用于接入国际海事卫星组织 GX Aviation 高速 Wi-Fi 服务的硬件产品——是本次展示的重点。霍尼韦尔希望营造不同的使用场景，并让受邀嘉宾能够亲身体验在不同场景下机上 Wi-Fi 的效果与特点，从而认同霍尼韦尔互联产品与系统的可靠性和领先性。

借助 JetWave 硬件和 GX Aviation 服务，记者可以下载大型文件、观看在线视频、发送并接收电子邮件，畅享无异于地面的高速、稳定的上网体验。除此之外，霍尼韦尔还向记者演示了机组人员和维护团队使用的其他互联飞机功能，安排记者与试飞飞行员、工程技术人员和高管等项目参与者进行全面沟通与面对面互动，从而深度影响目标受众，打造技术领导者的品牌形象，形成持续性媒体报道并最终促成客户采购决策。

公关团队在此次世界巡展中能够拿到这么多优质资源，主要得益于霍尼韦尔管理层将媒体关系视为重要销售战略。

项目执行

（1）概述：“至联致远”互联飞机全球巡展于 2017 年 5 月 30 日启动，持续至 2017 年 7 月 27 日。在这九周的时间里，巡展覆盖了 33 座城市，在其中 11 座城市开设了新闻媒体专场。

（2）主题：在新闻稿中将“至联致远”互联飞机全球巡展与 50 年前美国的“爱之夏”相结合，激发目标受众的兴趣，进而推出“Honeywell Rocks”口号。

（3）媒体培训：在巡展开始前数周确定担任发言人的飞行员和产品经理并为其提供媒体培训。

（4）媒体邀请：公关团队根据飞行巡展各站城市的媒体环境，拟定包含 10~15 名记者在内的名单，覆盖当地主流的行业、商业和大众媒体。霍尼韦尔在媒体类别上进行了拓展，涵盖了霍尼韦尔平常不太接触的意见领袖及社交媒体“大号”，以影响终端乘客。

（5）飞机：管理层全力支持公关策划中对“空中实验室”的使用并为飞机

设计和喷绘新涂装，以强调“至联致远”主题，凸显霍尼韦尔互联飞机的具体功能。

（6）网站：公关团队特意创建了专属网站 www.Honeywell Rocks.com，重点介绍“至联致远”互联飞机全球巡展的全部内容，包括巡展细节、时间表、视频和霍尼韦尔互联飞机解决方案重要媒体报道的链接等。

（7）社交媒体：霍尼韦尔在 Twitter（推特）、Facebook、LinkedIn（领英）、Instagram（照片墙）、微信、微博等全媒体平台直接影响核心意见领袖。通过社交媒体文章为粉丝提供一手巡展进度。霍尼韦尔还利用 Facebook 及微博直播巡展首站，为后期传播设定基调。

（8）宣传资料：设计并发布信息图，向媒体和公众介绍互联飞机解决方案，展示所用波音 757 飞机的历史。此外，霍尼韦尔还制作了活动主题 T 恤衫、胸章、玩偶、扇子、书签等用于社交媒体粉丝活动。飞行后勤保障是巡展极具挑战性的难题之一。公关团队与霍尼韦尔飞行运营部门密切合作，确保飞机可用、安排航线与行程、统筹飞行计划，以确保活动成功。

（9）全媒体联动：全媒体平台联动策略为提升“至联致远”互联飞机全球巡展的影响力起到了重要作用。全球巡展自美国启动，测试机起飞后，霍尼韦尔在飞机驾驶舱内进行 Facebook 视频直播，利用社交平台启动巡展活动，同时联动其他全球社交平台，包括 Instagram、Twitter、Linkedin，持续进行多媒体内容发布。

社交媒体发帖使用 #honeywellrocks# 和 #wifithatflies# 话题标签，以保持活动连续性，使感兴趣的受众可以轻松关注并追踪各站的巡展详情。同时，霍尼韦尔向全体员工发送电子邮件，鼓励员工观看视频直播并通过社交媒体进行分享。另外，这些社交平台内容也起到了向专属网站引流的作用。

亚太段行程是整个活动的压轴部分，声势浩大的全媒体传播活动在七月盛夏达到高潮。

亚太站开启前两周，官方全媒体平台通过深度内容、视频、动画及多图开始预热，平台包括官网、微博、微信、头条新闻、一点资讯、网易新闻等，同时联合十余家行业大号进行同步预热，辐射“粉丝”高达 7600 余万人，急速扩大了活动预热影响力。

在亚太其他国家，霍尼韦尔在利用官方全平台的同时，发扬各国文化，通过本国语言及图片素材为当地飞行行程进行预热，语言包括日语、韩语、马来语、印尼语、英语等，亚太多国语言的推送在 Facebook 上吸引了 4 万多名粉丝，在 Twitter 上获得了近 12 万浏览量及 5 千多互动数。

项目评估

并非每一场公关活动都能赢得多家顶级媒体的特别报道—NBC 王牌早间节目《Today Show》(《今日秀》)、CNN、中国中央电视台《第一时间》和央视新闻微直播都对“至联致远”互联飞机全球巡展活动进行了报道。霍尼韦尔争取到了《Today Show》节目 3.15 分钟的特别报道，包括一段使用霍尼韦尔互联飞机技术在高空进行现场直播的视频。约有 360 万人观看了直播，霍尼韦尔还通过社交媒体进一步扩大影响力，从而触达了 460 万人次。

“至联致远”互联飞机全球巡展已被公认为霍尼韦尔航空航天集团十分成功的公关活动之一。多家著名媒体报道了本次巡展，同时，霍尼韦尔还实施了积极的新媒体策略，这次活动，包括平面媒体、广播媒体和数字媒体在内的信息触达总量高达 67 亿。

截至目前，已有近百名记者乘坐了霍尼韦尔 757 测试飞机参与了此次巡展，亲眼见证了霍尼韦尔互联飞机的力量，远高于霍尼韦尔接待 50~60 位媒体代表的初始目标。记者发布的原创文章转发近千次，在电视、平面、网络等多个平台上获得了大量优质报道。除 NBC、CNN、中国中央电视台的现场直播外，路透社、新华社、美国彭博财经电视、科技资讯网、《华尔街日报》、《大西洋月刊》、《快公司》、印度《经济时报》、《日本经济新闻》、《航空周刊》等媒体也对活动进行了重量级报道，通过专属网站可查看部分名单。

内容分析显示，“互联”“创新”和“升级”等重点信息得到了广泛传播。100% 的报道介绍了互联技术，84%的报道提及创新，56%的报道介绍了与霍尼韦尔“至联致远”互联飞机全球巡展有关的技术升级，而霍尼韦尔最初的目标是确保核心信息占总篇幅的 50%以上。

为支持巡展，霍尼韦尔亚太区公关团队开展了积极的社交媒体宣传活动，辐射粉丝数高达7600余万。

截至2017年7月17日，巡展带来的销售额高达1100万美元。互联飞机销售团队在活动中收到了许多客户及潜在客户的积极反馈。

中国商用飞机有限责任公司副总经理、C919大型客机总设计师吴光辉表示："感谢霍尼韦尔提供这次绝佳的体验，让我们了解到目前国际上已成功应用的互联新技术。尽管Ka波段（常用于卫星通信）互联技术在中国还未获准商用，但我们希望回去之后两个团队能够就JetWave互联产品、Smart Runway智能跑道和Smart Landing智能降落系统等产品进行深入沟通。"

中国民航报社、中国民航出版社副社长谢长庆先生对互联飞机的传播给予了很高评价："霍尼韦尔'至联致远'互联飞机全球巡展从话题节点设置、事件传播策划，到活动结束后的持续发酵和延伸讨论，反映出霍尼韦尔在传播上的功力。尤其值得注意的是，霍尼韦尔利用直播等数字传播新技术，运用全媒体平台进行有的放矢的宣传，引起民航圈及社会大众的关注，带动行业思考互联技术及其本土发展机遇。"

项目亮点

"至联致远"互联飞机全球巡展以一架改装飞机为载体，让客户和媒体不仅亲眼看到而且在万米高空亲身体验到先进的互联飞机技术。许多记者在三万英尺高空巡航的过程中就撰写并发布了报道。例如，飞机在纽约州北部上空飞行时，《Today Show》(《今日秀》) 节目的记者汤姆·科斯特洛发布了三分多钟的现场报道。在亚太段行程中，霍尼韦尔邀请了中国中央电视台、新华社、《中国日报》、《第一财经日报》、《21世纪经济报道》、《中国民航报》、《中国航空报》等十几家权威媒体参与高空互联体验。

亲历者说 徐迎兵 霍尼韦尔航空航天集团亚太区传播总监

在"至联致远"互联飞机全球巡展中，我们邀请多家媒体到互联飞机上进行体验，见证霍尼韦尔互联飞机业务及产品。中国中央电视台的两个栏目对"至

联致远”互联飞机全球巡展中国站分别进行了报道，包括《第一时间》早上黄金档播出的一段 4 分钟报道以及央视新闻在微博及央视客户端做的一段 22 分钟空中直播。两档节目覆盖超过 2 千万收视人群。另外，宁波至首尔航段的两场计划周详的“航业大咖空中直播”，在兼顾新闻性、趣味性的同时，展现了霍尼韦尔机上互联技术的差异化特性，即高速稳定、全球覆盖、简单易用。多平台直播吸引了70余万人次观看，互动数高达20余万，活动视频吸引了超过30万人次点击。

案例点评

点评专家：龚妍奇　劲霸男装品牌副总裁

科技的创新是为了给消费者带来更便捷、更安全的乘机体验。作为一家 B2B 公司，霍尼韦尔能够从消费者视角洞察航旅需求，新颖的“空中实验室”创意从“人”出发，从“体验”出发，以生活化、形象化的体验营销，借助权威媒体、社交媒体、直播等多元的数字传播介质，完成整合营销传播，为更多以技术为核心驱动的 B2B 公司的品牌形象塑造及传播提供了一个很好的案例。

传播的本质是“信息”和“接收及反馈”。霍尼韦尔“至联致远”互联飞机全球巡展整合营销传播紧紧抓住了这两个关键点。在“信息”的构建上，将枯燥的技术内容转化成能够被感知的 Wi-Fi 速度、稳定性、安全性等飞行体验，在信息的输出上聚焦“互联”“创新”“升级”。在信息的接收和反馈上，霍尼韦尔让枯燥深奥的科技简单生动演绎，让品牌更加有温度，通过体验、感知升华对品牌科技创新的好感和口碑，继而反哺营销。

霍尼韦尔通过前沿的互联创新科技、新颖的故事创意、即时有趣的数字传播方式等，呈献给消费者一个科技领先、人性关怀、富有生机的品牌形象。

智能唤醒UP新纪元——梅赛德斯－奔驰全新长轴距E级车上市营销

执行时间：2016年8月1日—2016年9月30日

企业名称：梅赛德斯－奔驰

品牌名称：梅赛德斯－奔驰

获奖情况：金旗奖——2017最具公众影响力数字营销大奖

项目概述

在梅赛德斯－奔驰全新长轴距E级车（中大型高端商务车）上市时，将新品核心智能产品卖点与微博社交产品功能高度融合，让网友通过使用社交产品智能功能真实模拟体验新车智能配置，最终使新品在微博平台获得大量曝光，使其智能卖点配置深入人心。

项目背景

梅赛德斯－奔驰全新长轴距E级车于2016年8月在国内市场上市，但新车在正式上市前已于同年1月北美海外车展亮相过，其外观、内饰已被媒体披露曝光，新车对消费者来说缺乏神秘感和新鲜感，因此如何让新车在国内上市时再次激发中国年轻消费者的关注与期待是梅赛德斯－奔驰的一大挑战。

梅赛德斯－奔驰全新长轴距 E 级车提出智能科技概念，但新车的智能配置在技术认知层面很难被消费者理解。因此如何让消费者主动了解新车的智能科技配置，对新车的智能科技概念有更加直观的认知和体验是梅赛德斯－奔驰面临的另一大挑战。

项目调研

以 DAU（日活跃用户数量）过亿的社交平台微博作为创意结合点切入，将汽车新品卖点与年轻用户高频使用的社交产品的功能点紧密结合，为用户主动了解新车产品提供枢纽。

目前智能科技配置在汽车上的应用越来越普及，如何以差异化的内容和传播形式让用户愿意主动了解并认知梅赛德斯－奔驰全新长轴距 E 级车的智能配置是重要的思考点。如何在传播中建立一个智能场景满足不同的用户需求是本项目真正的命题。

对于汽车行业来说，用户口碑和专业评测是影响一款新车销量的重要因素。而微博是国内具有高互动与扩散传播属性的社交产品，是形成用户舆论和口碑扩散的极佳平台。据微博 2016 年用户发展报告显示，微博用户中 30 岁以下年轻用户占比达 82%。

因此梅赛德斯－奔驰选择微博平台作为此次营销活动阵地，基于梅赛德斯－奔驰提出的智能理念，以微博功能智能升级为噱头，引出新车智能产品点，通过微博策划热点、趣味内容传递新车信息，拉近新车与年轻用户距离，让用户愿意主动理解并接受新车的智能配置卖点。

项目策划

1. 目标

本次营销实施是在梅赛德斯－奔驰全新长轴距 E 级车新品上市背景下，传播目标如下。

（1）告知产品智能卖点。梅赛德斯－奔驰全新长轴距 E 级车上市，传递

梅赛德斯 – 奔驰全新长轴距 E 级新车

"智能"概念，让用户了解新车的智能。

（2）吸引用户关注新车上市。以"智能遇见未来"为核心唤醒智能社交、生活新模式，吸引用户关注新车上市。

（3）提升品牌好感度。打造融合核心产品的沉浸式智能营销体验，提升用户对产品好感度，传递智能生活理念。

2. 策略

此次营销模拟智能社交生活场景，结合梅赛德斯 – 奔驰全新长轴距 E 级车五个智能产品点，微博平台同步模拟五个产品功能智能升级，打造"智能微博 BETA（测试）版"，将车型产品与微博产品高度融合，让用户直观了解并感受新车智能理念，营造沉浸式营销体验。

3. 受众

此次营销主要目标受众群体以"80 后"年轻圈层为主，他们有一定消费能力，热爱社交生活，乐于接受新鲜、高科技事物，对生活品质有一定要求。此类目标受众群体属于当前已有人群，本次营销活动需要在社交平台上寻找并带动此类人群与梅赛德斯 – 奔驰全新长轴距 E 级车产生互动。

项目执行

此次智能体验创意营销分成三大实施阶段。

1. 预热期：悬疑式热点话题营销

（1）建立 # 微博七年之痒 # 话题，引发网友热议。

不只是爱情有“七年之痒”，梅赛德斯 – 奔驰全新长轴距 E 级车发布之际，也正逢新浪微博七周年。微博平台发起 # 微博七年之痒 # 话题，引发用户对微博产品智能升级的关注，掀起微博改版的话题热潮。

（2）官微参与 # 微博七年之痒 # 话题，制造悬疑，勾起网友好奇心。

梅赛德斯 – 奔驰官方微博以智能科技专家的身份巧妙介入 # 微博七年之痒 # 话题，提出以梅赛德斯 – 奔驰全新长轴距 E 级车的智能设计理念打造智能微博，勾起网友对微博升级的好奇心。

（3）微博炫酷互动版开机报头震撼发布 +321 倒计时悬念创意海报，引发终极猜想。

新浪微博开机报头强势发布新车“智能微博”动态创意，配合 321 倒计时悬念创意海报，十足的神秘感和期待感再度将微博智能升级话题推至高潮。

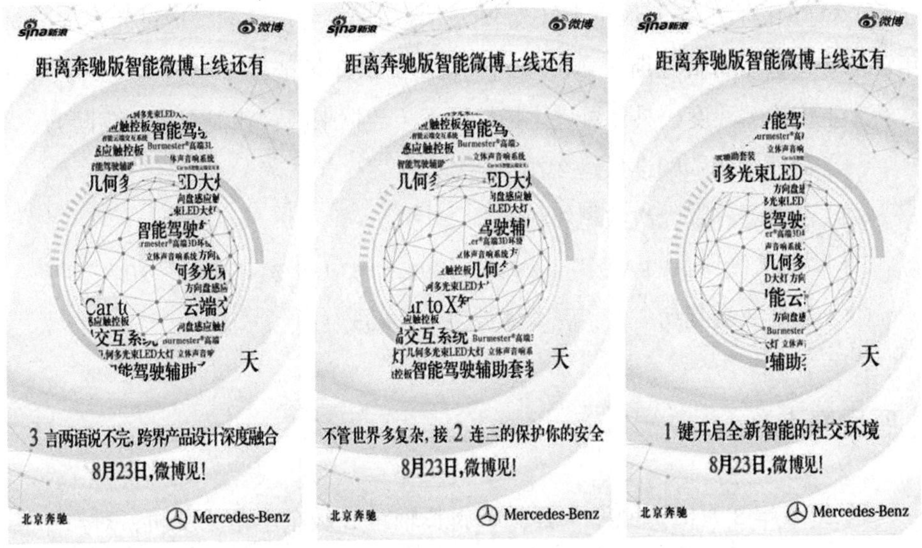

321 倒计时悬念创意海报

2. 引爆期：魔性的功能 + 趣味的互动 = 极致智能体验

（1）“智能微博 BETA 版”上线。

结合智能科技理念，将微博智能产品功能与全新奔驰 E-Class 智能配置两者融合，让智能科技在社交生活中完美融合。双重智能体验之余，“智能微博 BETA 版”还有收集 LEADS（销售线索）功能，一键便可轻松预约试驾。

（2）双屏互动广告上线。

新浪超屏 + 双屏互动广告形式震撼上线，用户拿起手机扫一扫即可参与奔驰车型虚拟场景交互体验，让新车智能技术通过双屏互动媒介创意广告真实还原用户交互体验。

3.“智能微博周二见”创意趣味长图发布

项目尾期，制作创意趣味长图“智能微博周二见”，将此次线上智能互动的营销战役进行盘点总结，吸引陈震、许群、PS3 保罗、排气管等 12 位汽车行业 KOL 在微博上主动转发和评论，助力事件持续发酵扩散。

项目评估

此次营销活动从微博话题阅读量、微博品效通精准广告曝光量、创意 H5（超文本标记语言的第五次重大修改）互动参与量等维度评估。通过此次传播向年轻用户传递了梅赛德斯 - 奔驰全新长轴距 E 级车智能配置卖点，提升了用户对新车上市的关注度，具体可量化指标如下（数据来源：新浪全景大数据）。

（1）微博话题：阅读量达 2.7 亿人次。

（2）品效通：曝光次数超 2000 万。

（3）“智能微博 BETA 版”：PV 80，791，103 UV 31，479，720。

（4）超屏双端互动广告：完全播放率达 92.55%。

项目亮点

以 2016 年 8 月梅赛德斯 - 奔驰全新长轴距 E 级车上市为契机，对汽车智能生活体验与社交产品智能体验进行融合升级。在新浪微博平台，利用微博热

门话题和“智能微博 BETA 版”以及超屏双端互动整合营销模式，通过一场一场有计划、有节点的沉浸式智能营销新体验，唤醒用户智能社交生活新方式，打造汽车产品及社交产品的双重智能生活新体验。

亲历者说 侯爽 新浪华北策划经理

我们希望梅赛德斯 – 奔驰全新长轴距 E 级车的上市打破常规玩点创新，所以在前期头脑风暴阶段，策划、销售、产品和项目组均参与其中，共同围绕产品亮点“智能”，结合微博平台优势（热议大事件 / 热点发酵传播）进行传播创意讨论。讨论中我们达成一个共识，车企和用户沟通产品亮点时都面临专业性过强、内容晦涩难懂的问题，我们就不断寻找一个简单直接的方式让产品亮点直观传递。经过几番讨论，我们找到了创新突破口，将微博产品与梅赛德斯 – 奔驰产品深度融合，让用户通过日常高频使用的社交产品了解一个不那么容易理解的汽车产品，如微博雷达匹配梅赛德斯 – 奔驰智能驾驶辅助系统等。做产品结合的时候，我们不断与客户沟通产品亮点，力求精益求精。头脑风暴完核心创意，我们最擅长的部分就是通过微博制造梅赛德斯 – 奔驰新车上市热点大事件，结合新车上市时间点正值微博七周年且当年 # 周一见 # 是微博的热议话题。最终，我们以“智能遇见未来”为核心，制造热门话题 # 智能微博周二见 #，模拟了一个智能生活场景。我们与用户深入沟通产品亮点，获得用户好评，新车上市信息也因智能微博得到了强曝光和强声量。

案例点评

点评专家：马利 《中国汽车报》商用车版主编

汽车产品智能化是汽车业的一个重要发展趋势，梅赛德斯 – 奔驰作为汽车行业的高端领军品牌，推出高端智能产品，再次引领行业发展趋势。关于如何让目标和潜在消费者直观了解、体验该车卖点智能科技概念，如何打造属于该款产品自己的独家特色，该案例充分考虑了高端汽车产品自带光环的属性和用户阅读习惯，选择了微博这一互动性强的新媒体传播平台，巧妙借用微博智能升级的噱头，用富于创意的互动体验、感染力强的图文、生动的视频等形式，营造沉浸式营销体验，短时间内迅速造起巨大声势，达到预期效果，在行业内形成具有“独创”意义的营销事件。该案例前期策划创意独到、中期执行步骤鲜明、后期宣传精准到位，在行业内外达到很高知名度，形成了很大的影响力。

小吉智能迷你滚筒洗衣机社会化传播

执行时间：2016 年 10 月 14 日— 2016 年 11 月 17 日

企业名称：上海小吉互联网科技有限公司

品牌名称：小吉科技

获奖情况：金旗奖——2017 最具公众影响力数字营销大奖

项目概述

在竞争激烈的洗衣机行业背景下，小吉科技将视线瞄准特色品类市场领域，推出具有“bra（内衣）洗”和“婴童洗”功能的智能迷你滚筒洗衣机，借由“挑战 1000 件 bra 直播”事件，充分利用微博、微信、直播、门户等多媒体平台的互动合作，使品牌大量曝光并将所有流量导入到京东众筹平台实现销售转化。本次营销成功使小吉科技成为智能迷你洗衣机领域的联想品牌（即“第一个被想到”），京东众筹新品首发销量相较以往翻了数倍。MINIJ（小吉科技）品牌收获一众口碑并引起行业关注，为品牌未来发展奠定坚实基础。

项目背景

1. 行业背景

综观近几年国内洗衣机市场，高端消费和更新换代是行业目前的两大主线，洗衣机产品消费结构的全面提升是 2016 年上半年整个行业发展呈现的特色，滚筒、大容量、高端洗衣机产品市场份额持续攀升，特色品类（如洗烘一体、子母洗、迷你式等）也呈现出明显的增长态势。另外，中国洗衣机行业加速洗牌，品牌间市场竞争加剧，小企业生存压力颇大。国内洗衣机市场进入寡头竞争市场阶段。

2. 品牌背景

上海小吉互联网科技有限公司是一家专注于“智能迷你潮电”的科技企业，2013 年创立 MINIJ 品牌。在此之前小吉科技已推出 3 款洗衣机产品并在米家众筹、京东众筹平台进行首发售卖，收获了良好的销量与口碑，近两年其产品销售情况稳步增长。2016 年，小吉科技再次推出 MINIJ 智能迷你滚筒洗衣机（PRO 版）并筹备推广上市计划。

综观此前营销情况，MINIJ 品牌虽在洗衣机特色领域市场占有一席之地，却一直未能建立消费者品牌认知。而其他品牌在消费升级驱使下，不断拓展业务领域，相继推出各类迷你洗衣机产品，使整个市场环境竞争进一步加剧。小吉科技树立品牌形象，打造品牌地位迫在眉睫。

• 项目调研 •

一个具有话题性的事件加上高关注度的渠道，催生出“1+1>2”的品牌效果。

小吉智能迷你滚筒洗衣机产品虽然符合消费升级下的行业发展趋势，然而在特定领域内缺少品牌记忆点。所以目前急需制造一次事件，引爆话题，带动品牌传播。

根据产品目标受众定位分析，该部分人群在接受新鲜事物的同时，也较易接受新的媒体形式。本次营销利用 2016 年直播渠道红利，将产品核心卖点“bra 洗”进行创意延展，借以吸引眼球，通过制造一次事件营销，植入品牌与产品信息并完成销售转化。一方面树立产品使用消费场景，另一方面借助社交媒体进行传播扩散，辅以口碑测评，实现品效合一。

项目策划

1. 目标人群

小吉智能迷你滚筒洗衣机 2.8kg 的洗衣容量注定其并非作为一般的家用功能洗衣机使用，而是根据其产品技术的针对性，市场定位特定人群。产品主打两大功能卖点“bra 洗”和“婴童洗”，在技术上可通过 App（手机软件）实现程序的升级、定制，告别了传统洗衣机一成不变的洗衣模式，真正满足个性化的需求。

本次营销目标人群定位为母婴群体以及追求时尚个性、注重生活品质的年轻女性。目标人群年龄跨度在 22~35 岁，热爱生活，对新事物感知度高，对美好的事物愿意交流分享，十分有利于 MINIJ 品牌的传播扩散。

2. 核心策略

借助直播红利，制造一场小吉智能迷你滚筒洗衣机＃挑战 1000 件 bra 直播＃的事件，将“直播”与“内容”相结合，充分利用多媒体平台的互动性组合，以达到品牌传播、产品销量、消费者口碑“一案多赢”的营销效果。

3. 营销目标

提升消费者对品牌的认知与好感度，实现口碑传播和销量的双效合一。

（1）强化品牌概念，树立消费者口碑，使 MINIJ 品牌成为智能迷你洗衣机领域的第一联想品牌。

（2）品牌曝光量 2000 万次，新品首发销量突破 5000 台，保持品牌稳步增长的市场趋势。

4. 媒介策略

本次营销以年轻人常用的国内社交媒体平台微博作为引导舆论和起承整个营销事件的主战场，相应选择与微博具有流量直达的“一直播”平台发起小吉智能迷你滚筒洗衣机＃挑战 1000 件 bra 直播＃的马拉松式直播事件。以大众喜爱的真人女主播直播方式，场景化展示整个机洗挑战过程，不断植入小吉智能迷你滚筒洗衣机产品信息。

直播中注重“内容”结合主播个人 IP（知识产权）化风格，通过不断制造

微博截图

话题与素材，最大化地避免了直播过程中“快进快出”式的流量卷入和分发。借由微博、微信、视频、PR（公关）背书、消费者众筹等营销手段，实现品牌曝光和口碑建设并实现购买转化。

项目执行

2016 年 10 月 17 日京东众筹首发当日，在社交媒体及门户网站发布《挑战 1000 件 bra 直播》的视频，经 8 位 KOL 在微博上转发传播，吸引大量关注，占据“话题榜社会版”长达 20 小时。

10 月 18 日至 27 日，“一直播”平台连续 10 天，每天 10 小时直播小吉洗衣机 # 挑战 1000 件 bra 直播 #。每天安排 1 名美女主播互动讲解衣物洗护相关话题，不断植入小吉智能迷你滚筒洗衣机产品信息。

在每天峰值整点档，推出双人女主播互动抽奖环节，吸引流量。并邀请《中国新歌声》学员白若溪空降直播现场，借助明星效应使事件持续发酵。

10 月 26 日，坐拥百万粉丝的时尚自媒体人“深夜徐老师”通过“一直播”与京东直播平台体验小吉智能迷你滚筒洗衣机，首秀私密衣橱，展示小吉智能迷你滚筒洗衣机手洗般的效果，该直播登上当晚热门。

与此同时，广告界的垂直微信号梅花网、4A 广告门紧跟热度，头条刊登图文《6000 分钟直播 +1000 件 bra 只为营销造势》，发表专文分析。

11 月 2 日，由新浪著名段子手“我的女友嘴很贱”发布的创意段子，将小吉智能迷你滚筒洗衣机的产品特性与自媒体人自身故事无缝结合，经 4 个自媒体大号共同传播后，引发现象级传播。

为树立产品口碑，小吉科技与国内专业的育儿社区平台宝宝树合作，发起测评招募，将流量直接导入京东众筹平台。

项目评估

1. 宣传成果（数据来源：代理公司调研数据，营销活动执行期间各平台投放效果）

（1）MINIJ 品牌曝光量超过 5000 万。

（2）《挑战 1000 件 bra 直播》10 天直播观看人数超 1400 万，《中国新歌声》人气学员白若溪单场直播观看人数破 500 万，直登当天“一直播”平台热门榜。“深夜徐老师”的直播在京东直播和一直播两个平台同步在线 20.28 万人次，累计观看人数超 220 万。

（3）微博话题 # 挑战 1000 件 bra 直播 # 登陆热门话题榜 NO.3（第三名）。

（4）创意段子 24 小时微博曝光量超过 1000 万，冲上热门微博榜长达 24 小时。

（5）宝宝树试用活动吸引到 2 万多名妈妈参与，收获 5 篇试用报告。

2. 销售成果（数据来源：京东众筹、米家众筹平台，广告主公司内部统计数据）

（1）小吉智能迷你滚筒洗衣机京东众筹 1 个月，销售成绩超过 2200 万元，销售近万台洗衣机。成绩远超小吉科技此前新品发布的米家众筹与京东众筹成绩。

（2）新品销售增长率同比历年新品发布涨幅 2%~42%。

（3）营销活动传播期间，刚好与“双十一”电商大促活动重合，使得“双十一”期间品牌热度持续高涨，电商品牌店铺流量较往年大涨，最终“双十一”电商销售额达 700 多万元，为上一年的 10 倍之多。

众筹页面截图

3. 品牌成果

本次营销以行业背景为前提，通过一个具有话题性的事件，加上高关注的渠道，催产出“1+1 ＞ 2”的传播效果，使品牌知名度及行业影响力大大提升，尤其在母婴群体中收获大量口碑，将小吉科技打造为智能迷你家电领域内的联想品牌。

4. 在整个创意实施中，有三个重要的传播触点

（1）拍摄一支视频为直播事件预热，在社交媒体和门户网站进行传播，一时间为网友热议，同名话题迅速引爆，吸引阅读量高达 694 万人次，牢牢占据微博“话题榜社会版”长达 20 小时。

（2）充分利用自媒体人和明星的粉丝效应，让他们参与直播录制，使事件持续发酵。

（3）选择京东众筹作为产品首发平台，完成最终的销售转化。小吉科技上线的生活美学品类，其日常访问人群画像以 20~45 岁的女性为主，与产品的目标人群相吻合。同时，京东众筹作为国内较大的权益类众筹平台，握有庞大的用户资源和强大的渠道优势，为企业和品牌从行业、用户、投资人、经销商等多角度带来更多的商业价值。

项目亮点

本次营销是传统家电行业运用互联网思维在社交媒体进行营销推广的一次突破，处于正在进入到增速缓慢低迷期的洗衣机产业，小吉科技立足用户痛点，对产品卖点进行深挖提炼，将消费场景以直播的形式直观地展示在大众面前，善用互联网思维和手段，将直播与优质内容相结合，为国内家电行业做了一次“教科书”式的示范。

亲历者说 谈屹华　熊猫传媒集团项目经理

本次营销是传统家电行业营销推广的一次突破。无论是从事件关注度，品牌曝光，还是销量提升等，各方面都取得了巨大的成果。

因直播的特殊属性，其流量往往受到直播内容、平台以及该时间段其他热点事件影响，造成一定的流量分发。营销活动传播期间与“双十一”电商大促活动重合，因京东众筹平台非“双十一”期间主要推广平台，受其影响，在“双十一”前后众筹页面流量有下滑趋势。这是本次营销中出现的不可控因素，但也提升了产品销量，起到一定的正面作用。

案例点评

点评专家：钟巍　前爱创营销与传播集团数字营销中心总经理

社会化传播的显著特点是碎片化。一方面，用户接收信息的时间是碎片化的；另一方面，用户接收信息的容量也是碎片化的——营销人很难让用户在一段完整的时间内读完一段完整的信息，更不可能把需要传播的信息一口气给用户阐述清晰。本案例在半个月的执行期内，不仅提升了 MINIJ 品牌认知度和好感度，还能在销售端起到促进作用，实属不易。

本案例成功的重点在于内容与平台的良好结合。2016 年正值视频直播火热的一年，众多品牌主和营销机构都做起了视频直播营销的尝试。“美女直播”的噱头一旦“过线”，虽然品牌知名度上去了，但对品牌美誉度会造成负面影响。本案例在选择视频直播平台的同时，制造了一个尺度恰到好处的内容，既满足了吸引关注的目的，又没有越过尺度的红线。更重要的是，还把“bra 洗”这个产品 USP（独特的销售主张）强势贯穿到整个传播噱头之中。可以说，本案例的媒介策略和内容创意达到了非常良好的结合。

从执行层面看，内容设置没有进行一成不变的标准化处理，而是结合视频主播个人不同的 IP 风格，预先设置好情节与话题等内容，“留住”用户的关注。以具有噱头的主题吸引流量进入，再以预先设置好的话题内容留住流量，持续 10 天的直播，每天峰值档推出互动环节，达到了非常好的传播效果。

直播 10 天的流量再补充宝宝树的流量，导入京东众筹平台，使传播量转化为销售量，达到品牌传播与销量的双丰收。

不得不说的是，本案例传播时间点选择的也很讲究。在传播末期关注度达到峰值即将下落之时，进入“双十一”电商大促，这对提升最终的销售业绩也起到了不小的作用。

GE“会思考的城市”

执行时间：2016 年 7 月

企业名称：通用电气(中国)有限公司

品牌名称：GE（通用电气）

获奖情况：金旗奖——2017 最具公众影响力数字营销大奖

项目概述

财新传媒携手 GE 共同为 GE“Minds & Machines”论坛造势，并着重推广 GE 新发布的工业云平台 Predix。

可视化信息图作为年度传播的一部分，通过可视化科普图“会思考的城市”为新发布的 Predix 云平台制造行业性的热点话题，引发行业生态圈的热议与思考。

项目背景

近几年，在工业 4.0 及“中国制造 2025”的推动下，国内外制造产业朝着更高效和更智能的方向转型。但纵向来看，制造业向“智造业”的转型还处于初期阶段。互联网在产业界的应用还远低于人们的预期。大部分工厂里的机械设备依然拥有不同的操作管理界面，吞吐单一的流水线产品，能够一统数据、协调生产的技术呼之欲出。在此背景下，互联网逐渐从消费领域向生产领域过渡，物联网（IoT）开始全面拥抱制造业。

物联网让原先彼此隔离的数据流动起来。能对这条数据“长河”进行实时监控、分析和管理的工业云平台应运而生。据 BI Intelligence（知名市场研究公司）《2016 年全球物联网发展研究报告》显示，预计到 2020 年，全球城市使用的物联网平台设备将达 60 亿台。根据麦肯锡全球研究院的估计，到 2025 年数字化对全球经济的贡献将超过 10 万亿美元，其中有三分之一可能来自数字化的制造业。

工业云平台的广阔前景不言而喻！与此同时，GE 的竞品，例如西门子、施耐德、日立等品牌也相继推出各自的工业云平台，随着工业云平台的日趋成熟，新的市场格局将随之诞生，这意味着各公司将角逐王者的位置。

• 项目调研 •

1. 工业物联网平台争食中国市场

工业物联网平台是代表“互联网 + 制造”融合创新大方向的生态系统。未来的平台，既可以来自硬件领域，也可以来自软件领域。在美国，除了 GE 的 Predix，另一个堪称未来工业级平台的强有力争夺者就是 IBM（国际商业机器公司）的 Bluemix（IBM 推出的云计算平台）。西门子与 SAP（德国一家软件公司），一硬一软两大德国工业 4.0 巨擘，是世界级工业物联网平台的有力竞争者。

显而易见，无论是美国工业互联网还是德国工业 4.0，其极具代表性的跨国平台正在中国展开激烈竞争。

2. 如何嫁接 GE 固有优势和产品，承前启后，Predix 云平台将如何落地和发力

无论是美德工业巨头结盟工业云平台战略，还是中国制造企业搭建并开放工业大数据平台的探索，都深刻地说明，工业云平台引领并点燃了“互联网 + 制造”的未来。任何一个工业云平台都将收集到机器的海量历史数据，而数据通常源于五花八门的机器设备、硬件和软件公司。没有大范围的产业合作，仅凭某一两家公司之力，是无法建成打通所有机器、系统，可以决胜未来市场的工业云平台的。

新浪微博推广

面对这种崭新态势，是追随结盟，还是自建平台，对于 GE 或是中国制造企业和信息通信企业而言，都是一个关系到企业战略的问题。

因此，此次传播的目的是进一步拓展和扩大 GE 工业云平台 Predix 在消费生态圈的行业影响力，抢占和保持行业第一的位置。

项目策划

1. 传播目标

Predix 是一个全球知名的工业云平台，对于中国企业级用户来说，选择 Predix 是一项重大采购。因此，财新传媒此次传播重点如下。

（1）品牌高度：为 GE 梳理政策层及行业性的影响力，为其背书。

（2）品牌黏性：B2B 同时也是 P2P（个人对个人），所以可通过轻松活泼的方式叙事，让晦涩难懂的技术语言被消费群体所认知与熟悉。可视化信息图着重在这部分发力。

微信公众号推广

2. 为什么是财新传媒

（1）核心圈层影响力。

精英 KOL 库：拥有来自政、产、学、商的全球专家库，例如工业和信息化部领导、地方政府领导、500 强企业高管、经济学家等。

精英读者：涵盖政府决策者、企业管理者以及高消费力的优质商务人群，读者是善于创造的高素质群体。

（2）原创深度观点性内容。

深度内容：对国家战略与产业趋势的深度解读，使财新传媒成为企业、政府及其他媒体关注的媒体。

媒体公信力：财新传媒成立公信力委员会。委员会名单包括吴敬琏、哈佛大学校长等政要与学界执牛耳者。

（3）全媒体传播渠道。

财新传媒推出财新移动、财新网微博等一系列深入各细分垂直领域的行业公众号，共同形成传播矩阵。目前，已实现刊、网、移动端的覆盖。

（4）发布渠道。

《财新周刊》自 2015 年进入政协渠道后，已直接面向文艺界、科技界、经济界、医药卫生界、对外友好界、福利与社会保障界等各政协委员提供赠阅。除此之外，在国际性 / 全国性大会上（如全国两会、中国高层发展论坛、世界经济论坛等），《财新周刊》将直接进入代表驻地，直达贵宾。

3. 传播思路

GE 高端影响力 =GE 对于国家经济和行业发展的意义

梳理 GE 对中国经济和中国企业的积极影响：整个逻辑线基于中国经济未来 20 年的重点发展趋势，植入 GE 如何在能源、交通、医疗、制造领域助力中国经济和中国企业发展，为人民提供幸福生活。

梳理工业互联网对于百姓的积极意义：民生话题永远是受欢迎的传播点，即使是公司 CEO（首席执行官）也会关注自己未来的生活变化。城市化建设是中国乃至全球未来 20 年内的发展趋势，也是所有行业都将参与的宏观问题，虽然传播内容以民生问题引出，却反映了高度宏观的视角，奠定了 GE 观点的高度。

项目执行

1. 项目管理

制订、更新并发布项目时间表，更好地管理客户时间和协调不同部门的同事。

2. 投放数据表

制作并每周更新项目所有投放数据，实时管理投放效果。

3. 项目内容构思

探索更适合 B2B 的内容营销方式。从政策和行业角度入手，筛选与 GE 工业互联网平台相关的趋势与观点，比如城市化发展、“互联网 +”、“中国制造 2025”等。GE 基于信息图相对轻松的方式，选择与广大消费者更贴近的角度，比如城市化发展意味着智慧城市的诞生，“中国制造 2025”意味着个性化产品定制的发展。再与 GE 的不同业务线产品进行匹配，比如 GE 注重的 BU（业务单元）是能源、交通、医疗、制造，筛选出更能体现各 BU 亮点功能的话题。

• 项目评估 •

传播数据：项目在财新传媒新媒体平台发布一周后，总计曝光量超过 5 万次，对于 B2B 传播来说已是一大突破。

KOL 转发：受到能源领域多位“大 V”（微博上拥有众多粉丝的用户）转发，制造生态圈内多层传播。

• 项目亮点 •

（1）实现精准传播。从企业用户关注和想参与的领域（城市化建设）切入，精准策划内容。匹配财新优质渠道，比如专注于能源行业的垂直媒体平台财新－无所不能，汇聚了大批从事城市化基建的公司领导与员工，并获得大量 KOL 转发。

（2）打破生态圈传播壁垒。实现 B2B 生态圈内容 C 端（客户端）化传播。通过可视化的科普性内容把晦涩难懂的行业知识转化为明确的数据和易懂的文字叙述，扩大 GE 在泛生态圈中的影响力，影响企业采购、实施部门中层等可能影响采购发生的人。

（3）充分发挥财新媒体属性。财新传媒权威、专业、深入的产业洞察和广泛的媒体传播，在 GE 的品牌形象塑造中提供了不同于广告、公关公司的优势，将助力 Predix 云平台成为此次平台之争的王者，同时也推动物联网在制造业领域的发展，对国家经济也将有非常积极的影响。

亲历者说 高文佳　财新传媒有限公司项目经理

很感谢有机会与 GE 这样的企业合作，GE 是一家非常大胆又富有创意的工业企业，打破了我对常规工业企业的认知，我们也有了泛 C 端的传播尝试。

“会思考的城市”代表了 GE 打造工业互联网的愿景，它向我们展示万物互联已然到来，并且与我们每个人息息相关。以往 ToB（面向企业）传播案例中，财新传媒更注重生态圈内的传播，比如邀请学术专家和行业专家提供宏观深刻的专家观点。但此次传播融合了财新传媒新媒体的特性和渠道，通过提升专业内容轻量化和可读性，达到了更大范围的影响力。有不少竞品也纷纷来询问相关合作策略，不论是对品牌还是对媒体本身，这都是一次非常好的尝试。

案例点评

点评专家：肖傲霜　朗盛化学亚太区企业传播总监

工业互联网在工业界是个新概念。它本身是个数字平台，据说能让机器和机器、机器和人之间“对话”。但是因为它看不见摸不着，和实实在在的机器设备不一样，所以如何解释并且推广这样一个抽象的概念，相信对策划方来说是个巨大的挑战。

GE 是世界上领先的制造业巨头，它的品牌宣传调性一直以大气、意见领袖的形象为主。所以，如何让解决方案的内容通俗易懂，同时又符合 GE 业界巨头的地位，这又是一个挑战。

“会思考的城市”信息图既能通过新媒体可视化的形式，阐释了工业互联化这个新的较复杂的概念。由于选择了恰当的媒体合作平台，它又可以较为精准地针对未来为该解决方案买单的客户群——大型制造型企业的高层管理者。同时，其选择城市而不是单个工业设备作为案例的主体，突出了 GE 多元化业务的包罗万象，尤其是能让工业互联网助力与城市化相关的医疗、交通和能源等基础设施的智能发展，符合 GE 一贯的公司形象宣传调性。应该说是一个非常巧妙并有效的品牌宣传案例，值得借鉴。

2017 最具公众影响力
社群互动营销大奖

中信银行信用卡中心“中美旅游年”主题信用卡公关传播

执行时间：2016 年 4 月 15 日—2016 年 11 月 25 日

企业名称：中信银行信用卡中心

品牌名称：中信银行信用卡中心

获奖情况：金旗奖——2017 最具公众影响力社群互动营销大奖

项目概述

作为在商旅信用卡市场精耕多年的踏浪者，中信银行早先就颇具前瞻性地提出了“要出国，找中信”的国际化经营战略。2016 年为“中美旅游年”，中信银行信用卡中心更是紧抓这一利好，深化与 VISA（维萨）及途牛旅游网等十大伙伴的合作，隆重推出“中美旅游年”主题信用卡以及赴美旅游一揽子金融服务计划，为消费者打造“行者无界”的高端出国旅游消费体验。

围绕“中美旅游年”主题信用卡的丰富特色权益，中信银行盛大举行了“中美旅游，始于中信”新闻发布会以及“美国西部狂野 0 元之旅”大型事件营销活动。二者相辅相成，互为呼应，在大力回馈消费者的同时，更制造话题、持续造势，深化了中信信用卡国际化品牌形象，提升了产品知名度及好感度，巩固了其在境外商旅市场的领先地位。

中信银行信用卡中心“中美旅游年”主题信用卡公关传播

项目背景

2015 年 9 月，习近平主席造访美国，与时任美国总统的奥巴马共同决定将 2016 年设立为“中美旅游年”，中美关系进入了一个里程碑式的时间节点。2016 年 2 月，“中美旅游年”在北京正式启动，标志着世界两大经济体间旅游合作全面开展。

国之交在于民相亲。举办“中美旅游年”不仅是一件提振旅游行业的重要决策，更是关系到国计民生、牵动着各行各业的举国盛事。在此背景下，中信银行希望能充分发挥好自己在其中的角色，全力助推“中美旅游年”顺利举行。

同时，中国国民经济水平持续上涨，出境旅游随之不断升温，中国游客走出国门走向世界逐渐变为一种常态。根据国家旅游局发布的数据，仅 2016 年上半年，中国公民出境旅游人数就高达 5903 万，中国已连续多年蝉联出境旅游人次和消费额世界第一。其中，美国正逐渐成为中国游客青睐的旅行目的地之一，2007 年至 2014 年，中美两国旅游的年交流规模超过 400 万人次，旅游交流规模总量超过 2500 万人次，年均增幅达 7.6%，其中中国游客赴美年均增长 18.4%。据国家旅游局预计，2016 年中美双向旅游交流规模将首次突破 500 万人次。

项目调研

1. 消费者洞察

（1）25~35 岁一线城市及省会城市的中高端白领人群，处于人生的上升期和职场的拼搏期。

（2）热爱旅行、追求品质、懂得享受生活，关注消费升级和优质体验，在意消费过程中的增值服务体验。

（3）崇尚冒险、追求特立独行的格调和气质，偏爱定制化旅游攻略，关注意见领袖引领的潮流风尚。

（4）具备多元化标签：既愿意拼命工作也愿意拼命玩，既独立自主又向往社交，既遵守规则也张扬个性。

2. 传播挑战

中信银行信用卡中心如何能顺应“中美旅游年”的政策红利，让自己的特色商旅产品权益从众多出境旅游类消费产品中脱颖而出，迅速与热爱旅行、热爱生活的目标客户群体产生情感关联，在高度互动中迅速提高产品和品牌的影响力，是本次传播的主要挑战。

项目策划

1. 传播目标

（1）让目标客户群体迅速了解中信银行“中美旅游年”主题信用卡在赴美旅游领域的优质服务、尊贵礼遇、丰厚权益。

（2）提升主题信用卡产品的市场知名度和消费者喜好度，有效提高其发行量。

（3）提升国人境内外旅游意愿，推动境内外消费狂欢热潮，促进交易额。

（4）深化中信信用卡国际化品牌形象，巩固其在商旅市场中的领先地位。

2. 传播策略

在 2016“中美旅游年”期间，中信银行启动赴美旅游一站式全流程金融服务的新闻发布会，开展与目标消费者客户群体深度互动的大型营销事件，为“中美旅游年”主题信用卡打造线上线下整合互动传播效果。

（1）“中美旅游，始于中信”新闻发布会引燃媒体声量。

借势“中美旅游年”话题热度，中信银行与旅游链上各个领域伙伴深度合作，推出“中美旅游年”主题信用卡，让中信银行一站式全流程出国金融服务，在这个意义非凡的时间节点上深入人心。

通过特色鲜明、极具美国风情的启动仪式发布会，扩大主流媒体报道声量，突出中信银行针对“中美旅游年”推出的赴美旅游一站式全流程服务，强化国际化品牌形象。

（2）“美国西部狂野 0 元之旅 ”事件营销实现深度互动。

意见领袖深度合作，策划极具话题性的社群互动营销事件吸引眼球、聚拢人气，引爆全网关注，在短期内扩大“中美旅游年”主题信用卡的知名度。

利用粉丝效应带动目标客户群体实时互动，实现“线上声量助力线下体验，线下体验反哺线上声量”的闭环互动传播模式。

打造集图文、视频于一体的多元化传播内容，以 UGC（用户原创内容）带动核心信息在目标客户群体中的二次传播，深化目标客户群体对产品和品牌的认同度。

3. 目标受众

25～35 岁，热爱旅行、崇尚冒险、追求生活品质的中高端白领人群。

4. 传播内容

（1）“中美旅游，始于中信”新闻发布会京、沪两地同步启动。

本次发布会以“中美旅游，始于中信”为核心主题，围绕中信银行推出的赴美旅游一站式全流程服务，同步在北京、上海两地举行新闻发布会暨启动仪式。

在极具美国风情的发布会现场，中信银行除了携手 10 大合作伙伴，推出涉及8大领域的赴美旅游专属6大信用卡产品之外，更与VISA、途牛旅游网宣布联合发布“中美旅游年”主题信用卡。向媒体和公众广而告之：作为中国较早与外资合作、参与跨国金融市场的先驱者，中信银行号准“中美旅游年”的时事脉搏，率先整合旗下优质产品，隆重推出了一揽子出国金融服务计划。

（2）“美国西部狂野0元之旅”事件营销。

“中美旅游年”主题信用卡“美国西部狂野0元之旅 ”传播项目共分为三个阶段：火热招募、同游美西、精彩重现。先后通过文字、图片、视频等传播内容，有效传递核心信息：“中美旅游年”主题信用卡为广大消费者打造“行者无界”的优质旅行体验。

①火热招募阶段——“好久不见，心底的少年”。

“美国西部狂野0元之旅召集令”招募。在招募文案上，用“找回心底的少年”作为引爆话题，以社交网络传奇人物“北大最励志双胞胎”苑子文、苑子豪兄弟作为同游的首席体验官，携手众多“大V”意见领袖向目标客户群体吹响集结号。让苑氏兄弟那股一往无前的青春能量，唤醒目标客户群体内心“想要找回当初那个自己”的渴望。在招募海报上，采用美国西部牛仔风格设计元素来展现异域风情，通过一轮轮的海选、精选、面试后，筛选出5位体验官免费与苑氏兄弟同游美国西部。这5位幸运儿有四海为家的创业者，有攀过贺兰山主峰的记者，有寻找旅行意义的学生，也有拼命加班拼命玩的设计师，更有脚步丈量世界的玩咖。他们拥有不同的人生经历，却同样热爱冒险，同怀一颗赤子之心。

②同游美西阶段——“朋友圈再见，叫我哥伦布再世”。

#美国西部狂野0元之旅#微博热点话题。中信银行特邀精通美国游的旅游达人定制了一条“哥伦布再世”路线，由苑氏兄弟带领这5位体验官，手持中信银行“中美旅游年”主题信用卡，沿路海钓、森林徒步、城堡探秘……在美国西部“玩点儿不一样”，为中信银行信用卡赋予更加年轻化、定制化的品牌形象。此外，他们边旅行边发布图文旅行随笔，直播美国最原汁原味的西部情怀、风光奇景和饕餮美食。在展示地道美国之旅的同时，传达主题信用卡产品信息，让网友同步拥有身临其境的感受，#美国西部狂野0元之旅#微博话题持续升温。

③精彩重现阶段——“燃情美西，时光不被辜负”。

“美国西部狂野 0 元之旅”精彩主题视频。摄像师全程跟拍，以视频形式记录旅行精彩瞬间，用真实镜头讲述“中美旅游年”主题信用卡给旅行者们带来的丰富权益。

苑氏兄弟游记《一路同行，一路美景，不被辜负的美西时光》。苑氏兄弟在社交平台发表长文，回顾精彩纷呈的旅行时光，分享旅程中由“中美旅游年”主题信用卡带来的便利与惊喜。

*幸运体验官游记《燃情美西一号公路，寻找生活的另一种可能》《后知后觉：生活，绝不应该只是活着》*等。5 名幸运体验官发表游记，各自分享对此次美国西部之行的感悟，产生大量关于“中美旅游年”主题信用卡产品的优质 UGC。

“美国狂野西部 0 元之旅”

项目执行

1.“中美旅游，始于中信”新闻发布会

2016 年 4 月 15 日，“中美旅游，始于中信”赴美旅游一站式全流程服务启动仪式发布会在北京、上海两地同步举办。中信银行信用卡中心在上海新闻发布会上，携手 VISA、东方航空、上航旅游、洲际酒店集团、国航、众信旅游、携程旅行网、优步、赫兹租车、途牛旅游网国内外十大合作伙伴，共同宣布推

出赴美旅游一揽子出国金融服务及优惠活动，让用户从签证到旅途中的每一个过程，都尽享中信银行信用卡带来的丰厚礼遇和专属服务。中国国家旅游局、美国国家旅游局、美国使馆商务处、美国各州旅游局，以及卡组织、国外代理行、航空公司、国内旅游企业、境外租车、数据漫游公司等 40 余家合作机构亲临中信银行北京新闻发布会现场。

发布会现场高度还原了极具美利坚风情的人物场景：美国队长、自由女神、西部牛仔等让来宾仿佛置身于美国主题嘉年华。而作为美国文化中一个极具特色的标志性符号，啦啦队表演则是以健康青春的舞蹈来表达加油助威的一种艺术形式。啦啦队舞蹈将来自大洋彼岸的热情奔放与动感活力带给现场每个人，同时也象征着中信银行与众多合作伙伴携手，为“中美旅游年”的开展助力加油。通过这一系列别出心裁的美国风设计，发布会向人们传递出“中信银行将为用户带来‘最美国’体验”的核心信息。

而中信银行赴美旅游一站式全流程服务启动仪式以及中信银行与 VISA、途牛旅游网联合宣布合作发布“中美旅游年”主题信用卡环节，更是将整场发布会推向高潮，带出了发布会需要传达的关键内容：从行前准备到旅途消费，在持卡人赴美旅行的每个瞬间，中信银行都将提供一站式全流程的优质服务、丰厚优惠以及尊贵权益。

2.“美国西部狂野 0 元之旅”事件营销

（1）火热招募阶段。

2016 年 9 月 20 日，中信银行信用卡官方微博首先发声，推送“中美旅游年”主题信用卡“美国西部狂野 0 元之旅召集令”招募海报，面向全国范围招募幸运体验官，与苑氏兄弟同游美国西部。网络传奇人物、微博总粉丝量达 50 多万的苑氏兄弟首先在微博中发声。随后，精准挑选的合作自媒体人也相继进行转发，如深谙美国历史的微博“大 V”红人马伯庸、谷大白话，知名旅游时尚博主手边巴黎 urruolan，旅行达人行走 40 国，迅速为召集令聚拢人气，引爆事件声量。据统计，召集令阅读量高达 600 多万次，中信银行信用卡官方微博在 3 天内收到来自全国各地网友的报名邮件 385 封，其中不乏热情洋溢的视频、感人肺腑的故事、精致美好的图片（数据来源：微信、微博统计数据）。最终，5 名幸运体验官从中脱颖而出，与苑氏兄弟共同踏上前往美国的探寻之旅。

（2）同游美西阶段。

2016 年 10 月 9 日，为期七天的“美国西部狂野 0 元之旅”正式开启。此次由中信银行信用卡中心重磅打造的体验式旅行线路，由网络 KOL 苑氏兄弟领队，带领体验官深度感受美国加州风情，沿途体验诸多独具地方特色的项目，充分满足 5 位体验官对冒险的渴望。伴着“中美旅游年”主题信用卡所带来的便捷境外消费体验和丰富旅行权益，明星兄弟和体验官们得以领略美西真实的风土人情，目睹绮丽的风光奇景，品尝地道的饕餮美食。旅途中，苑氏兄弟及 5 名体验官还在微博上发起了 # 美国西部狂野 0 元之旅 # 话题讨论，实时与网友分享途中见闻与感受，在社交媒体中引发广泛讨论与持续关注。

（3）精彩重现阶段。

旅途归来，苑氏兄弟及 5 名幸运体验官将七天的旅行经历化为精彩游记和主题视频，重现旅途美好，直观展现“中美旅游年”主题信用卡产品在旅途中的重要作用。游记和视频均在社交媒体上广泛传播，知名生活类、旅行类“大 V”也相继转发，再掀声量高潮。“中美旅游年”主题信用卡也得以再次升华，它不再是一张信用卡，而是唤醒人们“心底的少年”的钥匙，是陪伴在喜欢探索世界的冒险家身边贴心的伙伴。最后，中信银行信用卡官方微博转发苑氏兄弟推文并感谢合作伙伴 VISA、途牛旅游网的大力支持，“美国西部狂野 0 元之旅”大型互动营销活动完美收官。

项目评估

1. 从整体传播效果来看（数据来源：简报监测，微博、微信统计数据）

“中美旅游，始于中信”新闻发布会和“美国西部狂野 0 元之旅”互动营销活动，为“中美旅游年”主题信用卡产品打造了丰富多样的传播内容。

在新闻媒体传播上，网站媒体发布报道近 500 篇，平面媒体发布报道 70 余篇，形成了强有力的新闻声量。

在社交媒体传播上，微信微博总阅读量高达 1131 万人次，实现了与目标客户群体的高度互动，真正拉近了产品与用户之间的距离，有效提高了“中美旅游年”主题信用卡的知名度。

在经营成效上，本次公关项目有力带动了中信银行信用卡的市场认知和用户申请，根据数据统计，截至2017年9月，“中美旅游年”主题下的两款中信银行旅游信用卡申请量高达近50万。

2. 从各个阶段的传播亮点来看

（1）“中美旅游，始于中信”新闻发布会引燃旅美激情。

发布会现场点缀着创意新颖的美国文化代表性元素，迅速点燃人们赴美旅游的强烈愿望，让现场来宾及媒体感受到中信银行对“中美旅游年”这一热点趋势的精准把握，展现出“中美旅游，始于中信”的主题，于主流舆论中树立起中信银行在出国金融领域的领先地位。

（2）“美国西部狂野0元之旅”事件营销实现深度互动。

①招募图文直入人心，声量迅速引爆。

中信银行信用卡官方微博拥有125万粉丝，但召集令单条微博阅读量高达326.7万人次。同时，网友积极参与招募，报名资料中不乏精美视频和动人故事，真正做到品牌与目标客户群体有效互动。

②旅途话题实时互动，事件持续升温。

5位体验官与苑氏兄弟在社交媒体上实时发布图文直播，随着旅行过程不断推进，#美国西部狂野0元之旅#微博话题也持续升温。通过话题互动，目标客户群体对联名卡产品的权益产生了浓厚的兴趣。

③明星效应聚拢关注，视频再掀高潮。

以苑氏兄弟及体验官们为主人公的“美国西部狂野0元之旅”主题视频在社交媒体上再掀高潮，几天内点击量超过73万人次，通过镜头展示出“中美旅游年”主题信用卡产品为消费者打造“行者无界”的优质旅行体验。

● 项目亮点 ●

1. 借势政策热点，以事件营销助力“中美旅游年”

借势2016年“中美旅游年”背景，紧跟市场需求和消费趋势，联合国内外众多合作伙伴，打造曝光度高、互动性强的事件营销，让“中美旅游年”主题信用卡所具有的特色权益走近广大热爱旅游、追求品质生活的目标客户群体。

2. 依托社交媒体“大 V”效应，实现线上线下闭环互动

携手当红社交媒体意见领袖苑氏兄弟。首先，以苑氏兄弟赴美同行的招募吸引关注、聚拢人气，以粉丝社群带动泛旅游消费客户群体；其次，再加以兄弟二人在各自社交平台上直播旅程、归来后感悟，形成二次传播，将事件营销效果推至顶峰；最后，实现了“线上声量助力线下体验，线下体验反哺线上声量”的闭环互动传播模式。

3. 打造多元内容，以 UGC 带动社交媒体二次传播

打造集图文、视频于一体的多元化主题内容，旅行体验官们主动发布多篇旅途见闻和深度游记，实时产出精品视觉内容，以 UGC 带动话题在社交媒体平台上的二次传播，将事件营销的影响力最大化。

亲历者说 **张学英　中信银行信用卡中心市场部公共关系室项目负责人**

中信银行信用卡中心一直是出国金融服务的领先者，深耕商旅市场，致力于为客户打造“出行无界”的优质旅行体验。值“中美旅游年”之际，中信银行信用卡中心携手合作伙伴精心打造了“美国西部狂野 0 元之旅”社群互动营销事件。在该项目的设计上，我们充分利用明星效应，创作吸睛视觉内容，精准定位目标客户群体，达成线上话题声量和线下体验活动的深度融合，不仅实现了品牌与目标客户群体深度互动，更进一步提升了品牌形象与影响力。

案例点评

点评专家：杨晨　上海外国语大学公共关系学系系主任

提供赴美游一站式全流程金融服务。“做好”是“善说”的前提和基础，本案例重点貌似在“善说”，其实亮点在“做好”。中信银行信用卡中心洞察出境游客们的实际需求，与 VISA、途牛旅游网等合作，提供赴美游一站式全流程金融服务，这是吸纳人气的有益举措。如果不是立足于解决消费者的共同利益需求，那么对活动产生情感关联的就只会是少数人。

事件传播。做事件是提高产品或品牌知名度的一个重要手段。本事件的“美国西部狂野 0 元之旅”招募创意极具吸引力，声量引发路径及社群互动策略也简洁可行，闭环效果非常突出，是一个典型的优秀事件传播案例。

借势营销。借 2016 年“中美旅游年”之势，率先推出“中美旅游年”主题信用卡产品及其特色权益，通过具有美国风情的启动仪式发布会和事件策划，形成专属话题，吸收更多粉丝及潜在用户，扩大社群圈子，从而强化了中信银行信用卡的国际化品牌形象以及在境外商旅市场中的领先地位。

此外，如果体验者和目标客户群体年龄跨度适当放宽，这样在潜在目标客户群体中可能会产生更广泛的比照性互动和行动效果，35~40 岁的人别有一种兼具看世界的心和力的行为优势。

华为麦芒 5 护眼行动多方跨界活动

执行时间： 2016 年 11 月—2016 年 12 月 30 日

企业名称： 华为终端有限公司

品牌名称： 华为麦芒 5

获奖情况： 金旗奖——2017 最具公众影响力社群互动营销大奖

项目概述

华为麦芒 5 搭载与专业眼科机构联合开发的护眼功能，通过与机构及专家深入沟通，获得深度配合权益。以专家及渠道资源置换形式获得多方品牌合作意向，打造护眼行动多方跨界，打响产品护眼功能。

项目背景

中端手机用户多为初入职场的年轻群体，由于逐渐承担起家庭以及社会的责任，这部分消费者更加务实且更加看重手机的功能改善。

根据易观千帆对于移动阅读用户的监测数据显示，24 岁以下及 25~30 岁的用户占比高达 74.9%，移动阅读人群以学生及初入职场的上班族等年轻群体为主，与华为麦芒 5 的目标销售人群完全契合。

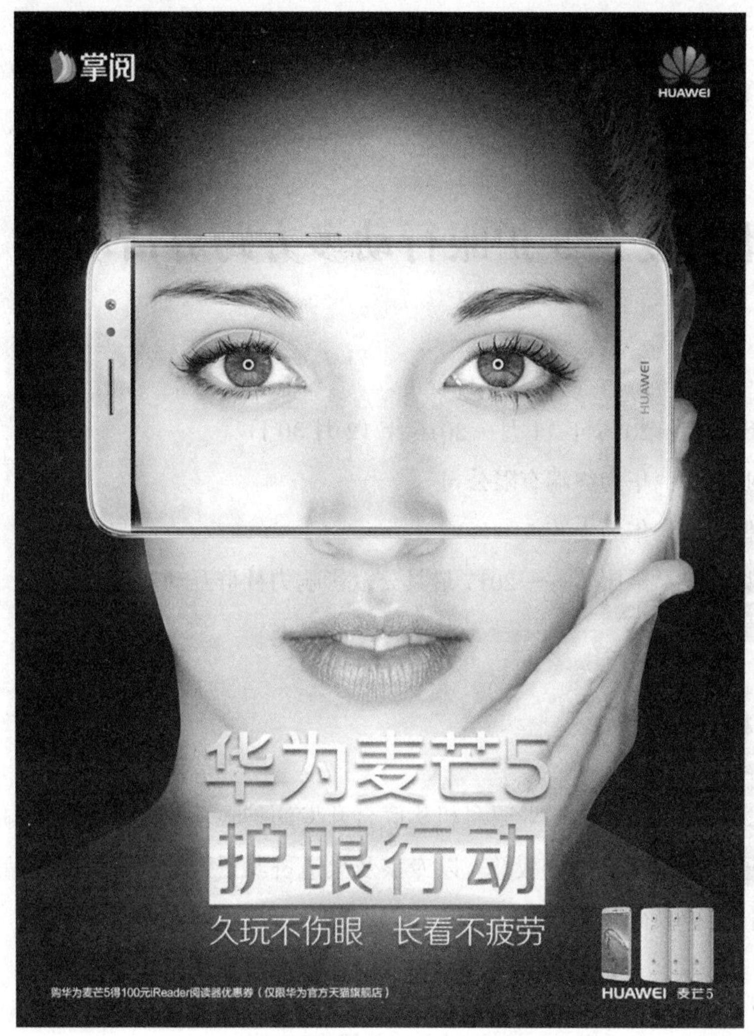

华为麦芒 5 护眼行动多方跨界活动 1

项目调研

根据用户行为调研，目前初入职场的年轻人，使用手机阅读小说以及观看视频的比例增多。

首先，护眼功能作为体验导向的功能，单独靠功能介绍很难让受众感知其带来的效果。其次，具有保健效果的功能特性，更需要在专业度上形成优势。

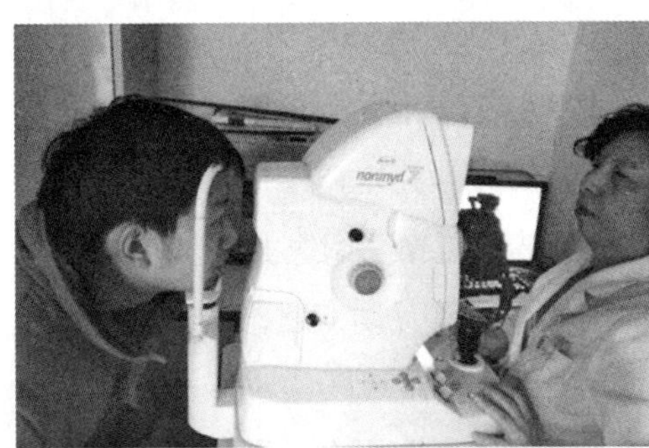

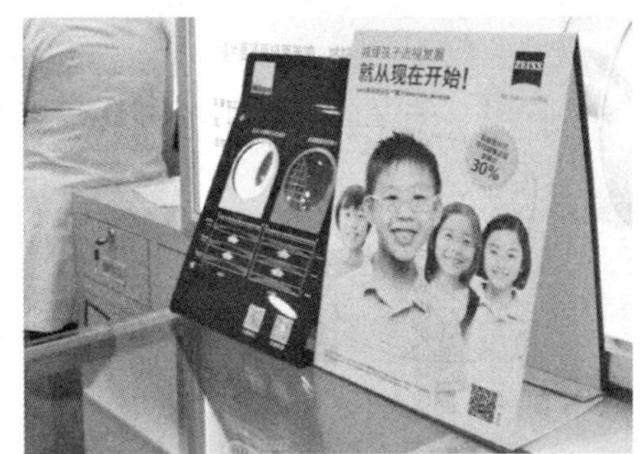

华为麦芒 5 护眼行动多方跨界活动 2

因此，使用何种形式才能够让目标受众接受华为麦芒 5 护眼功能，是此次营销工作需要解决的问题。

此次营销的目的是让更多的人认识到电子产品带来的不良阅读习惯，通过多渠道多维度助推，让更多的消费者去体验产品专业护眼功能，坐实“护眼手机 = 华为麦芒 5”的标签。

项目策划

华为麦芒 5 护眼功能由华为与国家眼科诊断与治疗设备工程技术研究中心共同开发，通过专业机构背书，作为公关跨品牌沟通抓手，获得掌阅、网易云阅读、蔡司光学以及北京同仁验光配镜中心多维度传播资源。

护眼行动第一季：在掌阅及一直播平台中，通过互动专题及直播等形式，普及手机阅读护眼知识，提拉消费者对于华为麦芒 5 护眼功能专业度的认知。

护眼行动第二季：北京同仁验光配镜中心、蔡司光学线下资源，以及网易云阅读线上专题，为消费者提供线上线下一站式护眼体验，最终转化为销售势能。

项目执行

1. 第一季专业机构 + 阅读 App 合作背书，打造专业护眼标签

（1）与眼科专家深度沟通获得传播权益，拉动华为电商渠道，将华为麦芒 5 与掌阅 iReader（一款手机阅读软件）捆绑销售，置换掌阅线上资源。

（2）在掌阅平台中重要点位露出活动内容，搭建互动专题，网友可模拟华为麦芒 5 护眼功能。

（3）掌阅“美女夜读”栏目直播（基于“一直播”平台）授权，邀请眼科专家与主播畅聊手机护眼，为华为麦芒 5 产品体验证言，提拉线上合作声量。

2. 第二季线上线下平台护眼体验，全渠道配合转化购买，形成跨界闭环

（1）与北京同仁医院市场部深度沟通，获得同仁验光配镜中心线下资源。与网易云阅读平台沟通合作，以网易云阅读专题及点位曝光为由，与北京同仁医院进行资源再次拉通，拉动 ZEISS（蔡司光学）进行线下活动，提供全系列镜片优惠。

（2）网易云阅读平台落地互动专题，通过北京同仁验光配镜中心免费眼底照相、华为麦芒 5 赠机作为线上专题互动奖励。在网易云阅读平台上所有书籍中均添加模拟华为麦芒 5 护眼功能开关。

（3）相关跨界各方官方微博、微信同步发布合作内容，将此次跨界合作密集曝光。

两季护眼跨界，产品功能与用户需求强关联，与消费者建立点对点的心理沟通。整合平台间合作利益点，低投入高回报，打造资源深度整合的多方跨界活动。

项目评估

1. 线上平台

（1）掌阅。掌阅 iReader 开屏、签到互动页全程引流，曝光量超 2 亿。

（2）“一直播”。获 22.1 万次点赞，1000 余位网友参与互动，7.6 万名网友观看直播。

（3）网易云阅读。签到页曝光超过 2 亿次。全站图书护眼模式体验曝光 5600 多万次。文字链 + 签到页 +PC 端点位，共计曝光 8900 多万次。专题页互动直接参与人数超 35 万。

2. 线下

据同仁验光配镜各分店统计，线上引流，线下参与人数超过 10 万。

华为麦芒 5 护眼行动多方跨界活动 3

3. 销量提拉

在跨界活动结束后，华为麦芒 5 单品在 2000~2500 元档连续 3 周销量第一（数据来源：GFK 消费品市场研究公司周报）。

● 项目亮点 ●

华为麦芒 5 护眼模式是华为终端有限公司与国家眼科诊断与治疗设备工程技术研究中心共同联合开发的。公司通过与该机构负责人深入沟通，得到更多传播权益，为后续多品牌跨界资源置换打下良好基础。

营销内容从专家证言专业度占位到阅读平台功能体验，最后引向线下活动，通过一整串生态闭环的利益点营销内容，将手机护眼深入消费者心中，摒弃了以往卖点击穿的营销模式，更有代入感，左右用户消费利益出发点，成功将华为麦芒 5 打造成 2000~2500 元档销量冠军。

亲历者说 田锟 际恒集团高级客户经理

华为麦芒 5 护眼行动多方跨界活动在运作及执行上遇到了不少的挑战。

将超过 4 个品牌同时进行拉通，形成传播合力，是这次策划时遇到的最大难题。此外，即使传播资源再出色，如果没有资源整合策略以及资源间的利益平衡，呈现出的内容会缺少支点，导致核心主题落地分散。

在华为麦芒 5 护眼行动多方跨界活动这个案例中，客户希望的核心传递点是华为麦芒 5 专业护眼模式，在华为终端有限公司中端精品战略下，客户希望通过此次活动提升品牌温度，紧扣品牌战略。

通过已有资源去撬动更大的资源，是本次策划的核心所在。我们与国家眼科诊断与治疗设备工程技术研究中心深度沟通，通过这一资源撬动掌阅、网易云阅读配合线上落地，以及北京同仁医院的线下配合，为参与活动的用户提供免费眼部检测并拉通蔡司光学提供活动专属折扣。成功地将华为麦芒 5 护眼行动多方跨界活动运作成功，并获得国家级机构以及北京同仁医院的专业背书，在打造产品护眼标签的同时，提升了麦芒乃至华为的品牌温度。

阿基米德曾说过："给我一个支点，我就能撬动地球。"华为麦芒 5 护眼行动多方跨界活动，就是通过挖掘到了资源的"支点"，找到拉通各资源的撬动点，建立起了一个有生态、有活力的跨界营销活动。

案例点评

点评专家：王薇　蓝色光标传播集团副总裁

跨界营销是当前深受品牌主青睐的营销方式之一，然而要想在跨界营销中实现精准触达用户且吸引用户深度参与并不容易。从众多值得称赞的跨界营销案例中，我们可以看出跨界并非品牌之间简单的借势与合作，而是要沉淀到用户的实际需求与体验层面，最终达到品牌与用户的多赢，才能更深入人心。

科技改变人们生活，随之而来也有很多过去不曾遇到过的困扰，比如环境问题、安全问题、健康问题等，如果能在这些领域里深挖，无论是产品研发还是营销都会有很多创新机会。华为麦芒 5 护眼行动多方跨界活动，就是一个好的案例。首先，是它的产品定位实现了用户群体的细分，当今手机市场竞争越发白热化，华为麦芒 5 在现有的存量市场中精准地定位智能护眼这一细分用户群体，这是基于对用户过度或不当使用电子产品带来视力损伤的深度洞察；其次，企业从用户护眼的刚需痛点发出，联合不同行业品牌，展开一系列线上线下的跨界营销活动，增加了受众参与维度，让互动体验与渠道融合，打造了护眼生态圈，收获了意想不到的成功。

华为麦芒 5 护眼行动多方跨界活动之所以受到用户欢迎，是因为它超越了品牌间借力营销的层面，不只是单一产品推广，而是更多地融入了产品的功能服务和用户体验，最终收获了用户的高度认同；同时，也让产品变得更有温度，彰显了品牌的社会责任。

飞鹤 2017 台网联动

执行时间： 2017 年 4 月 1 日—2017 年 7 月 10 日

企业名称： 飞鹤乳业

品牌名称： 飞鹤奶粉

获奖情况： 金旗奖——2017 最具公众影响力社群互动营销大奖

● 项目概述 ●

飞鹤 2017 台网联动项目于 2017 年 4 月启动，飞鹤乳业携手湖南卫视，首次从媒体内部打通电视与全网媒介，整合利用了芒果传媒有限公司全体系资源 + 网络媒介资源，从节目内容曝光到品牌互动流量再到用户体系建设，形成以用户为核心的衍生闭环。

● 项目背景 ●

洋品牌和进口奶源占据国内一线城市主要市场，飞鹤奶粉作为国产老品牌，主要消费人群集中在三四线城市；电视媒介投放效果不可量化追踪。

● 项目调研 ●

一个是专注品质 50 余年，提供更适合中国宝宝体质奶粉的飞鹤乳业，一个是专注欢乐 20 余年，家喻户晓的综艺神话《快乐大本营》。

飞鹤乳业的核心受众是有 0~3 岁宝宝的年轻妈妈们，而这群年轻妈妈们正是看着“快乐大本营”成长的一代。

此次合作首次以飞鹤乳业 +《快乐大本营》IP 内容为核心，打通芒果内生态（湖南卫视、芒果互娱、快乐购等）和芒果外生态（微博微信、新闻门户、视频直播等网络全媒体）实现品牌的超性价比曝光以及飞鹤用户与快本观众的融合与转化。是台网生态圈的变革——芒果系媒介与网络 PR 的融合尝试，项目效果量化追踪，从体系联动到媒介执行阻力重重。

项目策划

1. 目标

通过湖南卫视《快乐大本营》IP，推进品牌形象年轻化，吸纳一线城市年轻用户，实现线上线下同步销售。

2. 策略

品牌联动 IP 场景化传播。

3. 受众

湖南卫视“粉丝”中的 0~3 岁宝宝的妈妈。

4. 传播内容

飞鹤乳业“更适合”理念：

日常飞鹤与《快乐大本营》节目内容话题。

2017 年 7 月，飞鹤 55 周年与《快乐大本营》20 周年联合庆生。

2017 年 7 月，飞鹤 55 周年与《快乐大本营》20 周年联合庆生

5. 媒介策略

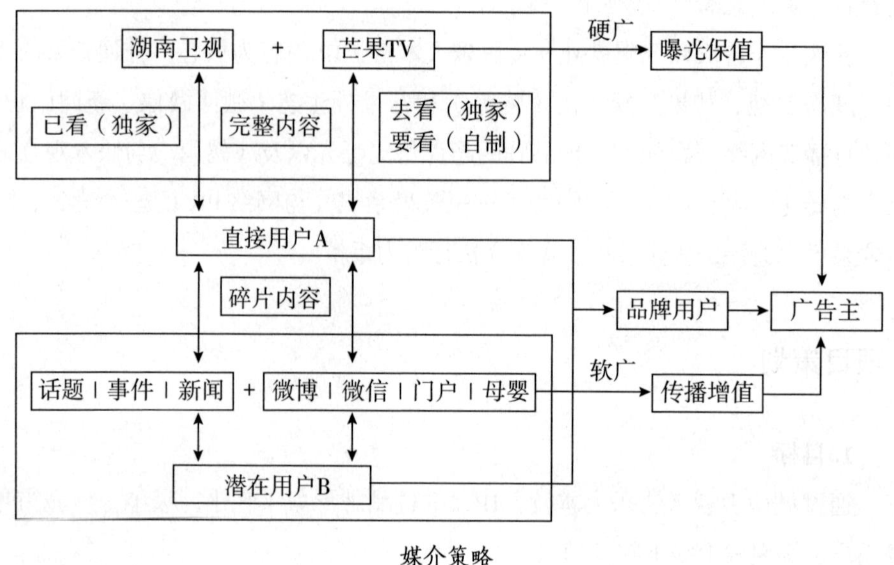

媒介策略

项目执行

1. 在内容上深度延展、物尽其用，真正实现飞鹤与《快乐大本营》IP 强关系的融合，达成品牌 / 产品的深度曝光

《快乐大本营》赋予飞鹤“首席台网合作伙伴”称号，使用节目经典人物及舞台拍摄原生广告片，在节目中插广告位进行投放，获得每周 2000 万人次以上的播放观看量。

飞鹤品牌 / 产品信息通过节目正片、《快乐大本营》衍生节目《大本营的秘密花园》明星预告、明星话题、现场爆料等各维度碎片化内容，与《快乐大本营》IP 进行社交媒体深度捆绑传播，捆绑话题登新浪热门话题榜前十位置 16 次，其中鹿晗、迪丽热巴、胡可沙溢夫妇等明星关联飞鹤话题获新浪官方 6 次推荐。

在《快乐大本营》20 周年特别节目期间，飞鹤牵手《快乐大本营》打造“更适合更快乐”联合庆生季活动，在《快乐大本营》“告白粉丝”专场中，主持人何炅口播推荐飞鹤 55 周年庆生摇一摇抽奖活动，当天获得 125 万次用户参与。

2. 台网同渠道同节奏传播，实现飞鹤与《快乐大本营》内容快速流转

《快乐大本营》电视端首播、芒果 TV（在线视频媒体平台）独家网络播放、全网社媒热点话题同步覆盖，结合每周节目播出前期预热、中期造势、后期延续的传播节奏，进行内容扩散。获得全网独占的性价比高曝光，平均每周曝光覆盖台网用户 2.4 亿人。

3. 结合节目内容与飞鹤品牌，推出实时双屏互动，让用户边看边玩

每周节目播出期间，飞鹤摇一摇活动平均获得 77 万用户互动，6462 万话题阅读与 9.6 万条用户讨论。

4. 结合《快乐大本营》IP 成立飞鹤专属用户池，实现用户聚集与活跃

飞鹤星妈会微博每周与节目传播同步，通过 IP 话题聚集、活跃《快乐大本营》粉丝与飞鹤目标用户的重合人群，宣导品牌理念，引导用户进入微信平台转化为深度会员；联动电视摇一摇，通过 IP 深度内容及母婴专业内容进行多维度用户教育与沉淀，微信、微博平均每周聚集用户 3.8 万人、吸引互动 8.4 万次。

5. 实现《快乐大本营》IP 共生型增值，挖掘《快乐大本营》IP 市场价值

飞鹤作为冠名及联合发起方将《快乐大本营》经典游戏复刻至线下商城，在实现亲子互动乐趣的同时，圆广大《快乐大本营》“粉丝”一个亲临现场的梦。同时各大飞鹤终端门店发起飞鹤 55 周年和《快乐大本营》20 周年联合庆生的促销活动，以门票、《快乐大本营》周边礼品等实现店面销售转化。

快闪嘉年华现场

此次，飞鹤与《快乐大本营》的台网营销合作，通过品效合一的策略，实现了用户从观看电视到即时互动，再到IP活动类产品购买的营销闭环，为用户带来了完整的内容体验，牢牢吸引住了媒体和消费者对于飞鹤的关注，使飞鹤的受众人群与IP内容影响人群高度统一，高性价比的广告投入也带来了高热度话题、高活动参与和超值数据表现。在飞鹤2017台网联动项目协同飞鹤市场推广同步作用下，高端奶粉销量同期增长200%，整体销售增长45%。

● 项目评估 ●

曝光数据：35亿；用户互动数据：4690万次；微信、微博增粉数据：43.7万。

● 项目亮点 ●

飞鹤乳业将《快乐大本营》合作伙伴权益最大化使用，《快乐大本营》中的明星“粉丝”流量汇聚至飞鹤乳业，且品牌内容成功调动《快乐大本营》嘉宾“粉丝”互动积极性。

亲历者说 陈忆莎　西博胜信息科技有限公司项目经理

飞鹤2017台网联动项目，是在湖南广播电视台资源深度整合以及台网营销模式变革基础上所成立的项目，对资源提供方湖南广播电视台而言，项目初期的资源协调推进存在相当大的阻力，对于项目品牌方飞鹤奶粉而言，尝试此次项目压力很大。但在项目推进过程中，随着增值效果量化，资源方及品牌方默契度不断提升，为项目后续亮点执行打下基础。

案例点评

点评专家：李志军　中央财经大学新传播研究中心主任

从某种意义上来说这个案例既是成功的，也是幸运的。一个 50 多年的老品牌需要更新，而它的核心客户，这些 0~3 岁的孩子妈妈们的成长又与一个电视综艺节目有着千丝万缕的联系。而刚好这个成功运营了 20 多年的电视综艺节目《快乐大本营》依然有较高的收视率和人气，而承载这个节目的平台湖南卫视仍然获得了当下年轻人的青睐。更为难得的是，这个植根于传统媒体平台上的节目，背后还有一个将传统媒体和社会化媒体组合在一起的超级平台的支撑。真是“一事不烦二主”了，这种联合是相当理想的。

基础乐观，应该说在运营上双方也没有辜负对方的期望。湖南卫视利用其庞大的媒体资源体系，不仅通过《快乐大本营》本身的 IP 和 20 周年活动为飞鹤奶粉提供了众多的品牌露出和与公众互动的机会，同时也精心为品牌制作了相应的植入节目，获得了较好的品牌反响。同时飞鹤星妈会的建立更增加了原本就高度契合的用户群体的黏性，线上丰富、多平台的互动也实现了向线下活动转移，最终达成了线上线下的联动目标，不仅促成了《快乐大本营》线下活动的落地，满足了观众的参与需要，同时也真正实现了销售转化，是难得的双赢结果。

2017 最具公众影响力
品牌传播大奖

中粮福临门大米开耕/开镰文化节

执行时间：每年的6月份和9月份

企业名称：中粮粮谷营销公司

品牌名称：福临门

获奖情况：金旗奖——2017最具公众影响力品牌传播大奖

项目概述

为传承发扬稻米农耕文化，扩大福临门品牌影响力，中粮福临门举办了开展水稻开耕/开镰文化节活动，以诗词大会、耕读传家等方式来弘扬中国传统农耕文化。活动现场通过郦波、王立群等国内知名学者对传统文化的渗透和输出，来呼吁大家深度参与到农耕中来，亲身体验传统农耕文明，参观了解现代农业文明，从而达到发扬创新中国传统文化的目的并扩大中粮福临门品牌的影响力。

项目背景

在悠久的历史长河里，我们的祖先用他们的勤劳和智慧创造了辉煌灿烂的农耕文化。中国的农耕文明传承数千年，如今受到现代文明冲击，渐行渐远并面临着中断甚至丧失的威胁。农田、牲畜、农具这些农耕文化的主题元素也渐渐淡出了农村舞台，传统的农耕文化让许多“80后”“90后”感到陌生和遥远。

文化长廊之稻米起源

在这样的背景下，需要有人站出来继承、保护和弘扬农耕文化，使其在与现代文明的交汇中碰撞出火花，焕发新生。中粮企业作为中国传统农耕文化的倡导者，始终不忘肩负的国家使命和社会责任，于是通过开耕节、开镰节这种充满仪式感的活动唤起社会对于传统农耕文明、稻米文化的关注；通过消费者工厂游活动，从原生态的田间地头到先进的工厂车间，让更多的人了解现代农业的魅力。

项目调研

1. 人群调研

“民以食为天。”大米作为中国人日常生活中主要粮食之一，在粮食消费中占有举足轻重的地位。绝大部分家庭都以大米作为主食，无年龄特点。

2. 产品调研

福临门大米作为行业内的品质担当，精心把控每一个环节，从田间到餐桌，肩负起每一粒大米的优质品质，肩负起亿万国人的食品安全。

3. 社会调研

现代社会发展迅速，新时代的青少年对中国传统文化知之甚少。传统农耕文化面临中断的危机，而农业的发展十分重要，农耕文化更是传承久远，在社会整体经济飞速发展的同时，应该带动农业的进步，农业文明的进步，从而加快社会经济的整合步伐。

习近平总书记也曾强调："保障国家粮食安全是一个永恒的课题，任何时候这根弦都不能松。"政府对粮食问题是非常重视的，所以企业和国家在思想上已经达成统一，共识已经形成，方向已经明确，企业愿意成为保障国家粮食安全，提供农业供给质量的排头兵，为推动农业产业化转型升级、服务"三农"发展贡献力量，为合作伙伴创造更大价值，为消费者提供更加安全、优质和丰富的主粮产品。

项目策划

1. 目标

中粮集团有限公司作为央企，不仅要担起国计民生的重任，更要让中华璀璨的农耕文化得以传承创新。产品 + 文化是福临门品牌被新时代赋予的全新内涵。"吃水不忘挖井人。"如今国人得以坐享千年农耕文明带来的粮丰民安，我们应该感恩自然的馈赠、天地的孕育，表达我们对农业生产的尊崇、对粮食安全的重视。因此，中粮连续三年举办了总计六届文化节，就是希望让更多消费者走进工厂、走进产区，亲身体验农耕文明，感受中华传统的大米饮食文化，传承华夏优秀农耕文化，同时也感受中粮一直在用行动去践行"传承半世纪，用心做好米"的责任与使命！

2. 目标受众

25 岁以上、经济相对独立、有粮油购买需求的消费者。

3. 项目策略

针对当今社会人们对传承了数千年的农耕文明淡漠这一现状，从文化传承与发扬的角度，结合自身品牌属性，通过文化节让消费者与农耕近距离接触并深入了解农耕文明，从而巧妙地传递中粮全产业链模式以及中粮福临门大米安

全、营养、健康的理念。

4. 传播内容

（1）中粮福临门大米是开耕 / 开镰文化节的缔造者。

（2）在文化学者的助力下，中粮福临门是中国传统农耕文化的弘扬者。

（3）中粮要做好中国人民的“端碗人”，从田间到餐桌的全产业链模式是有效的保障。

（4）大国粮商，民生担当。

（5）积极推进农业供给侧结构性改革，助力“三农”发展，践行国家使命和社会责任。

来宾下田体验插秧

5. 媒介策略

进行全媒体矩阵式传播，利用社交媒体平台精准覆盖目标地区用户。在活动传播阶段利用平面媒体、电视、网站、客户端等多媒介渠道对活动进行宣传；与美食类垂直媒体进行整体合作，吸引消费者关注，鼓励他们参与活动。现场嘉宾、文化学者利用自有的自媒体平台（微信朋友圈、视频网站账号）进行活动参与信息分享。

项目执行

1. 2015 年开镰文化节——“全民刀比稻”新媒体互动

运用“H5 + 动画”的方式，通过插秧、除虫、收割等关卡环节，比拼受众在网络上虚拟收获的大米斤数。互动方式简单、易参与。游戏中还插入了农耕相关知识和历史文化，寓教于乐。最终，受众还可以凭借收获的大米斤数，在京东商城兑换等斤数的大米产品，极大地调动了消费者的参与热情。

2. 2016 年开耕文化节——“迎开耕测字商”微信互动活动

因当期文化节在宁夏举行，因此活动以蕴含农耕文化的甲骨文为核心进行趣味猜字并邀请优胜者亲赴活动现场参与传统开耕仪式。

3. 2016 年开镰节——“万万米想到”创意米食大赛

将农耕文化 + 农耕作物进行融合和转化，通过食物将文化进行直接体现，大米不再仅仅是一碗米饭，而是可以承载着更多内涵和故事的创意米食。因此，活动和豆果美食全程合作，中国烹饪协会权威背书，不仅在消费者和美食爱好者中掀起了文化波澜，还受到了业内专家的好评和肯定。

4. 2017 年开耕节——“水稻开耕诗词会”微博互动活动

“芒种拢黄春收粮，夏至畦满待谷香。”蕴含天地人和哲理的农耕文化源远流长，与诗词文化相映生辉。因此，活动邀请了北京师范大学教授、《中国诗词大会》评委郦波老师，用《中国诗词大会》的方式，用含有农业、农作、稻谷元素的诗歌以诗会友，在互动中很好地传播了中国的传统农耕文化。

北京师范大学教授、《中国诗词大会》评委郦波用诗词诠释农耕之美

知名美食大师制作的创意米食

5. 2017 年开镰节——“乡音话开镰”微信互动活动

农耕时代，农业曾是人们主要的生活和生产方式，随着时代更迭，现代社会田园农耕生活渐行渐远。伴随着城市化的进程，人们远离家乡，来到都市打拼。虽然故乡渐成他乡，但每每回味和牵挂的，仍是那一声乡音，一缕家乡的味道，那来自记忆中，家乡田地丰收的一片金黄。因此，本次活动通过不同地区不同发音的方言介质去传递农耕文化，不仅增加了趣味性，还引发了受众的情感共鸣。

6. 现场活动

开耕 / 开镰祭礼、开耕 / 开镰赋、文化学者话农耕历史和文化。

项目评估

1. 打造自有 IP，形成广泛影响力

作为行业举办较早、社会影响较大的农耕文化节，中粮福临门已连续举办三年、六届文化节，在行业内已经形成了自有 IP，广泛并深入地弘扬了我国悠久的农耕文化，充分彰显了大国粮商所肩负的国家使命、社会责任以及对社会的引领和示范作用。近两年，很多企业和地方政府纷纷效仿，相继举办开耕 / 开镰节，但在规模和影响力上始终无法与中粮福临门的农耕文化节相媲美。

2. 践行国家使命和社会责任

保护和弘扬传统文化。中国的农耕文明传承数千年，如今受到现代文明冲击，渐渐淡出了农村舞台。因此，每届文化节现场都会邀请当地学校学生和全国消费者代表参加，通过农耕祭礼、百人下田农作等方式，唤起社会对传统农耕文明、稻米文化的关注。

关注民生、第一时间践行社会责任。2016 年 6 月 23 日，龙卷风突袭江苏盐城阜宁、射阳部分地区，造成房屋倒塌、人员伤亡、道路受阻，农业设施受损严重。在几天后举行的江苏盐城开耕节活动现场，盐城米业代表中粮集团向阜宁县捐赠了 10 万袋大米以及 10 万元现金，充分践行了央企的社会责任。

3. 受众与市场反应

每届文化节活动前期，企业都会从农耕体验、农耕文化交流等角度进行线上传播以引发消费者关注，受到了网友们的热情参与和肯定。有很多受众表示通过此类活动，弥补了自己在传统文化层面的缺失。

中粮福临门大米开耕 / 开镰文化节虽是企业社会责任性活动，但却带动了产品销量激增，活动当日半天销量就达到几十万单。

4. 媒体高度

除新华网、《环球时报》、《中国食品报》等媒体大范围曝光外，活动还与CCTV2（中央电视台财经频道）《回家吃饭》联合，大范围传播农耕文化。

项目亮点

（1）农耕文化输出：文化节打造了独创的“开镰赋”和文化祭礼，内含对农业文明的致敬和自然馈赠的感恩，现场十分震撼。

（2）文化名人助阵：《百家讲坛》《中国诗词大会》文化学者纪连海、郦波、王立群相继助阵文化节，可见活动立意之高，得到了专业人士的充分认可。

（3）活动主题文化感十足：“寻华夏稻源”“粮为天下本、谷米飨丰年”等活动主题充分体现了农业、农耕文明的魅力。

（4）最原始的体验：活动现场特设农耕文化长廊，内涵农耕知识讲解和农耕农具；此外还特别安排了插秧（开耕）和收割（开镰）体验环节，用这种方式唤起社会对于传统农耕文明、稻米文化的关注。

亲历者说 凌云 中粮粮谷营销公司品牌管理部总监助理

作为央企，中粮集团始终不忘肩负的国家使命和社会责任，农耕文化节的举办正是这一坚定信念的彰显。

我们希望通过开耕节、开镰节这种充满仪式感的活动唤起社会对于传统农耕文明、稻米文化的关注；通过消费者工厂游活动，让消费者从原生态的田间地头走到先进的工厂车间，让更多的人了解现代农业的魅力。传统与现代之间的这种关联与传承，改变的是形式，不变的是理念。

最后，与大家共享一句话：文化是我们的灵魂，传承是我们的责任，安全是我们的底线，品质是我们的追求，大国粮商、民生担当。

案例点评

点评专家：叶茂康　资深公共关系学者

近年来，“文化”已然成为一个热词，许多事物和行为都被冠以“文化”一词加以炒作，乃至出现了“购物文化节”之类的公关营销活动。但在这些多少已经泛滥的“文化”类活动中，却鲜有涉及传统的农耕文化。

虽然中国已步入现代文明强国之列，但农业依然是立国之本。解决好十多亿人口的吃饭问题并确保吃得安全、吃得营养，依然是一个不容轻视的重大课题。所以，作为国内粮油主要品牌之一，中粮福临门独具慧眼，抓住传统的农耕文化，精心策划和组织开耕 / 开镰文化节系列活动，清新脱俗，立意很高，明显不同于其他活动，充分体现了品牌理念和企业的社会责任。就品牌传播而言，这确实是找到了一个准确而又巧妙的切入口。仅此一点，就足以令人称道。

当然，有了好的立意，还需要有好的活动设计和传播策略，以求尽可能多地吸引目标受众的关注和参与。就这两方面看，中粮福临门这一系列活动也多有可圈可点之处。比如，在组织上，每年选择不同的地区举办活动，每届有颇具新意的文化方面的辅助活动，邀请知名文化学者和有关协会参与，很好地强化了活动的文化内涵和社会感召力；在传播上，采用全媒体矩阵式传播的方式，通过平面媒体、电视、PC 端客户端等多种媒介渠道，精准覆盖目标受众并和受众积极互动，寓文化于娱乐之中，亦取得了不俗的效果。凡此种种，不一而足。

希望中粮福临门大米开耕 / 开镰文化节这一系列活动能坚持做下去，不断提升，不断出新，更具气势，更有力度，其意义将远远超出企业品牌传播这一层面。

联想商用助力中国载人航天

执行时间：2016 年 9 月 30 日—2016 年 11 月 30 日

企业名称：联想集团

品牌名称：联想

获奖情况：金旗奖——2017 最具公众影响力品牌传播大奖

• 项目概述 •

联想 HPC（高性能计算机群）是联想发力企业级业务的重要标志性事件。通过与载人航天项目的合作，项目组采用公关、Social Media（社交媒体）、微站等手段形成整合营销传播，成功地揭开了技术神秘的面纱，给受众留下了一个鲜明的印记："载人航天有多难，联想企业级的产品、方案就有多好"。因此，项目组策划实施了后续的一系列整合营销项目：联想与中国载人航天工程办公室联合举行了品牌发布会；在神舟十一号飞船执行飞行任务期间，充分挖掘联想助力载人航天项目中的精彩细节；针对公众进行央视及大版面平面、网络媒体报道；针对企业 CIO（首席信息官）进行精准传播，在微博、微信等新媒体平台进行大规模口碑传播，成功实现了联想 HPC 的品牌形象和销售业绩的双重提升。

• 项目背景 •

自联想扩充企业级业务以来，尚未树立高端形象，且 PC 印记过重，影响业务发展。在神舟十一号飞船登上太空与天宫二号交会之际，联想借载人航天

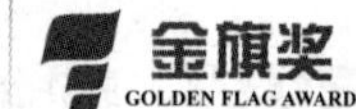

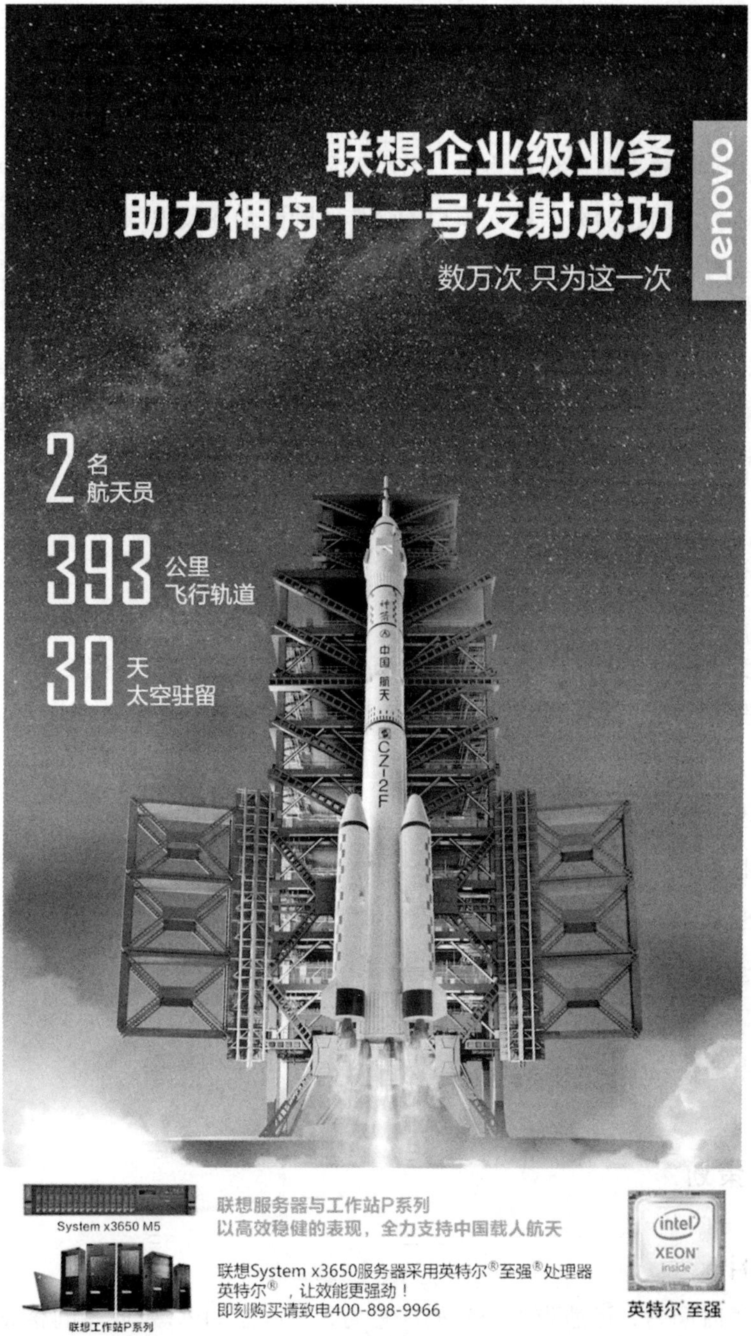
联想企业级业务
助力神舟十一号发射成功
数万次 只为这一次
Lenovo
2 名 航天员
393 公里 飞行轨道
30 天 太空驻留
CZ-2F
System x3650 M5
联想工作站P系列
联想服务器与工作站P系列
以高效稳健的表现，全力支持中国载人航天
联想System x3650服务器采用英特尔®至强®处理器
英特尔®，让效能更强劲！
即刻购买请致电400-898-9966
intel
XEON
inside
英特尔至强

活动海报 1

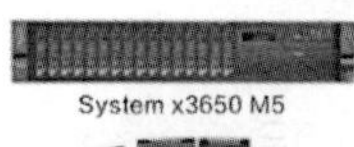

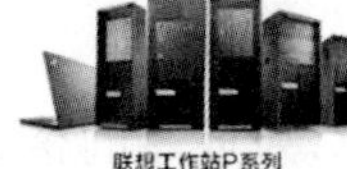

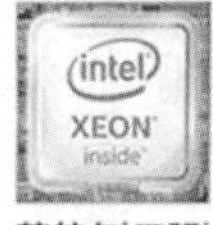

的超高关注度，以联想企业级服务为技术支撑开展传播，为联想注入更多科技感，以大众易读的方式将晦涩难懂的“企业级”概念传递出去。

载人航天项目是我国国力的象征，在民众中拥有非常强大的舆论号召力和关注度，同时载人航天项目也代表着我国科技发展的前沿。经过多方面评估，项目组认为，通过与载人航天项目的合作，既能全面展现联想在企业级产品、技术领域的最新成果，传递联想发力高端领域的决心，在短时间内迅速提升公众对联想 HPC 品牌创新形象的认知，也能令服务器产品的目标受众——渠道合作伙伴以及大型企业和机构类客户的 CIO、IT manager（信息技术经理）对产品的创新、安全、可靠、高效等特性更加信服，提升新品牌竞争力，提振客户和渠道信心。

项目调研

1. 竞争格局：商用产品市场强敌环伺，高端服务器市场亟待突破

联想在商用产品市场中台式机和商用笔记本的认知度较高，为品牌打上了浓重的 PC 烙印。在服务器市场，作为国产服务器阵营领跑者，联想中低端产品销售占比较大，相对竞品而言，高端产品话语权严重不足。而在技术驱动产品的产业环境下，联想需要在顶尖技术或高端产品上拥有话语权。

2. 受众分析：公众和专业受众众口难调，难以兼顾深度与广度

服务器产品专业性强，在传播过程中，如果说深了，普通受众看不懂，难以形成广泛互动；如果说浅了，专业受众不买账，难以形成强大共鸣，很难做到兼顾普通百姓和专业受众的全方位传播。

项目策划

1. 目标

在短时间内，迅速吸引公众的注意力，令联想 HPC 及联想的企业级实力迅速在目标受众心里留下深刻的印记，进而拉动联想服务器业务的业绩增长和品牌形象的提升。

2. 策略

借助载人航天项目打造热点事件，把民众对高精尖的航天科技的认知，转换到对联想和联想企业级业务的身上，形成“载人航天有多难 = 联想企业级有多好”的强烈品牌印记。

3. 受众

（1）公众。

（2）采购决策者（CIO、IT manager）。

（3）渠道合作伙伴。

4. 传播内容

（1）建立完善的标准话术体系，统一、一致地对外传递信息。

（2）对传播信息进行分层，针对不同受众群和各类媒体提供有针对性的素材，实现多角度报道。

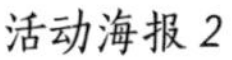

活动海报 2

活动海报 3

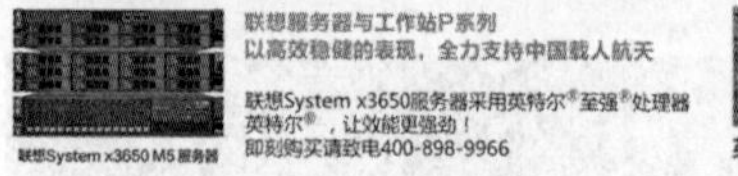

活动海报 4

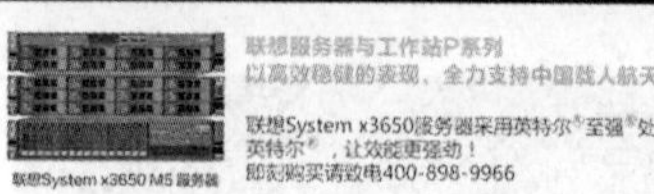

活动海报 5

（3）通过渠道伙伴、典型客户、分析师等证言，对联想 HPC 给予第三方话语支撑，彰显载人航天项目难度和联想 HPC 在项目中的价值。

5. 媒介策略

（1）建立媒体矩阵，分层精准传播。

（2）组织意见领袖、核心客户赴发射现场观礼并利用微博平台将现场激动人心的时刻分享给“粉丝”。

（3）联想服务器及联想工作站 P 系列助力载人航天故事包装：围绕载人航天科技和太空授课两大主线，对公众进行大版面、多维度的传播。

（4）针对载人航天科技，包装一系列引人入胜的科普故事，利用果壳网科普文章等手段，以“讲故事”的形式向受众娓娓道来。

（5）利用 CIO 聚类社区，进行精准传播。

（6）在新浪微博、微信等社会化媒体平台进行了大规模口碑传播。

（7）平面、网络媒体主题广告投放。

项目执行

1. 2016 年 9 月—10 月（筹备期）

项目组系统地梳理了联想 HPC 的产品特性，重点突出了联想 HPC 强大的计算能力，与神舟十一号飞船的发射、太空交会对接、在轨、返回全过程相结合，规划了“这一刻，让天宫更高，离成功更近”的主题，顺势引入“航天级产品民用”的概念，突出联想产品高端的形象。

2. 2016 年 10 月—2016 年 11 月（引爆期）

（1）意见领袖赴发射现场探营，门户、IT 网站现场网络直播，引爆网友关注：邀请意见领袖在神舟十一号飞船发射现场及返回舱开舱仪式上观礼，网易、凤凰等门户对神舟十一号飞船升空进行了网络直播；ZOL（中关村在线）对神舟十一号飞船返回舱开舱仪式进行了网络直播，形成了良好的线上互动。

（2）策划电视媒体集中曝光：中央电视台新闻频道《新闻直播间》在 10 月 17 日的栏目中对联想与中国载人航天工程办公室共建的载人航天工程总体仿真实验室在此次载人航天任务中发挥的重要作用进行了详细报道；中国教育电视台《数字 e 族》7 分钟的短片全面介绍了联想产品如何完美匹配“航天级”苛刻要求。

（3）平面、网络媒体全面稿件曝光：众多媒体对此进行深度报道，拉近公众与联想企业级产品品牌之间的距离；联想集团高级副总裁、中国区总裁童夫尧参与凤凰网系列纪录片《征途》的拍摄，展示了尖端技术对载人航天的支持；十大科技网络阵地累计曝光 3 轮。

（4）社交平台全面互动：整个神舟十一号飞船任务期间，联想企业级官方微信微博全程跟踪关注，发布相关话题并邀请 KOL 推转；与果壳网、@ 局座召忠及 @ 壹读开展合作，展现联想为中国载人航天事业所做的贡献，露出联想服务器和联想工作站 P 系列的产品，建立良好的品牌形象，取得较好的推广传播效果。

（5）微站：在微站中设置航天技术解读、白皮书下载、明星产品、行业应用等内容，从客户的注册信息中，筛选购买意向。微站中的联想商用服务热线，令联想可以不断积累商机。

（6）线下商机跟进：传统广告、官方微博、活动网站、手机官网等平台产生的数据，转交相关人员跟进，将已经成交的客户信息，纳入客户数据库。对于已经在数据库中的客户，联想开展了神舟十一号飞船发射观礼款待活动，增强了客户对联想产品高品质的认知和黏性；搜索引擎优化吸引的潜在客户，通过电话、电商、线下等方式，使其转化为商机。而未达成购买的人群数据，也将由渠道伙伴归入潜在客户数据库，进行维护和进一步挖掘。

项目评估

1. 效果综述

（1）传播绩效 & 媒体 ROI（投资回投率）。

电视媒体：中央电视台新闻频道、北京卫视《北京新闻》及中国教育电视台《数字 e 族》累计报道时间达 970 秒。

网络媒体：共计发布文章 38 篇，总 PV（页面浏览量）近 30 万人次。

视频、移动端直播：网易直播在线观看人数达 8489202 人次，凤凰直播在线观看人数达 2765428 人次。

（2）微信：联想商用官方微信发布相关内容 22 篇，图文阅读总人数达 33500 人次，总覆盖人群超过 92.4 万人次。其中，媒体文章同步在其他平台发布，覆盖中国新闻网、央广网、中国日报网、凤凰网、搜狐网等众多平台。

（3）海报：7 张，阅读总人数达 18600 人次。

（4）微站：PC 端 + 移动端总访问量（PV）818120 人次，总访客数（UV）671166。

（5）互动 H5：1 个，总浏览量（PV）14070 人次，总访客数（UV）6530。

（6）果壳网：头条图文阅读量 88230 人次，点赞数 1674 次。

（7）微信大号合作：与微信公众号“局座召忠”合作，阅读量超十万人次；与微信公众号“壹读”合作，阅读量 81724 人次，点赞数 410 次。

（8）新浪微博：相关内容 12 条，覆盖人群超 1300 万人。

2. 受众反应

获得极大产品曝光度和品牌口碑好感度转化。

3. 客户反馈

近几年随着业务的不断发展，对 PR 工作要求也越来越高，本次活动确实非常的辛苦，而且也取得了非常好的成绩。本次借助载人航天事件进行传播，是计划已久的一次业务突破方式，利用载人航天的极高关注度植入联想业务的企业级概念，以娱乐性趣味性更强的展现方式传递原本枯燥晦涩的业务认知，最终达到了良好的传播效果。

项目亮点

以一个事件中心，多个媒介渠道选择及创新为原则，选择果壳网等科普性强的科技类媒介渠道及微信公众号，围绕联想助力载人航天事件，制造话题内容，在事件中进行直播、创建微站，制作互动 H5 游戏等，吸引大众关注及参与，最终完成此次传播目的。

亲历者说 周正 蓝色光标数字营销机构北京第一事业群组业务四组高级客户经理

在信息爆炸的时代，品牌和产品的特点很容易被稀释和湮没，特别是对于 B2B 业务而言，晦涩、专业的传播话题使得品牌和产品不易被公众所接受。联想 HPC 解决方案如何才能摆脱服务器缺乏趣味的“老男人”形象，弥补联想服务器以往在高端市场的弱势形象，在短时间内吸引公众的注意力，在挑剔的目标受众中建立深刻的品牌印记，完成联想品牌从 PC 企业到 IT 基础架构解决方案提供商的转型和从低端市场向高端市场的价值提升，成为本项目中最大的挑战，也是本次项目成败的关键因素。

项目组通过对核心媒体、渠道合作伙伴和目标客户的调研发现，受访者对于联想服务器品牌的认知度较高，但对于联想服务器的高端形象认知较少。而目前的产业趋势是以技术驱动产品，只有在顶尖技术或高端产品上拥有话语权，才能在市场上取得更大的成功。

经过同事们几个月的准备、奋战，我们最终呈现出一个较为全面的方案，整体项目进展顺利，成果显著，不仅在行业内，在社会上的影响力也是有目共睹的。未来我们会继续努力，通过传播活动传递更为清晰的品牌理念，进一步提升品牌价值。

案例点评

点评专家：张明新　华中科技大学新闻与信息传播学院教授、博士生导师，中国新闻史学会公共关系分会副会长兼秘书长

在当今信息激增但同时又碎片化的时代，企业要塑造良好的品牌形象、提升自我品牌价值，何其难也！品牌传播本质上就是要讲好品牌的故事；然而，如何让自己的讲述在众多吸引人的故事中脱颖而出，无疑是所有企业都面临的现实难题。“联想商用助力中国载人航天”则是一个成功的品牌故事传播案例。概括起来，该案例中至少有三点值得思考。

首先，品牌故事需要有独特的精神内核。就像一个拥有十足魅力的人一样，我们要向他人讲述这个人的故事，必须先将他的精神气质提炼出来；一个有着鲜明的精神气质的人，才能给他人留下深刻的印象。在这个案例中，联想 HPC 确立的精神气质是高科技、专业和高端。通过借助载人航天项目打造的热点事件的广泛传播，联想得以成功实现了预期的目标。

其次，品牌故事的讲述需要分众化。对不同的听众而言，故事脚本虽然一样，但他们在知识结构、思考方式、理解能力等很多方面都存在很大差异。在这个案例中，联想 HPC 至少要同时面对专业受众和普通民众。在专业受众中，又有意见领袖、核心客户、CIO 等多种类型。联想 HPC 的做法是，对于意见领袖与核心客户，请他们赴发射现场观礼；

对于 CIO，进行有针对性的口碑传播；对于普通受众，则采用大版面的平面、网络媒体报道。显然，不同类型的受众适用于差异化的故事讲述策略。

最后，品牌故事的成功传播需要渠道整合。由于品牌故事听众的分众化，其结果一定是在不同的接触点上才能产生积极效果。在这个案例中，联想 HPC 借助了现场品牌发布会、央视、平面媒体、网络媒体等极具多样性的信息传播渠道，最大限度实现了渠道整合，从而成功地向各种目标受众传播了一个同样的故事："载人航天有多难＝联想企业级有多好"。结果受众对联想 HPC 品牌印象的强化，直接带来了销售业绩的明显提升。

佰草集故宫限量版上市推广

执行时间： 2017年1月1日—2017年5月31日

企业名称： 上海佰草集化妆品有限公司

品牌名称： 佰草集

获奖情况： 金旗奖——2017最具公众影响力品牌传播大奖

项目概述

2017年年初，佰草集为强化民族品牌的形象，在热爱中国文化的都市女性中提高知名度和美誉度，与故宫博物院达成合作，推出十二美人限量版太极丹产品。通过品牌自身的传播及知名美妆博主、文艺/摄影类大号和网络媒体的扩散，形成多渠道、多维度的信息推广，在拉近公众与故宫文化距离的同时，奠定佰草集民族品牌的权威地位。

项目背景

佰草集是中草药护理品牌，传承千年养颜古方，植根中华，闪耀国际。但目前中国市场内，中草药护理品牌同质化较严重且外来品牌对国产品牌冲击较大。为强化佰草集民族品牌形象，扩大品牌影响力，灵思云途促成佰草集与中华文化权威机构故宫博物院的划时代合作，推出文创产品——外包装全新升级的十二美人限量版太极丹。由此策划了一场传承中式美学的整合传播活动。

佰草集故宫限量版上市推广 1

项目调研

1. 企业现状

佰草集在欧洲设有门店，在国际上具有一定影响力。然而，其在国内的高端形象认知度却较低。因此，如何提高品牌形象知名度，是目前急需解决的问题。此次活动促成佰草集与故宫博物院合作，强化佰草集与故宫博物院的联系，提升品牌的文化内涵，奠定佰草集民族品牌地位。

2. 目标受众分析

佰草集的目标受众是 25～45 岁具有一定消费能力的爱美女性，她们热爱生活、喜欢自然、追求品质，对护肤有着自己的看法。她们是热爱中国文化的时尚人士。

她们喜欢文艺、有趣、美的事物；获取信息碎片化，平时喜欢使用微博、微信等社交平台；接受时尚人士的推荐，有从众和炫耀性消费心理。

因此，本次传播从产品卖点出发，在故宫博物院合作背景下打造产品的高端形象；从消费者洞察出发，掌握消费心理，展开消费者教育，建立佰草集与故宫合作的认知，提升品牌好感度。

• 项目策划 •

1. 目标

通过此次与故宫博物院合作推出十二美人限量版产品，进行太极丹产品再一个轮次的推广，在有效提升知名度与品牌高度的基础上，与消费者产生情感沟通，提升品牌美誉度，加深产品体验度，提升品牌转化率。

2. 策略

佰草集是一个以传承中华文化为核心的民族品牌，而故宫博物院是中国传统文化瑰宝，且近年来一直推崇创新，推出大量文创产品。在此契机下，佰草集与故宫博物院达成合作，将《十二美人图》运用到佰草集太极丹外包装上，使其成为更具中华文化内涵的产品。整个传播阶段上升到品牌的高度，强化佰草集与故宫博物院的联系，提升民族品牌的权威地位，从而使品牌知名度和美誉度进一步提升。

3. 受众

佰草集的目标受众是 25~45 岁的都市时尚女性，她们追求品质生活，她们除了关注产品本身外，更追求情感共鸣。

4. 传播内容

借势《我在故宫修文物》引发的故宫热潮，摄影类和文艺类 KOL 在微博上以 # 原来你是这样的故宫 # 为话题，发布故宫中不为人知的代表性景物并在

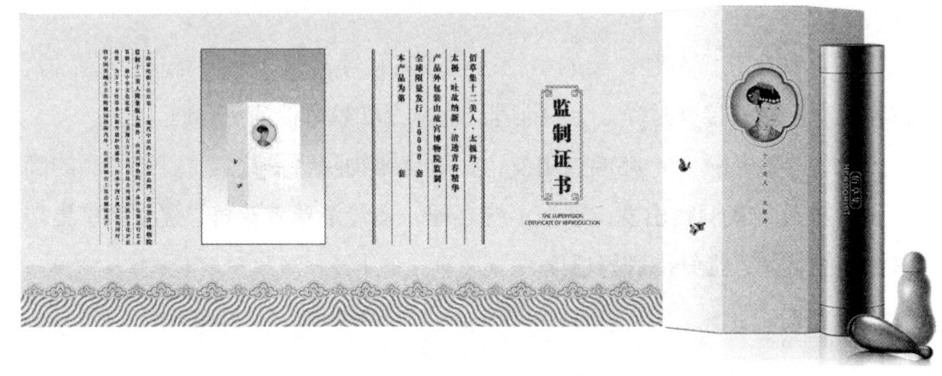

佰草集故宫限量版上市推广 2

佰草集故宫限量版上市推广 3

图片中植入十二美人限量版太极丹，引发网友热议。

美妆博主晒出产品，产生圈层效应，带动粉丝关注并产生购买行为。

配合整个活动阶段，官方和外围稿件配合产出内容，传播佰草集与故宫博物院合作信息，介绍十二美人限量版太极丹产品的中国美内涵。

5. 媒介策略

针对品牌和产品属性及故宫博物院合作背景，找到相匹配的 KOL 和发布平台，扩大传播力度，提高品牌民族内涵。邀请美妆类和其他知名 KOL 在社交媒体发布内容，进行前期话题预热和后期传播；在时尚美妆类和新闻类网站发布稿件；在美妆 App 平台发布达人体验，带动销售。

● 项目执行 ●

1. 强化佰草集故宫合作信息

（1）外围微博 KOL 预热：借势故宫热潮流，众多 KOL 在微博上以 # 原来你是这样的故宫 # 为话题发表内容并植入十二美人限量版太极丹。

（2）佰草集官微宣布品牌与故宫博物院合作信息，强调佰草集是故宫博物院首个合作护肤品品牌，凸显品牌民族文化的权威性。

（3）外围大号和网络媒体对佰草集与故宫博物院合作信息进行全网扩散，提高传播力度。

2. 十二美人限量版太极丹产品的多渠道展示

（1）美妆博主“种草”：微信、微博和小红书平台美妆博主发布产品相关信息并简单介绍品牌合作背景。

（2）官方微信、微博和网络媒体传播：借势情人节、妇女节等节日送礼热点，进行产品推荐，带动产品销售。

项目评估

本次推广达成所有预定 KPI（关键绩效指标），传播总覆盖人数 9000 多万，总互动量 22 万多，ROI 为 10%。本次推广令佰草集在消费者心中留下了深刻印象，获得持续性好评，带动产品产生可观销量的同时，也为以后的品牌文化传播奠定良好基础。

项目亮点

1. 划时代合作，独占品类

此次项目促成佰草集成为故宫博物院首次合作护肤品品牌，采用极具话题性的《十二美人图》元素，全新升级太极丹外包装，带来更具文化内涵的体验。

2. 持续产出差异化内容，成就 IP 的独一无二

主动发酵原创可衍生及再创作内容，基于垂直化的圈层进行精准的内容表达，强内容输出能力创造独特性。

3. IP 产品文化内容赋予品牌新的生命力

在与故宫博物院合作的背景下，持续输出超级 IP 的价值观，建立十二美人限量版太极丹的公信力及与消费者的信任关系，同时也成为品牌资产重要的一部分。

亲历者说 **徐莉娅　上海灵思远景市场营销顾问有限公司客户总监**

很荣幸能亲历这样划时代的项目，故宫博物院与佰草集的跨界合作，无疑是 IP 营销史上的创举，将《十二美人图》这样的文化 IP 与现代中草药护肤品牌相结合，于故宫博物院而言无疑是对本土品牌的大力支持，于品牌而言同样也肩负了将中国传统文化传承给现代年轻人的使命；基于这样的合作背景，我们将传统文化用现代的方式重新演绎，不仅赋予产品超越其本身使用价值之外的附加值，更将东方美展现于世界舞台。

案例点评

点评专家：何春晖　浙江大学传媒与国际文化学院策略传播系副主任

佰草集故宫限量版上市推广案例是一个成功的跨界合作共赢的品牌传播案，主要亮点体现在以下四个方面。

（1）精准清晰的品牌定位，确立民族品牌的独特内涵。中草药、故宫、《十二美人图》等元素充满了中国传统文化的情愫，以传统文化的经典赋予佰草集差异化的民族品牌的内核，基于品牌调性追随故宫文化热点，“让历史变得时尚，让经典变得年轻”，传达东方新美学的品牌理念，打出传统文化情怀牌，形成品牌的独特记忆点。

（2）精准研究目标受众，消费与公众链接共舞。佰草集的目标受众是一群热爱传统文化，具有一定消费能力的爱美女性、时尚人士。她们追求的是有趣而不乏高雅的灵魂，在乎的是产品的品质与口碑，讲究的是独特创意和产品体验，喜欢传播的是有故事的品牌。她们既传统又时尚，互联网时代的故宫文化与中国式审美正好能引起她们的共鸣，产品体验与情感共鸣相融共舞。

（3）跨界借力合作伙伴，整合营销事半功倍。故宫本身就是中国传统文化的杰出IP，在公众的既有印象里，博物馆是阳春白雪高高在上的，但是故宫近年来已把这个高冷的形象“捂化”了，一边是皇帝系列表情包、段子手馆长，一边是《我在故宫修文物》《国家宝藏》，万种故宫文创产品热卖，故宫怒刷存在感，“故宫粉”层出不穷。故宫的策略几乎链接了目前大众对外接收讯息的全部平台和相关领域。故宫品牌在文化传播、文化传承方面的巨大价值得到了前所未有的彰显。本案例中，佰草集借力故宫强势品牌，快速奠定自身民族品牌的地位。

（4）线上线下齐发力，提高品牌民族内涵。线上通过微博大号和网络媒体对佰草集与故宫博物院合作信息进行全网扩散，利用微博、微信等社交媒体与“粉丝”、消费者以及潜在消费者进行交流互动，点赞或回复粉丝留言，制造新话题，形成自身独特的活跃立体的粉丝圈，通过粉丝互动，维持用户黏性。线下借势情人节、妇女节等节日活动推广，扩大传播力度，带动产品销售，在佰草集营销案例中可见一斑。

一个好的民族品牌就是一个好的中国故事，若能围绕《十二美人图》进一步挖掘品牌的故事，那么品牌传播将更有后劲。

3Glasses 市场推广

执行时间： 2015 年至发稿前

企业名称： 3Glasses

品牌名称： 3Glasses

获奖情况： 金旗奖——2017 最具公众影响力品牌传播大奖

● 项目概述 ●

协助客户设定目标，透过大量非传统广告投放的公关操作及社群媒体的经营，带动新品销售及 VR（虚拟现实）平台建构。同时借由在中国、日本、韩国、美国举办各类型活动和参展，吸引开发商、消费者与投资者，进而提高品牌知名度和好感度，逐步打造属于 3Glasses（深圳市虚拟现实技术集团）的 VR 生态圈。

● 项目背景 ●

目前 VR 产业仍然不成熟，需要解决许多难题，例如在市场面、产品面、通路面等的难题。

市场面：VR 产品是全新的、消费者不够熟悉，无法直接透过传统广告跟消费者沟通产品及品牌。

产品面：VR 硬件还未成熟，大多数软件的平台也仍处于建设初期，体验内容的选择不多，加上各家 VR 产品良莠不齐、伪劣充斥，造成消费者的购买疑虑。

通路面：VR 产品需要配备高阶周边才能有流畅愉快的体验，很难像传统 3C 产品（信息家电）单机销售。配套的 PC 或 NB（笔记本电脑），由于规格较高，购买的价格相对也较贵，对于通路商来说是一大难题。

项目调研

2014 年以前，VR 产业一直处于无人问津的状态。在 2014 年，初具雏形的硬件设备开始陆续出现，VR 产业突然迎来了各方重量级投资。到了 2015 年和 2016 年上半年，VR 产业更是出现倍增式增长，有关的投资项目数也暴增。

根据数据统计，中国虚拟现实行业从 2014 年开始逐渐出现较大规模的投资，2015 年投资增加到了 24 亿元，2016 年上半年投资更是达到 15.4 亿元，各类模式创新、技术创新都挑动着投资人的神经。目前，中国 VR 产业的市场规模已经接近 50 亿元，而到 2020 年，中国 VR 产业的市场规模将有望超过 500 亿元。

然而危机在 2016 年下半年来临，2016 年 10 月，一度贵为 VR 内容领域的标杆企业米多娱乐和乐视 VR 被曝出拖欠员工工资。同时，一度引领国内 VR 设备风骚的暴风魔镜也传出裁员数百人的消息。这一连串的欠薪、裁员风波给投资者们带来更多的不确定性。但换个角度来看，这些波动的出现，给 VR 行业带来了调整的契机，让资本重新回归理性。

VR 产业最终还是需要靠设备与内容来赢得市场，在设备生产上，科技巨头如脸书、HTC（宏达国际电子股份有限公司）都先后推出了成品。对应这波巨浪，3Glasses 也随着行业的发展不断普及，开始走向大众化，建构更丰富的内容平台，提供更完整的消费者 VR 培育。

项目策划

1. 目标

（1）通过意见领袖的达人体验分享，增加受众对产品的认知和偏好。

（2）借由密集大规模的媒体曝光，增加品牌知名度。

（3）通过话题营销，增加受众对事件的讨论与热度。

2. 策略

（1）以“达人体验”为话题，结合百度关键字、公众号、微博、论坛、直播等传播载体，同时大量铺陈投放新闻稿、软文、实时热帖，炒热传播话题，使品牌迅速曝光，将传播效果最大化。

（2）投放百度关键字，关键字为与 VR 相关的名词，从而增加搜索概率，使品牌更具曝光度与知名度。

（3）以数码达人为核心群体，投放 3Glasses 达人体验以及与 3Glasses 相关的数码科技类的稿件，使受众更加了解产品。

（4）以“用 3 Glasses 体验游戏”为话题，使 VR 体验与游戏相结合，吸引游戏玩家的关注。

（5）在行业网站投放 VR 深度软文和达人体验相关的新闻稿，使品牌在 VR 资深用户中积累一定的口碑。

（6）将 VR 与影视结合，制造话题，吸引影视爱好者的关注。

（7）发布与 VR 相关的营销话题，如“达人用 VR 眼镜看什么”“3Glasses

3Glasses 新品发售记者会

引领 VR 变革”等，引起讨论，制造品牌热度。

（8）邀请“网红”及游戏主播体验 3Glasses VR 产品，透过知名主播试戴 VR 眼镜的方式，造成直观的视觉冲击。

3. 受众

（1）VR 软硬件开发者。

（2）百货公司、游乐场（提供 VR 设备，让民众消费游玩）。

（3）消费者（游戏玩家、3C 新品爱好者、影视爱好者）。

4. 传播内容

（1）以 3Glasses 新品发布及达人体验为中心话题展开新闻稿和软文，通过腾讯、网易、新浪等主要科技网站和科技类公众号发布。

（2）以“3Glasses 新产品推广”为主轴选择论坛媒体，进行话题炒作，如知乎、豆瓣、天涯、百度贴吧、猫扑、西祠胡同等主流大型论坛。

（3）针对不同类型的活动，进行不同的内容传播。

中国大陆新品发布会以新品发布、邀请 VR 开发团队、公布新品售价及售卖平台为主要内容。

中国台湾新品发布会则以配合参展及达人抢先体验为主要内容。

参展 ChinaJoy（中国国际数码互动娱乐展览会）以新版概念产品为主打内容。

开发者巡回活动以体验者的心得反馈为主，透过论坛及公众号传播。

项目执行

（1）3Glasses 举办了亚太新品发布高峰会，宣布新品正式开卖。现场邀请数字王国董事长周永明、NVIDIA（英伟达）亚太区 GPU（图形处理器）产品业务总监林耀南、ChinaJoy 创办者寇晓伟等众多合作伙伴及媒体嘉宾到场。

（2）通过新媒体平台的话题营销，加强一般消费者对 VR 的讨论与热度。

（3）与部落客、3C 论坛合作推广和社群经营，以“达人体验”为话题，提高消费者对产品的了解及知名度。

（4）借由国际重点媒体报道，如 TechCrunch（美国科技类博客）、

3Glasses 携手数字王国董事会主席周永明、NVIDIA 亚太区 GPU 产品业务总监林耀南，启动 VR 全球战略合作

DIGITIMES（报道电子产业界资讯的网站）、《Wifi Hifi》等，提高品牌知名度。

（5）搭配零售商进行门市优惠促销及民众体验活动。

（6）赞助 2016 中国网球公开赛，赛事现场提供 VR 体验。

（7）在各地举办数十场 VR 体验活动，邀请当地民众、开发者和媒体体验，让他们更加了解 VR。

（8）举行开发者支持计划，借由赞助奖金、硬件及其他论坛活动，吸引更多开发者投入 VR 内容设计中，增强 VR 内容的多样性，让使用者得到更好的体验。

（9）3Glasses 打造自有 VR 平台 VRSHow，透过开发者支持计划与许多 VR 内容开发者合作，同时借由合作伙伴如 Microsoft（微软）、NVIDIA、数字王国等提供的技术、渠道、通路，深度挖掘 VR 在各个行业的应用，建构完整 VR 平台，优化 VR 体验内容。

项目评估

（1）透过长期的营销规划及活动实施，新品发布会吸引近百名中外媒体参与，各国的媒体露出超过 4000 条，曝光价值超过 1.2 亿元。

亚太游戏高峰会 3Glasses 座谈活动

（2）2016 年在第十八届中国国际高新技术成果交易会大放异彩，3Glasses 成为微软在中国的 VR 硬件合作伙伴。

（3）3Glasses 在 CES（国际消费类电子产品展览会）上展示微软中国区明星合作产品蓝珀 S1 套装、移动解决方案 3Box、蓝珀 S1+ 英特尔实感 MR（混合现实）技术和眼球追踪技术，引起广泛关注。

（4）2017 年在环球资源电子产品展现场展示蓝珀 S1 创作者版串联虚拟世界，被《中国日报》评为最具发展产品，斩获创新产品奖。

（5）在台北国际计算机展，3Glasses 作为微软展位的合作伙伴与 VR 头盔携手微软共同展出混合现实技术。

（6）3Glasses 先后获得数字王国和中手游的投资，2016 年年底更有欧菲光投资 6000 万元，近期更获得 2.7 亿元订单，截至发稿前，3Glasses 企业估值为 5.6 亿元，同时已在国内拥有 1500 多家体验店。

项目亮点

（1）使用大量非传统广告投放的营销方式，透过线上媒体渠道与消费者沟通。

（2）在没有太多广告营销资源的情况下，透过既有媒体相关报道，将产品信息翻译成日语引入日本，成功进入日本市场。

（3）借力使力，号召国际知名合作伙伴如数字王国、NVIDIA 一同站台，互相拉抬，提高品牌知名度。

亲历者说 陈嘉豪　朋百沟通国际有限公司资深企划

我们提供专业的媒体规划建议协助客户，透过媒体广告购买与公关操作，增加大量媒体曝光，实时有效地将信息传递给媒体与消费者；同时提供参展摊位规划服务，借由展会与营销活动增加与客户及消费者的互动，有效达成品牌知名度的推广，提高能见度。

2016 年 VR 产业确实处于发展的高峰期，但随即出现了各种危机，2016 年 5 月起，中国证监会严控上市公司跨界定增收购或募集资金投向 VR 行业，而上市公司是拉高 VR 行业估值的主力资本，VR 市场突然少了主要玩家。

有鉴于此，我们全力协助客户化危机为转机，透过大数据及媒体分析，我们发现此次淘汰的 VR 企业多是没有核心技术的企业。而 3Glasses 早在 2015 年 VR 火遍全球之前，已经于 2012 年开始立项，3Glasses 孵化自经纬度，创始人王洁于 2005 年创立经纬度，为建筑设计、智慧城市等提供三维仿真定制解决方案。

由于 3Glasses 有此基础背景，我们建议客户可在这个危机点，主打此优势，透过长期经营的媒体将其传播出去，目前 3Glasses 已经成功突围。

案例点评

点评专家：曹越　霍夫曼公关中国总经理

VR 作为近年来广受行业热议的新兴科技，同样吸引了普通消费者无穷的好奇和关注：VR 究竟会如何颠覆传统娱乐行业，带给我们怎样不同的视听体验？这种技术的存在和发展，本身就是极具传播性的目标话题。

3Glasses 作为专注 VR 硬件和应用的中国创新领军企业，自 2015 年来落地了一系列传播工作，在整体 VR 行业日趋复杂的大背景下，不仅快速提升了自身企业品牌知名度，同时对整个行业的关注点进行了良性引导，让公众受到了广泛的关于 VR 技术的科普和教育。

综观整个传播策略，在内容多样化和渠道组合上，传播工作者前期做了大量的分析和研究，制订了各个维度上周密的执行计划，对应不同受众进行传播立体式矩阵覆盖。新媒体营销的选择更是几乎覆盖了目前流行的各个平台。在亮点上，大量依托于行业展会、新品发布等事件节点，广泛邀请娱乐、游戏等相关产业的意见领袖参与，提升了品牌在行业的话语权威性。在科普大众方面，占领百货公司、游乐场等一线场所，与普通消费者无距离接触，创造更多体验空间和机会，这样潜移默化地把 VR 技术对新时代娱乐的变革意义直观传达给公众。

在媒体合作上，公司积极跨界进行产业传播和行业交流，创造与外媒互动和合作的机会，将 3Glasses 技术领先性和应用前沿理解，成功传播到海外的目标受众中。

另外，3Glasses 在 VR 生态圈（生态平台）的营造和搭建是整个案例的一大亮点，目前 VR 发展遇到的问题就是软硬件发展不均衡，急需行业的良性引导，避免一窝蜂追投等问题，而行业的繁荣积极发展是需要一些领先企业来积极推动的，3Glasses 在努力扮演这一角色，将推动中国 VR 产业发展的核心信息很好地传播开来。

ThinkPad 黑将笔记本上市传播

执行时间：2016 年 6 月 12 日—2016 年 11 月 30 日

企业名称：联想（北京）有限公司

品牌名称：ThinkPad

获奖情况：金旗奖——2017 最具公众影响力品牌传播大奖

项目概述

2016 年 7 月，ThinkPad 推出非工作站高性能笔记本电脑黑将，它承载着 ThinkPad 开拓游戏领域的使命。产品上市后亟待推广传播、提高认知并吸引消费者体验，基于此，ThinkPad 需要一场整合营销传播，将黑将的专业基因与稳定属性传达给受众。围绕“生为竞技——专业致敬专业”的主题，一期传播以话题 + 发布会进行引爆，配合热点借势、品牌联动、跨界合作、名人营销等方式，深入传递产品上市信息，全面拓展知名度和美誉度；后续传播借助游戏 IP 素材和名人明星，进行新一轮意见领袖发声。通过一系列营销动作，黑将完成了新品上市的广泛传播和消费者印记的建立，取得了良好的推广效果。

项目背景

作为一款高性能笔记本电脑，黑将主打专业及系统稳定性，它的诞生亟待为人所知，联想希望它能迅速占领市场。提高品牌认知、美誉度成为传播的首

ThinkPad.
HERO
DEBUTS
黑将S5 生为竞技。
ThinkPad 从不止于思考。
ThinkPad
敞开吧，黑暗之门！
听我震天的战鼓和咆哮。
兽人，生为竞技！
只要一息尚存，只要战斧在手，
兽人永不为奴！
PGL 2016官方技术支持合作伙伴
ThinkPad S5 采用第六代智能英特尔®酷睿™i7-6700HQ处理器 英特尔®，让性能更超凡
购买请致电 400-898-9006 或登陆 www.thinkworld.com.cn ThinkWorld商城
intel
CORE i7
英特尔 酷睿 i7

活动海报

要目标。如何树立 ThinkPad 品牌在游戏领域的专业形象以形成品牌认同、如何针对受众深入沟通产品核心利益点是需要解决的课题。

项目调研

近几年来，电竞的产业化让用户对高性能笔记本电脑的需求日渐增强。大量数据调研和“粉丝”反馈显示，在 ThinkPad 的几百万用户中，有不少用户提出希望 ThinkPad 能有高性能的产品以满足游戏需求，这些潜在的需求为 ThinkPad 开展传播奠定了基础。

中国网络游戏以 20~30 岁用户为主要群体，职业构成以学生、上班族、个体和自由职业者为主，分布较为分散。从人群属性来看，可通过游戏角度（人群共同标签）切入，配合直播、明星合作（针对年轻人、流量大）等形式与他们沟通。

ThinkPad 黑将笔记本上市传播 *1*

• 项目策划 •

1. 目标

快速建立 ThinkPad 品牌在游戏领域的专业形象，提升黑将认知度与美誉度，实现更广泛的消费者认知和认同，助力实现销售目标。

2. 策略

（1）围绕核心卖点，充分利用多样化传播形式和阵地，实现传播效果最大化。

（2）对内整合平台资源，对外整合跨界资源，通过全方位传播打动用户。

（3）携手专业领域合作伙伴，为品牌及产品背书，树立权威及专业形象。

3. 受众

精准人群——电子竞技爱好者。

泛人群——一般游戏玩家（上班族 / 学生 / 军事爱好者等）。

4. 传播内容

传播主题：生为竞技——专业致敬专业。

一期传播：黑将新品上市，兼具专业基因与稳定属性。

后续传播：稳定可靠是专业设备的共同特点，助力专业人员在竞技中取胜。

5. 媒介策略

（1）围绕核心卖点，充分利用媒体资源的叠加效应，实现传播效果最大化。

（2）跨界军事、直播等流量高的优质平台，在为产品背书的同时，覆盖更为广泛的人群。

• 项目执行 •

1. 一期传播

（1）预热期。

①命名海报发布：结合《魔兽世界》等游戏 IP 发布黑将临世海报，集中曝

光产品名称和生为竞技的基因，提升大众认知。

②周边：利用已有游戏资源进行延展，制作高度关联的竞技手册、贴纸等，凸显黑将的优势与竞技概念。

③ # 专业致敬专业 # 品牌联动：微博联动多品牌炒热 # 专业致敬专业 # 话题，Jeep（吉普）中国站、壳牌等从不同领域发声，打造产品专业形象。同时通过话题致敬 PGL（中国电子竞技职业选手联赛）选手，借助赛事及明星选手提升产品关注度。

（2）发布期。

① 2016 年 7 月 14 日，在北京举办媒体沟通会，邀请“粉丝”讲述参与研发背后的故事并进行现场拆机对比，直观向媒体展示产品卖点，树立专业标杆。2016 年 6 月，电影《魔兽》上映，借其声量推出定制魔兽 A 面（顶盖）的服务，吸引消费者购买。

② 2016 年 7 月 24 日，在武汉举办战略合作发布会，宣布与欧洲著名电子竞技组织 ESL 达成战略合作，进一步“向专业致敬”。邀请著名电竞选手 Moon 证言产品、著名节目主持人王自健主持发布会并通过熊猫 TV 直播。发布会现场宣布 ThinkPad 支持 PGL 赛事全部比赛用机。

③邀请门户网站、自媒体、电视台等优质媒体到场，多维度曝光发布会、产品、评测等内容，大幅提升产品知名度，形成科技媒体圈中的一大话题点。

（3）后续期。

①视频扩散：对《ThinkPad 黑将　竞技精神篇》、残酷测试视频、PGL 战略发布会剪辑视频进行传播，进一步巩固产品的专业印象，持续扩大影响范围。

②多平台持续发布产品评测等相关信息，深度解读产品专业性及卖点。

2. 后续传播

（1）预热期。

①视频发布：通过核心自媒体局座召忠、节目《张召忠开讲》《张召忠说》发布视频，引爆关注。

②通过悬念人物海报、动态海报、热点借势稿件引发热议，直击活动主题，

ThinkPad 黑将笔记本上市传播 2

为电商及直播平台预热引流。

（2）事件期。

京东“双十一”期间，邀请张召忠及王自健两位大咖，进行“11.11ThinkPad 最强 Thinker”直播，利用 KOL 自身专业性及影响力为 ThinkPad 产品证言，提升产品在大众中的知名度及认可度。

（3）后续期。

延续与张召忠及专业海战类游戏 IP 合作热度，制作军事元素创意海报，突出产品卖点，继续辐射更多人群。

项目评估

1. 效果综述

ThinkPad 黑将上市传播取得了显著效果，累计影响超过 2000 万人。

（1）一期传播中，微信微博阅读量突破 200 万人次，# 专业致敬专业 # 话题阅读量达 142 万人次，百度搜索峰值近 9000，相关报道共计 954 条，有效助力产品销量提升。

（2）后续传播中，微信微博阅读量突破 70 万人次，视频播放量超过 50 万人次，百度搜索峰值近 7000，直播总计覆盖人数超过 1000 万，助力 ThinkPad 摘取当日销售冠军。

2. 媒体统计

截至 2016 年 12 月 14 日，共有 342 家媒体对 ThinkPad 黑将进行了报道，监测到的相关报道共计 954 条，其中，新闻 851 篇，微信 103 条。新闻稿件中原发新闻 204 篇，转载 647 篇。原发的媒体同时配以焦点图和文字链导流，整体推广总广告价值达 10623966 元。

项目亮点

（1）跨界资源合作。

与《魔兽世界》《战舰世界》等热门游戏 IP 合作，达成传播资源置换，巧妙借势电影《魔兽》热潮，精准影响受众。在话题传播阶段，与多品牌官方微博联动，持续提升关注度。

（2）巧妙利用名人明星资源。

邀请电竞、军事、娱乐等领域的名人明星，结合直播等热门形式为产品站台，持续扩散产品的传播范围，引发全网关注。

亲历者说 王晨 蓝色光标数字营销机构客户经理

现在的项目在进行过程中，相对于形式上的花样变化，如何有效与我们的目标受众进行沟通至关重要。传播借助大流量游戏 IP 和名人明星深度结合，意见领袖进行全新角度的发声，为商场进行消费者引流。结合目标人群的关注点，产生精准营销内容，优化项目执行效果。

案例点评

点评专家：胡远珍　湖北大学新闻传播学院副院长、教授

ThinkPad黑将笔记本在细分市场的基础上，将品牌定位于电竞游戏市场，将产品的核心利益点巧妙进行心理链接，以“生为竞技——专业致敬专业”的主题概念，点燃目标消费人群对于游戏竞技的内心渴望与激情，将工具化的使用消费转化为情感与价值的体验认同消费，契合了互联网原住民一代的生活娱乐消费习惯，品牌主题概念的精准与张力，惊艳又耐人寻味。传播活动也精彩纷呈，目标明确、策略得当、诉求清晰、资源配置合理。通过借势海报上市宣传、竞技手册传播、“专业致敬专业”的话题深度拓展，建立了受众对其专业化品牌的识别与认知，映射ThinkPad品牌价值。媒介沟通会、与ESL战略合作发布会、京东“双十一”等一系列有声有色的活动，营造出不同的传播场景，以多种传播方式和手段，以媒体矩阵联动、线上与线下呼应，实现了多触点传播、多层级传播的最大化；以战略合作方、明星、“粉丝”、著名电竞选手的示范性传播给予了受众强烈的心理暗示，引发品牌联想，形成了ThinkPad品牌的情感共鸣、价值认同、身份识别、专业标杆的巨大磁场效应，为品牌可持续发展建构了良好的文化资本和想象空间。

企业通过品牌策略可以令品牌的力量最大化，ThinkPad品牌的登场亮相，不以华丽、炫目取胜，而是紧锣密鼓，先声夺人，大幕已拉开，也许有更令人期待的好戏上演。

QQ 音乐 12 周年音乐能量站

执行时间：2017 年 6 月 30 日—2017 年 7 月 9 日

企业名称：腾讯音乐娱乐集团

品牌名称：QQ 音乐

获奖情况：金旗奖——2017 最具公众影响力品牌传播大奖

• 项目概述 •

QQ 音乐以“陪你听全世界”为主题，在北京潮流聚集地三里屯太古里，打造了音乐快闪店并成为将虚拟网络产品落地实体快闪店的音乐平台。项目体现 QQ 音乐 12 年来对用户的“贴心陪伴”，与用户由线上走向线下的亲密互动，展示 12 年来 QQ 音乐在版权、数字专辑等方面取得的卓越成果。

• 项目背景 •

一直以来，数字音乐消费发生在线上。2017 年，QQ 音乐在 12 周年之际将音乐营销搬到了线下。品牌在潮流中心北京三里屯太古里，以“陪你听全世界”为主题，打造了一个持续 10 天的 QQ 音乐不断电能量站。这也让数字音乐真正从线上走到线下，与用户亲密互动，展现了在线平台将音乐真正融入人们生活的全新思路，以年轻人追捧的方式开拓潮流，把虚拟产品实体化，以沉浸式的体验增加聆听音乐的仪式感，是品牌的一次突破性尝试，成功完成了音乐营销方式的进阶。

项目调研

数字音乐是否可以走向线下，真正实现与用户情感上的互动？一直以来，QQ 音乐专注于在线上为用户提供极致音乐体验，致力于推动国内音乐版权进步。随着线上音乐社区的成熟，QQ 音乐希望让线上音乐实体化，为“粉丝”带来一场具有亲密互动性质的音乐狂欢，真正实现品牌与粉丝情感的落地与互动。

同时，QQ 音乐注意到时下音乐“丧文化”现象严重，为扭转这种现象，QQ 音乐希望借 12 周年之际，向“粉丝”展示，从音乐诞生起，音乐作为人类不可或缺的伟大艺术，一直在向人们输出阳光、向上、拥有积极生活态度的正能量。

于是，QQ 音乐选择在“宇宙潮流中心”三里屯搭建了持续 10 天的不间断音乐能量站，用实际行动为“粉丝”带来创新的沉浸式音乐体验，真正将音乐融入生活。

QQ 音乐 12 周年音乐能量站宣传海报

项目策划

1. 目标

通过音乐快闪店，让数字音乐走到线下，实现与“粉丝”的沟通和情感共鸣。

打造不断电的音乐能量站，向社会传递音乐正能量。

QQ 音乐 12 周年音乐能量站 1

借 12 周年之际，塑造 QQ 音乐“陪你听全世界”的品牌形象。

2. 策略

为庆祝 QQ 音乐诞生 12 周年，品牌在三里屯打造不间断音乐能量站，通过虚拟音乐的实体营销，制造热点事件，引发关注，用沉浸式的音乐体验，感谢“粉丝”12 周年的陪伴，向热爱音乐的“粉丝”传递音乐正能量。同时，品牌通过明星多维借势、情感共鸣营销，KOL O2O（线上到线下）互动、媒体扩散报道等多种传播方式，引发“病毒式”营销。短时间内引爆全民传播话题，助力品牌打造正能量形象，有力回击时下的“丧文化”，带给真正热爱音乐的“粉丝”时尚、青春、有态度的音乐嘉年华。

第一阶段——话题引悬念。#陪你听全世界# #音乐能量站#微博话题预热。

第二阶段——线下引爆。快闪店正式亮相三里屯，一夜爆红，晋升潮拍地，多家齐发声，线上线下音乐嘉年华。

第三阶段——行业总结、盘点。实体音乐营销的新姿态，正能量音乐获关注。

项目执行

2017 年 6 月 29 日：官方微博预告，微博双话题 #陪你听全世界#、#音乐能量站#。

2017 年 6 月 30 日：媒体日，媒体朋友圈 + 自媒体 + 网络媒体发声。

2017 年 7 月 1 日：音乐能量站正式开放 + QQ 音乐官方微博活动带动线上互动。

2017 年 7 月 2 日—7 月 7 日：艺人海报上线每天一位，艺人 IP 引流 + 自媒体发声。

2017 年 7 月 3 日—7 月 8 日：KOL 音乐能量站驻场，KOL 微博微信传播 + KOL 现场声量扩散。

2017 年 7 月 9 日—7 月 13 日：QQ 音乐官方微博 + 自媒体大事件总结、盘点。

QQ 音乐 12 周年音乐能量站 2

项目评估

1. 效果综述

曝光量超过 5000 万，线下覆盖人数超 50 万。

微博：微博双话题 # 音乐能量站 #、# 陪你听全世界 # 总覆盖量高达近千万人次。结合 QQ 音乐自身微博活动及明星借势，同时由众多知名 KOL 如 Alex 大叔、胡辛束等对此次活动进行发散，明星及 KOL“粉丝”进行二次传播，使此次事件营销备受关注。

微信：优质 KOL 发布头条文章，文章曝光覆盖人群超 1000 万，引发社会媒体热议，更有超过 50 家自媒体自发参与传播，进行二次扩散。

同时，活动 H5 总 PV 超 80 万，最长平均访问时长高达 6 分 41 秒。

媒体：此次活动被超过 160 家新闻及资讯媒体报道及引用，更有多家本地电视、视频媒体自发进行采访及报道。

2. 用户调研

本次活动共回收问卷 900 份，其中此次活动的社交化传播渗透率达到 65.6%。用户通过此次活动提升对 QQ 音乐好评率超过 80%。“歌词海报”成为用户熟知度最高和最受欢迎的功能，其次是“电台”“自建歌单”以及“个性电台”；而“音乐杂志”“音乐号专栏”“视频海报”“网友做的歌单”成为一个月内用户认知度提升最快的功能。

项目亮点

建立虚拟音乐快闪店，开创虚拟音乐营销向实体营销转化的先河。

亲历者说 林娜 腾讯音乐娱乐集团品牌与公关负责人

一直以来，QQ 音乐深耕产品、专注正版化，不断自我创新，集结无数人的青春热能，希望带给“粉丝”最好的线上数字音乐体验。本次，QQ 音乐从线上走向线下，打造 QQ 音乐不断电能量站，可以理解成是 QQ 音乐一个周年性质的品牌营销创意。在消费升级的大趋势下，音乐消费的本质同样在发生改变，人们在音乐消费上朝着年轻化和多元化的方向发展。以年轻人追捧的方式开拓潮流，把虚拟产品实体化，打造虚拟音乐快闪店，是 QQ 音乐的一次突破性尝试。同时，QQ 音乐真正走到线下，走进“粉丝”生活中，也是 QQ 音乐创新生活理念的体现，相信 QQ 音乐以后会带给“粉丝”更多惊喜。

案例点评

点评专家：王虎　哲基数字科技执行董事

音乐是一种文化表达，慰藉的不仅是人的耳朵，更是心灵，它一定是有温度的。

QQ 音乐从诞生起，就带着“数字”的身份标签。

数字音乐本质依然是音乐，只是记录、传播、分享的方式被转化为“0”“1”字节。依托线上平台，它极大地消除了音乐传播的物理阻碍；但也因“去中介化”的特性，削弱了音乐传播过程中传统上人与人互动的温暖传递。

所以，QQ 音乐在 12 周年之际，将音乐营销搬到了线下，以“陪你听全世界”为主题，打造 QQ 音乐不断电能量站，把虚拟产品实体化，无疑是一个既温暖又聪明的举动，深味“品牌”二字的真义。

打造正能量形象，有力回击时下的“丧文化”，显示 QQ 音乐并没有为追求效果而放弃了自身的责任感，为品牌的长期价值加分。整个传播活动的受众洞察、策略发想、项目执行都体现了 QQ 音乐这一行业领导品牌的成熟思考和完美追求。

以 QQ 音乐的影响力，本次活动传播的广度和执行的专业性对其来说并不是一种挑战，而受众能够从中感知到的传播的温度和善意，才是对这次传播活动的最大褒奖。

广州地铁 20 周年公关传播

执行时间：2017 年 6 月—2017 年 7 月

企业名称：广州地铁集团有限公司

品牌名称：广州地铁

获奖情况：金旗奖——2017 最具公众影响力品牌传播大奖

项目概述

20 载风雨砥砺，20 载春华秋实。2017 年 6 月 28 日是广州地铁开通运营 20 周年的纪念日，这是发展的里程碑，更是奋进的新起点。20 年来，广州地铁始终坚持为时代记录、为城市提速、为公众服务，客流从开通初期的几万人攀升至日均 800 万人，格局在变，不变的是初心和一路前行的信念。值此重要时刻，广州地铁集团有限公司通过举办“不忘初心·全程为你”地铁开通运营 20 周年系列公众传播活动，深化地铁品牌形象塑造，加强与公众的情感维系，传播企业文化。

项目背景

自 1997 年一号线首通段开通以来，广州地铁构筑起横跨广佛两市、覆盖广州各区的轨道交通线网，线网里程居中国第三、世界前十，累计行车超 19 亿千米，安全运送乘客超 168 亿人次。

根据世界地铁协会（CoMET）发布的数据，2016 年在全球 32 家地铁同行 KPI 业绩表现中，广州地铁运营服务可靠度排名第一，车站犯罪事件发生率连续三年最低，运能利用率及行车正点率排名第三，服务效率和质量保持领先。在广东省公共交通乘客满意度调研中，广州地铁连续多年位列乘客满意度前列。

在专业领域高速奔跑的同时，如何借助开通运营 20 周年的契机，深化地铁品牌形象塑造、加强与公众的情感维系成为 2017 年企业品牌传播的重点工作，拟实现三个层次的目标。

提升企业形象力。立足广州，辐射全国，与时代共舞，加大企业在全国范围内的媒体曝光度，提升社会各界对企业形象的认知与认同。

提升企业品牌力。立足交通运输，构建地铁线上生活圈，与羊城共荣，成为政府、行业、公众共同认可的城市发展中流砥柱，实现知名度、美誉度和可信度的有机统一。

提升企业亲和力。立足为民服务，感恩市民支持，重温广州地铁一路走来与民共乐、互相扶持的情感共鸣，提高企业的亲和力与影响力，让“年轻、亲民、阳光、务实”的企业形象深入人心。

项目执行时间以 2017 年 6 月 28 日纪念日为轴，前后共持续一个月，以广州为活动的主营阵地，联合十余家国内城市地铁报业媒体，定向传播与泛传播相结合，社交媒体与传统媒体相配合，宣传覆盖全国。

项目调研

（1）内部调研。

通过梳理 20 年来地铁规划、设计、建设、运营、经营等业务发展脉络及运营服务改进、提升的过程，结合往年地铁开通周年庆活动的策划及执行情况、效果反馈，整理出广州地铁目前的传播需求及已有的历史素材。

（2）公众调研。

通过定向访谈和乘客满意度问卷调查，摸查市民对广州地铁的了解、理解程度及期待维度，根据公众对广州地铁的既有品牌印象，制订有针对性的传播方案。

（3）行业调研。

通过收集城市轨道交通行业周年庆的活动举办情况，结合其他行业企业品牌传播市场反馈，提炼最新、最受欢迎的传播形式和内容，从而整合企业内外部资源，打造具有城市轨道交通特点且公众接受度较高的传播形式和传播主题。

项目策划

1. 传播要点

（1）地铁是城市交通血液。

2017 年上半年，广州地铁已开通运营 10 条线路，线网覆盖广州、佛山双城十几个市辖区。作为拉动经济增长的城市交通动力，广州地铁如同贯穿城市的血液，拓宽城市空间格局，助力加快枢纽型网络城市的建设。

（2）地铁是都市生活干线。

随着线网快速延伸，广州地铁承担了全市超过 46% 的公共交通客运量，成为市民日常出行的首选。地铁不断刷新都市生活方式，站站可见的地下商铺和智能服务终端串联起市民在地铁线上的便捷生活圈。

（3）地铁是精神文明窗口。

广州地铁开通运营的 20 年，也是广州市民文明程度大幅提升的 20 年。环境造就人，广州地铁的改变得益于多年坚持“员工带头示范，培育市民习惯”的过程；每年救助乘客、拾金不昧等好人好事，已经成为地铁站里温暖的常态。广州地铁始终坚持从人性、贴心的角度不断提升服务品质，带动整个城市公共服务水平整体升级。

2. 公关策略

以深化地铁品牌形象塑造、加强与公众的情感维系为目标，重点打造广州地铁运营管理与服务品牌，塑造“安全、准点、快捷、便利”的公众认知形象。经过精心梳理，分阶段推出以“十个一”为主线的系列活动（见表 1），纵向涵盖广州地铁 20 年的发展故事，横向囊括地铁多元化业务，更为全面地展示出广州地铁运营品牌的丰富内涵，在此基础上挖掘、强化 20 年来城市、地铁与市民之间的成长记忆和情感联系。

表 1 “十个一”为主线的系列活动

序号	活动	内容	时间	受众	地点 / 渠道
1	一组海报图	“十二人，十二事”	2017 年 4 月—8 月	公众	广州地铁全线网灯箱
2	一条宣传片	“二十年，知心路”	2017 年 6 月—7 月	公众	广州地铁电视、腾讯视频
3	一列主题车	“回忆专列”	2017 年 6 月—7 月	公众	广州地铁列车
4	一场生日会	“广州地铁开通运营 20 周年生日会”	2017 年 6 月底	各利益相关方	万胜广场
5	一封时光信	“时光信箱 · 致十年后的自己”	2017 年 6 月—7 月	公众	20 个地铁站点（含地铁博物馆等）
6	一个图片展	“地铁与广州”	2017 年 6 月—8 月	公众	万胜广场
7	一辑微故事	“地铁热线之声”	2017 年 5 月—7 月	公众	官方微信、羊城交通台
8	一份纪念品	“地铁老友记 Metro Buddy”复刻版公仔	2017 年 6 月底	公众	地铁文化馆
9	一款 H5	“地铁城市接力互动赛”	2017 年 6 月底	公众	全国十余家地铁报官方微信
10	一本新画册	“匠心廿载，长运久安”	2017 年 6 月底	公众、内部员工	万胜广场

3. 媒体计划

（1）深挖自身传播资源，打造自有影响力。

广州地铁自身传播资源丰富。此次系列活动信息发布覆盖广州地铁官方 App、微信、微博、PIDS（车站及车载乘客信息显示系统）、地铁电视、广州地铁博物馆、《羊城地铁报》、地铁商铺、地铁灯箱等渠道，充分调动地铁自身传播矩阵（线上社交媒体 + 线下实体店、平面海报 + 纸媒 + 电视媒体），尽可能覆盖每日约 800 万客流的“视听界面”以及更多的二次传播平台。

（2）整合外部传播渠道，形成分级传播体。

和人民网、新华网、中国新闻社、《香港商报》及本地各大媒体对接，提前沟通系列活动内容和活动亮点；与广东电视台新闻频道联合制作“爱同行·广州地铁开通 20 周年”主题报道；与省市主要报纸、电台媒体共同策划“地铁回忆直通车”系列人物故事专题报道和专题采访；联合官方微博与新浪广东共同推出 # 不忘初心 20 年 # 话题，掀起社交媒体传播热潮；携手全国 18 个城市地铁报新媒体平台，一起推广“伴你一路同行”地铁城市接力互动 H5。

（3）开展分步传播内容，完善活动传播链。

提前发布新站开通、女性车厢上线等惠民消息，为广州地铁开通运营 20 周年系列活动营造良好的舆论氛围；通过传统媒体和自媒体进行预热造势、持续发布、回顾报道，营造浓厚的“地铁 20 岁生日”庆祝氛围；借由活动载体传播时代变迁、城市发展、文明进步、大众情怀等内容，让市民深刻感受地铁发展给经济、文化、生活带来的改变，创造全民分享、共同参与的互动传播氛围。

项目执行

1. 实施细节与项目进度

（1）一组海报图：“十二人，十二事”。

【内容】以“不忘初心·全程为你”为主题，从 12 名地铁内外部相关工作人员的角度发声，讲述与市民生活息息相关的 12 个故事，为 20 周年系列活动打响头炮。

【执行】分别以乘客组（纪念票收藏爱好者、列车模型收藏爱好者、金融 IC 卡使用者、便民雨伞使用者）、员工组（保洁员、志愿者、列车司机、站务员）、工作伙伴组（美心西饼工作人员、7-11 便利店工作人员、《羊城地铁报》派报员、天天洗衣店工作人员）的视角，讲述自己的工作信念和服务心声。该系列海报在地铁全线网超过 200 个灯箱同时发布，时间持续 4 个月。

（2）一条宣传片：“二十年，知心路”。

【内容】回顾、提炼 20 年来广州地铁运营品牌的亮点，展示地铁作为城市交通动脉、都市生活干线、轨道交通行业先锋、城市文明传播窗口背后的故事，

宣传海报

挖掘 20 年发展成果与市民支持密不可分的联系，将 20 年同行的知心路浓缩成一条感人至深的跨时代宣传片。

【执行】以数据说话，以情感动人，穿越地铁发展的不同时代，以“那时”和“现在”相互映照，以城市、生活和人的“变”与“不变”作为线索串起整条宣传片。既有城市格局拓展的宏观展示，又有地铁车票演变历程的细节呈现，在电影般的画面更迭中，传达出广州地铁运营品牌理念：“20 年来，改变的是一座城，不变的是我们全程为你的心。”宣传片于 2017 年 6 月 28 日亮相，随后在全线网地铁列车车载屏幕中持续播放 1 个月。

（3）一列主题车：“回忆专列”。

【内容】以广州地铁 1997 年首通段开通时的第一辆载客列车作为“回忆专列”，在列车关门的“叮咚”声中开启时光之旅，与市民一同重温地铁带来城市生活变迁的轨迹。车厢内的历史经典老照片里，藏着几代新、老广州人的共同记忆。一路行，一路看，故事填满整个车厢，感动洒满整个行程。温馨的色调、激荡的画面将广州地铁“不忘初心·全程为你”的理念传递给了每一位进入“回忆专列”的乘客。

【执行】以“叮咚一声，重回二十年”作为“回忆专列”的主题，将广州的第一列地铁即一号线 0102 号车进行重新包装，6 节车厢分别呈现“城市出行故事”“地铁，为广州提速”“多元化地铁出行”“轻生活 · 爱同行”“地下文化长廊”“拾忆廿载，全程为你”6 个篇章的内容，寄情于文字，寓情于老照片，图文并茂讲述广州地铁与市民之间珍藏了 20 年的成长故事。主题列车于一号线上线运营 1 个月。

“回忆专列”

（4）一场生日会：“广州地铁开通运营 20 周年生日会”。

【内容】在 6 月 28 日当天，近两百名市民齐聚广州地铁大本营万胜广场，与特邀嘉宾畅聊 20 年城市交通、地铁出行、个人际遇的变化，看展览、吃蛋糕、写寄语、共庆生。

【执行】通过本地报纸、地铁官方微信广泛征集社会各界代表参加生日会活动，同时特别邀请地铁一号线建设前期拆迁户代表、广州地铁服务督导员代表严嘉汉先生（关注广州地铁 20 多年，提出近千条建议），广州盾建高级工程师古力先生（参与广州地铁多条线路建设），1995 年西华路小学为地铁建设捐款代表陈碧兰小姐（和地铁同一天生日），法国作曲家彭小波先生（地铁声光音乐节演奏家）以及广州地铁第一代车站站长何江先生共 6 位嘉宾到现场，畅聊广州地铁的 20 年。

（5）一封时光信：“时光信箱·致十年后的自己”。

【内容】在 14 个地铁车站及 6 个地铁文化站点（地铁文化馆、地铁博物馆、万胜广场等），共设置 20 个“时光信箱”，发出 10 万张“与 20 岁地铁相约 10 年”主题明信片供市民抒怀，写成信件投入“时光信箱”。

【执行】活动携手《羊城地铁报》，线上通过微信、微博及报纸宣传造势，线下于 20 个活动点落地执行，同时结合报纸、电视及社交媒体的二次传播，形成“口口相传、人人参与”的持续升温态势。活动过程中，分阶段挑选内容感人、有趣的信件在报纸、广州地铁官方微信及合作媒体微信推文中发布。该活动为期 1 个月，所有信件将由广州地铁封存至 10 年后开启，届时再与写信乘客重温心路历程。

（6）一个图片展：“地铁与广州”。

【内容】于地铁万胜广场中庭举办“地铁与广州”图片展，重温广州地铁开通运营 20 年走过的感动里程，再现羊城时代印记和地铁腾飞的足迹，感受城市发展与地铁文化的邂逅。

【执行】整个展览分成“寻轨迹：盘点廿年大事记，一步一脚印”“忆往昔：回首一号线开通，一景一段史”“怀感恩：记录市民助地铁，一图一份情”“晒

图片展

光阴：对比今昔人与站，一镜一时光”四部分，以列车为造型框架，犹如一趟时光之旅。展览展出时间为 2 个月。

（7）一辑微故事：“地铁热线之声”。

【内容】分两个子活动开展，好玩的“地铁报站好声音”和有爱的“地铁有声故事集”，前者以方言报站为特色，面向广大市民征集全国各地方言录制的地铁报站语音；后者通过线上征集活动，收集市民心中和地铁相关的故事。

【执行】通过微信征集市民来自五湖四海的方言报站语音并制作成方言串烧视频，通过自有媒体及合作媒体进行线上传播；通过“520，你会向同行的 Ta 表白吗？”“你的童年回忆里有我吗？”两期微信征集及在广州地铁官方 App 开设“回忆直通车”专栏，甄选出 20 个“我与地铁 20 年”有趣、有爱的动人故事，邀请故事主人公走进演播室，与电台主播互动，以口述故事、人物访谈等形式录制音频，于广州交通电台播放并推出广州地铁有声故事集《因为有你，我不担心自己的迷糊》。

（8）一份纪念品：“地铁老友记 Metro Buddy”复刻版公仔。

【内容】复刻 20 年前广州地铁推出的第一套一号线列车限量版公仔，应景推出 20 周年纪念日票，重温经典。

【执行】以经典列车公仔为标准，制作并推出 1000 套“地铁老友记 Metro Buddy”复刻公仔（共 10 条线路的 10 款车模），市民可通过广州地铁官方 App 的积分兑换、微信推文等互动方式换取，也可直接在地铁文化馆、地铁博物馆等购买。

（9）一款 H5：“地铁城市接力互动赛”。

【内容】制作微信互动 H5 界面，以广州人的 20 年地铁情怀为切入点，设置地铁趣味知识问答游戏，与全国多个城市地铁报联盟一起推送宣传，号召全国地铁乘客网上接力，参与地铁趣味知识答题，分享广州地铁 20 岁生日惊喜奖品。

【执行】以“致一路同行的你”为主题，开发 H5 互动小游戏，集中在 6 月 28 日、29 日两天推出，联合全国 18 家地铁报微信平台同期推广，借此契机同庆广州地铁开通运营 20 周年，一起答问题、赢大奖。

（10）一本新画册：“匠心廿载，长运久安”。

【内容】地铁开通运营 20 周年既是地铁陪伴市民、感恩市民的 20 年，也是地铁员工兢兢业业、勤勤恳恳的20年，因此，广州地铁制作了一本浓缩20年精华的画册，收集广州地铁20载发展的点滴片刻，这是对员工长期付出的肯定，也是对热心关注地铁的各方的回赠。

【执行】画册分为“双线十字汇羊城”“飞跃发展筑雏形”“助力亚运现峥嵘”“砥砺奋进启新程”四部分，将20年的经典片刻收纳入画册中，广州地铁借此机会收集、梳理出员工近百篇故事结集成册，还制作了电子CD，随书附赠。

2. 媒体专项报道

与广东电视台新闻频道联合制作“爱同行·广州地铁开通运营20周年”全媒体宣传报道，在2017年6月28日《新闻晚高峰》播出20分钟专题片，展现广州地铁建设发展和成就、广州地铁带来的经济社会生活变化、市民对地铁的感情以及地铁人的敬业精神。

与本地报纸媒体共同策划专题报道，一是分别从贴心服务、技术创新、工匠精神、文化打造、总结回顾五大方面，连续5天在《南方都市报》和《羊城地铁报》整版连载；二是《羊城地铁报》在2017年6月28日当天推出广州地铁生日特刊；三是《羊城晚报》、《羊城地铁报》、《珠江新闻眼》栏目、广州新闻频道专题采访地铁首批站长。

● 项目评估 ●

该项目以6月28日为关键节点，共开展10个子项目，整合内外资源，实现媒体、受众全覆盖推广。官方微信发布活动信息75篇，总阅读量超65万人次；广州地铁官方App互动信息量近9万；官方微博与新浪广东联手推出#不忘初心20年#话题，发布微博60余条，阅读量逾400万人次，吸引近1700名网友带话题发布原创微博参与互动；微信H5互动推广参与人数超过38万；与沿线超过10家品牌商户开展合作，感恩回馈市民，同时提升活动期间商铺氛围。网友表示“广州地铁是我见过最有情怀的地铁”“广州地铁是陪伴我成长20年的老朋友，是我心目中最暖心的地铁”。

20多年前，广州市市长大力支持地铁建设工作，写下“民心所向，地铁必成”八字箴言；如今，在广州地铁开通运营20周年之时，他也参与活动，再度

挥毫，写下“不忘初心，羊城提速”，这既是对广州地铁的肯定，也饱含对广州地铁的期待。

• 项目亮点 •

1. 以受众思维打造立体化传播

本次活动受众覆盖面广，广州地铁的乘客覆盖各个年龄层，因此在传播渠道的选择上，根据不同的子活动选择不同群体偏好的渠道，从具有权威性的省级电视台到党报、都市报，从年轻人偏爱的微信、微博到有车一族常听的城市交通电台，充分增强地铁自身传播矩阵的效果，结合情怀满满的座谈会、极具空间感的图片展、见字如面的明信片等载体，实现立体化传播。

2. 传承根脉，串联广州地铁发展的昨天、今天和明天

以“不忘初心·全程为你”为主题，将20年来始终如一的品牌理念进行深化，以“感恩”为基调，结合伴随广州地铁发展而来的城市格局拓展、都市生活丰富、精神文明提升进行传播，回顾昨天、把握今天、展望明天，向社会各界展示广州地铁奔跑向前的青春姿态及阳光活力。

亲历者说 邓爽　广州地铁集团公共关系经理

广州地铁的 20 岁生日不仅属于地铁，更属于这座城市。基于此，我们没有闭门造车、凭空策划，而是经过对企业发展历史的认真梳理、对不同时代亲历者深度访谈、倾听市民心声后才最终确定围绕广州地铁开通运营 20 周年纪念日，以 10 个不同维度的活动，串起关于广州地铁昨天的回忆、今天的故事和明天的期望。

在打动受众之前，我们的策划团队已无数次被广州地铁背后的人和事所感动。在制作“二十年，知心路”宣传片时，我们对脚本反复修改几十稿，旨在摒弃“硬广”形式，以“电影式”的叙事手法呈现 20 年间广州地铁的发展变化带给市民的真实感受，将观众引入不同时代的场景，激发情感共鸣；在策划生日会嘉宾对话现场活动时，我们查阅档案，找到了 1995 年西华路小学“我为地铁献爱心”活动和一号线沿线居民主动拆迁的老照片。为了寻回照片里的主人公，我们不放过任何一条线索，经过多方努力，终于将捐款学生代表、拆迁户代表以及为地铁写了近千封建议信的老街坊请到了活动现场，让他们讲述当年的故事。

类似这样的发现和收获在活动组织过程中数不胜数。系列活动的成功组织是广州地铁企业品牌形象一次深入人心的绽放，而能够在有情怀的企业做有温度的活动，更是我们的荣幸和自豪。

案例点评

点评专家：张晋升　暨南大学新闻与传播学院副院长、教授

自1997年广州地铁一号线首通段开通以来，广州地铁高位起步，砥砺前行。值此重要时刻，广州地铁举办以“不忘初心·全程为你”为主题的地铁开通运营20周年纪念活动，深化广州地铁品牌形象，强化公众品牌认同，提振企业精神气质，实现了预期的品牌传播效应。其公关传播的价值体现在以下几个方面：一是巧用时间节点，以广州地铁20周年唤起城市的集体记忆。地铁是一条贯穿了一个城市的集体记忆，这种集体记忆让个人形成一种感同身受的时代伴随感。无论是“回忆专列”的“看”，还是嘉宾“20周年生日会”的“聊”，都给予市民立足此时、回溯过去、憧憬未来的带入感。二是突出广州地铁“全程为你”的核心理念，把地铁发展的点与广州城市化进程的面相结合，勾连起广州地铁20年来亲民爱民为民的情感主线。广州地铁20年带来了城市空间的拓展和城市格局的变化，但不变的是广州地铁与民同行的赤心。三是媒体策略到位，立体化传播，多平台呈现。整个纪念活动根据不同的活动内容、受众群体选择不同的媒体投放，发挥了主流媒体、社交媒体和自身传播矩阵的集纳优势，实现了整体联动的传播效应，有效提升了品牌的知名度和美誉度。

优衣库新中产品质生活报告

执行时间：2017 年 6 月 29 日—2017 年 8 月 4 日

企业名称：迅销（中国）商贸有限公司

品牌名称：UNIQLO（优衣库）

获奖情况：金旗奖——2017 最具公众影响力品牌传播大奖

项目概述

优衣库与《第一财经周刊》合作开展有关“中国城市新中产品质生活方式与消费趋势”大调查，在全国超 50 个城市收集 12000 多份有效样本，同时进行新中产代表定性访谈，产出《2017 中国新中产品质生活报告》，定义中国新中产五大生活和消费方式为：①品质为先，②热心文创，③健康至上，④智能生活，⑤体验为王。

同时，优衣库联合《第一财经周刊》、QQ 音乐等共同发布《2017 中国新中产品质生活报告》，以发布会造势吸引业界关注，以深度报告洞察消费趋势，持续建立优衣库在“新中产品质生活方式”上的行业前瞻性与领导力，引发媒体、品牌商及广大消费者的热切关注和讨论，帮助优衣库迅速提升品牌影响力、公信度与美誉度。

项目背景

优衣库是全球领先的服装零售企业迅销公司旗下的实力核心品牌，在各大城市开设众多门店，为更多消费者带来优质服装与美好体验。截至 2017 年 6 月，优衣库在中国约120个城市运营约540家店铺。在主力城市快速拓展并不断下沉至三四线城市的同时，如何把握快速变化的生活消费趋势，始终占据消费者生活方式的领导品牌地位，进一步提升品牌知名度和公信力，是优衣库品牌传播要回答的重要问题。

《第一财经周刊》是中国极具公信力和行业影响的权威财经媒体，与此同时，新中产群体正越来越多地出现在大众的视野——他们经济相对独立，是社会和家庭的中坚力量；拥有相对一致的生活方式，“品质”和“个性”是被提及较多的关键词。新中产正在改变的生活和消费习惯也极大影响和改变整个零售业的消费走向，影响更多消费者对品质生活的追求。

● 项目调研 ●

1. 项目挑战

如何既能贴合当下热点趋势，引发消费者共鸣，又能将优衣库品牌、产品和体验的价值巧妙融入话题的内容传播当中。

如何把握与中国权威财经媒体平台的合作，在实现双赢的同时，将媒体影响力和客观的内容产出最大化为品牌所用，为优衣库品牌背书。

如何让优衣库的品牌、商品、体验与消费者生活场景、新中产品质生活的几大趋势建立强关联，从而提升品牌影响力。

2. 消费者洞察

作为中国正在崛起的消费中坚力量，新中产群体正越来越多地出现在大众视野中，他们生活方式和消费方式的改变，将对零售乃至全行业带来重要影响。

现在的消费者，尤其是贯彻典型新中产生活方式的年轻人，尽管对品质生活的要求在不断提高，但始终没有被清晰界定，他们需要一个强有力的数据调研结果将自己正在改变的生活方式清晰化，客观认识自己对品质生活的追求。

中国的消费者热爱文创、热爱艺术，同时也对品质和个性有自己的要求，在全民健康潮流下，他们也更关注自己和家人的身心健康，更看重智能科技在生活中的应用，同时热爱体验新鲜事物。他们对品质生活的需求不仅是他们的

主动选择，同样他们也渴望被品牌创造的创意商品、智能体验、线上线下联动的消费形式等激发自己对美好生活的灵感。

新中产群像

项目策划

1. 项目目标：引领行业趋势，强化品牌认同

建立优衣库国际知名服装领导品牌形象，实现优衣库在新中产、品质生活方式议题设定上的领导地位，为中国消费者带来更美好的品质生活。

强化中国消费者，尤其是二、三、四线城市和年轻的新中产消费群体，对优衣库品牌理念、核心产品价值、新零售体验的认同与渗透。

2. 传播策略

以当下中国正在崛起的新兴消费群体新中产为研究对象，优衣库联合《第一财经周刊》发起相关社会大调查，总结新中产五大生活方式关键词——品质、文创、健康、智能、体验，激发消费者内心共鸣与生活灵感。从与《第一财经周刊》合作，将优衣库与“新中产品质生活”链接。

完整融合品牌、产品及体验，以优衣库极具个性、品质的经典商品及国际设计师合作系列、新零售体验、智能便捷的店铺服务与数字平台，向中国消费者尤其是新中产群体介绍最符合他们品质生活的商品、活动及消费体验。

线下发布《2017 中国新中产品质生活报告》，邀请近 300 位业界、媒体权威人士参与发布会。权威人士背书《2017 中国新中产品质生活报告》及优衣库品牌，利用名人效应，引发更广泛关注。

发布会现场

3. 媒介策略

4 类媒体主动选择，各取视角预设话题：选择 4 大类媒体为活动预设话题并传播造势。根据“新中产生活方式”的话题属性及对优衣库品牌、零售行业的影响，优先选择行业媒体及生活方式媒体，为优衣库建立行业影响力及生活方式领导者形象。同时根据各类媒体属性及受众情况分别预设话题。

引爆现场盛况，实时现场播报，激发媒体刷屏，引发大量关注：发布会活动当天，现场布置贴合新中产 5 大生活方式，极具创意的落地活动及“干货”不断的发布会，引起在场媒体火爆刷屏，自发播报活动盛况。

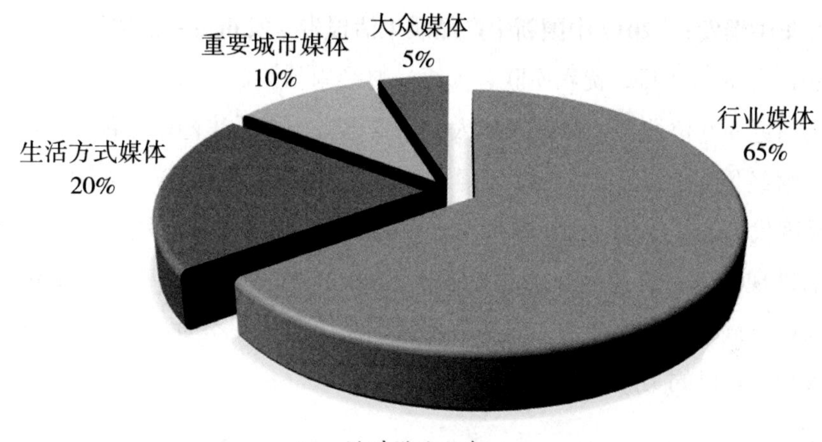

活动媒体分布

4. 传播内容

《2017 中国新中产品质生活报告》：定性、定量解读新中产生活方式和消费趋势。

优衣库品牌理念：从新中产话题打造、社交网络预热、内容传播，到线下创意发布会现场自然植入，将优衣库品牌理念融入消费者每一天日常生活和服装需求中。

由社会调查发现的新中产 5 大生活和消费方式——品质为先、热心文创、健康至上、智能生活、体验为王，与优衣库品牌、产品及体验的巧妙结合。

优衣库与腾讯 QQ 音乐跨界打造“衣·乐人生”电台，让消费者率先感受“数字 + 零售 × 社交”的购物体验。

项目执行

项目包括话题预热、集中爆发、延伸报道，共计覆盖近 1 亿人。

1. 预热传播：新中产社会大调查 + 话题预埋

2017 年 6 月 29 日—2017 年 7 月 10 日，优衣库和《第一财经周刊》共同在全国收集 12000 多份有效调查问卷，对 4 名不同城市典型新中产代表定性访问，通过“品质、文创、健康、智能、体验”五大关键词及相关话题传播，吸引大批“粉丝”及消费者关注。

2. 集中爆发:《2017 中国新中产品质生活报告》发布会+落地活动

2017 年 8 月 4 日，优衣库联合《第一财经周刊》在上海举办发布会，活动现场邀请近 300 位业界、媒体权威人士，腾讯音乐娱乐集团副总裁侯德洋、上海第一财经传媒有限公司 CEO 周健工、复旦大学管理学教授金立印、优衣库全球品牌代言人井柏然等行业领袖及业界精英也出席线下发布会。

活动现场创意打造品质生活方式装置展，将优衣库理念融入现场布置中，体现新中产向往的美好生活；发布会现场创意“干货”不断，行业领袖及品牌代言人分享自己的美好生活。

品质生活方式装置展

3. 延伸报道

2017 年 8 月 4 日—2017 年 8 月 31 日，各大主流门户及财经、服装、零售类行业媒体、自媒体陆续报道优衣库及《2017 中国新中产品质生活报告》。

• 项目评估 •

此次活动，优衣库与《第一财经周刊》的合作凭借深刻洞察、消费趋势前瞻和创意传播落地，将优衣库品牌理念、核心产品价值及新零售购物体验，与中国新中产品质、文创、健康、智能、体验 5 大生活方式关键词结合，传递到更为广泛的消费人群当中，引起越来越多新中产的共鸣和媒体高度关注。

问卷调查覆盖全国超过 50 个城市，收集 12080 份有效样本，反映真实的新中产生活、消费态度和选择。

《2017 中国新中产品质生活报告》发布当天，优衣库共计邀请超过 300 位权威媒体人及行业领袖到场，获得到场人士一致高度评价，有人表示："在活动现场感受到了什么是新中产、新中产的消费态度以及新零售环境下品牌应该做什么。"

短期内 300 多家媒体报道，共计覆盖近 1 亿人。其中，平面、电视等媒体报道覆盖近 200 万人，数字媒体用户浏览量超过 630 万。

项目亮点

1. 与中国权威财经媒体成功合作

优衣库与《第一财经周刊》基于双方共同的价值观和方向，深度合作实现双赢，合作模式引发业界关注。

2. 聚焦社会话题，邀请媒体背书，强化品牌影响力

优衣库与《第一财经周刊》基于对中国当下消费升级和市场趋势的洞察，聚焦新中产群体，通过将品牌内容与新中产生活方式关键词联动，引发群体共鸣和社会关注，带来品牌高曝光的同时，深化"LifeWear 服适人生"品牌理念。

3. 品牌现场的自然植入

活动现场品牌理念与创意融合，贯穿现场布置和活动流程的方方面面，巧妙的品牌露出及与生活方式的深度结合获得到场媒体的好评。

亲历者说 董春芳　迅销（中国）商贸有限公司公关经理

我们与中国权威财经媒体平台成功合作。定量 + 定性调查更加有针对性，我们展开新中产生活方式和消费方式的调查，总结中国城市新中产 5 大生活和消费方式趋势。我们邀请媒体背书，强化了品牌的影响力并通过活动现场的精心布置自然植入品牌理念，引发到场嘉宾及消费者共鸣，具象化消费者对品牌的理解，将品牌关联到每一天的日常生活。

这次活动较大的挑战在于后期如何最大化利用现场精彩素材、深度挖掘内容，实现多平台的二次传播，如何将《2017中国新中产品质生活报告》及发布会影响力和热度持续性地落地到全国各个区域。我们未来将基于与《第一财经周刊》的成功合作案例，多元化考虑与其他重点媒体开展合作的可行性和合作模式。

案例点评

点评专家：陈永东　新媒体跨界研究与实践者，《智能营销》及《赢在新媒体思维》等书的作者

优衣库与《第一财经周刊》合作开展有关调查，以中国新中产的5大生活方式关键词（品质、文创、健康、智能、体验）为切入点，激发消费者共鸣与生活灵感，联合相关媒体及业界领袖共同发布了《2017中国新中产品质生活报告》。

优衣库借助该报告的发布会造势吸引业界关注，以深度报告洞察消费趋势，强化优衣库在热门话题、生活场景与品牌间的连接，扩大影响力。

策划方将调查发现的新中产的5大生活和消费方式（品质为先、热心文创、健康至上、智能生活、体验为王）与优衣库在这5方面的对应特点巧妙联系，较好地连接并融合了“品牌+产品+体验”并使“优衣库品牌的产品与体验正好符合报告中发现的生活方式趋势”这一核心传播点不断得以突出，较成功地预埋了话题并达到了传播造势的目的。

天地童行 2017

执行时间：2017 年 7 月 19 日—2017 年 7 月 27 日
企业名称：中国南方航空集团、一汽 - 大众集团、传梦公益基金
品牌名称：天地童行
获奖情况：金旗奖——2017 最具公众影响力品牌传播大奖

• 项目概述 •

2017 年 7 月，中国南方航空集团（简称：南航）联合一汽 - 大众集团（简称：一汽 - 大众）和传梦公益基金，带领贵州省晴隆县 11 名留守儿童奔赴广州，与他们在广东省打工的父母团聚了几天，还让他们与父母一起参与了内容新颖的夏令营活动。北京广天合文化传媒有限公司全程参与了该项目的策划与执行。

随着国内公益事业发展和留守儿童问题日益复杂，越来越多的人意识到，仅依靠传统的捐钱捐物、资助教育的公益方式，很难实现让留守儿童健康成长的目的，应将关注点更多地放在留守儿童的心理健康和价值观培养方面。“天地童行”项目即是带着这样的关切，帮助留守儿童走出大山与父母团聚，开阔视野，接触更多外面的世界。此项目活动形式之多样，以南航 + 一汽 - 大众（天 + 地）跨界的创新合作方式，在国内针对留守儿童的公益项目中尚属少见，本项目还实现了跨企业资源共享。

项目背景

据统计，2016 年，我国农村地区留守儿童数量超 6000 万。社会对留守儿童的关注不可谓不多，但悲剧仍时有发生，自卑、孤僻等心理状态让留守儿童长大后较难融入社会。本项目旨在携手更多企业、社会组织和爱心人士，共同关注留守儿童的心理问题。

此次参与“天地童行”项目的企业和传梦公益基金，长期以来都在各自的领域、以不同的形式帮助留守儿童：南航集团 2005 年就成立了以扶贫济困、救孤助残、赈灾救援、抗击疫情、助学兴教为宗旨的南航“十分”关爱基金会，每年定期组织走进贫困地区、帮助留守贫困儿童的活动，多次举办关爱留守儿童的“探秘南航大飞机”等公益活动；一汽 – 大众于 2007 年发起“中国新未来行动”，关注留守儿童教育问题；传梦公益基金发起的“资教工程”长期致力于让贫困地区儿童接受教育。各合作方都有丰富的公益项目经验，一个多方联动、影响广泛的大型公益项目呼之欲出。

项目调研

1. 项目必要性

以往的留守儿童公益活动形式单一，帮扶力量也比较薄弱，对留守儿童关爱和帮扶的效果往往活动结束就停止了。留守儿童和整个社会急需创新的、跨行业跨媒介的、影响力和传播力更强的公益项目，用新颖的活动形式和强有力的传播效果吸引更多企业和社会组织加入。

2. 市场分析

该项目由北京广天合文化传媒有限公司执行，南航、一汽 – 大众和传梦公益基金共同参与打造。这种跨领域、跨行业的项目合作方式，不仅能使项目集合多个合作方的社会力量和资源，而且在完成度、效果和影响力等方面都可达到任何一方单独策划都无法企及的高度。对企业来说，本项目可以充分展示企业的社会责任、提升品牌美誉度，是一次非常有利的正面宣传。此外，本项目还可以吸引更多企业的关注和参与。

3. 风险分析

因此次活动辗转多地，利用多种交通工具，对儿童来说，存在一定的安全风险；参与的儿童大多年龄较小且无监护人陪同，儿童可能出现随意行动、不服从安排、存在不良情绪等问题；项目涉及多个合作方，可能出现沟通不畅、对活动环节安排存在分歧、活动环节临时变更等情况；纪录片拍摄团队配备的大型设备难以运输等。

4. 结论与建议

该项目在商业营销和品牌传播两方面都有很高的价值，但须做好前期项目策划和多方沟通，使每个环节的接洽严丝合缝。此外，应在儿童见到父母之前和与父母分别之后的路途中，给每位儿童搭配可靠的临时监护人，做到一对一监护。在参观、互动等环节中，应邀请经验丰富、能掌控场面的资深活动主导者。

项目策划

该项目的目标是大型企业和社会组织进行有效联合和资源共享，打造一个关注留守儿童的经典大型公益项目，摆脱传统留守儿童公益项目现有模式的桎梏，创新活动形式，树立跨行业、跨媒介联动公益项目的范式。

该项目采用跨界联动、强强合作的策略。通过致力于留守儿童关爱工作多年的传梦公益基金联络晴隆县当地留守儿童，再由一汽－大众和南航分别利用自有资源，完成对儿童的接待、陪护和运送。留守儿童抵达广州后，再组织儿童参加具有一汽－大众和南航两大企业特色的夏令营活动，如参观一汽－大众佛山工厂、参观南航机务培训中心等。此类环节对项目支持企业自身资源的依赖性较强，因此在留守儿童公益项目中比较少见，汽车工厂和航空公司的强强搭配在以往的公益项目中更是凤毛麟角，在宣传推广过程中容易产生亮点，有利于实现项目的高效传播。

该项目的目标受众包括：一汽－大众品牌爱心车主及目标消费群体、南方航空乘客、关注公益事业人群、企业家、发现之旅频道观众等。

项目传播内容涵盖了活动全程的亮点：在项目前期和中期的同步宣传中，

天地童行 1

重点是对此次事件的整体推广，目的是提高项目知名度、扩大宣传范围；项目后续宣传会以纪录片形式详细展现参与项目的 11 位儿童的留守生活、在广州参加夏令营的过程、与父母短暂相聚随后分离的情景等，展现一场与观众以往所见不同的、笑中带泪的真人秀；此外，在传播过程中，执行方还会对项目推广进行时间和空间维度的延展，配合宣传与项目相关的一系列其他项目，扩大影响范围，同时为下一年的执行提前做好合作方的储备和持续宣传工作。

充分利用参与方本身优质的传播资源，实现了空、地、网立体传播。在企业官方及行业相关的微博、微信等新媒体渠道发布活动进度，与网友互动，扩大传播范围；活动启动日，在机场广告位、登机牌、机上杂志等发布活动信息、项目进度，同时在搜狐、和讯、凤凰、汽车之家、易车等主流网站上发布宣传稿件，提升活动知名度和影响力；活动进行过程中，在搜狐新闻等新闻客户端发布手机新闻，即时传递活动进度，提高受众参与度；通过《国际商报》和《中国交通报》等权威纸媒报道，吸引舆论主流的关注。

• 项目执行 •

1. 实施细节

2017 年 5 月 8 日—2017 年 5 月 12 日：进行第一次项目踩点，了解酒店、学校、留守儿童家庭情况，确认活动行车线路，细化流程，确认时间节点。

2017 年 5 月 31 日：确认留守儿童名单并与留守儿童父母达成一致。

2017 年 6 月 26 日—2017 年 6 月 30 日：进行第二次项目踩点，确定项目流程、拍摄儿童日常生活素材、对爱心车主进行培训。

2017 年 7 月 14 日：“天地童行”项目纪录片拍摄团队抵达贵州省晴隆县开始拍摄。

2017 年 7 月 19 日：南航代表及一汽 - 大众代表抵达贵州省晴隆县，晚上参加项目的集中培训。

2017 年 7 月 20 日：团队前往资教小学，举行班会形式的“天地童行”启动仪式和发车仪式，车队将留守儿童接至贵阳入住，举办欢迎晚宴。

2017 年 7 月 21 日：一汽 - 大众爱心车主接送儿童到机场，南航护送孩子们安检、登机，由贵阳飞往广州，由南航广州接机人员全程指引孩子们出机场，孩子们在机场到达出口处与父母会合后，由一汽 - 大众的车队带孩子及父母去往一汽 - 大众佛山工厂参观。

2017 年 7 月 22 日：孩子们参观南航机务培训中心，学习航空安全知识，参加“天地童行”主题有奖绘画涂鸦，体验空乘培训，参观南航飞机。

2017 年 7 月 23 日：孩子们和父母一起参观广东科学中心。

2017 年 7 月 24 日—2017 年 7 月 26 日：孩子们跟随父母回到父母租住的地方，享受亲情。

天地童行 2

2017 年 7 月 27 日：孩子们由一汽 - 大众爱心车主和南航航班护送返程，返回贵州省晴隆县家中。

2017 年 9 月 19 日："天地童行" 爱心慈善晚宴。

2. 项目进度

2017 年 5 月—2017 年 7 月 18 日是项目筹备阶段，此期间工作人员完成了分工及活动准备工作，包括踩点、视频素材采集、留守儿童名单确认、招募活动志愿者和爱心车主、志愿者前期培训、确认项目纪录片拍摄脚本等；2017 年 7 月 19 日—2017 年 7 月 27 日是项目执行阶段，在此期间，主办方进行了举行"天地童行"出发仪式、拜访留守儿童家庭、走访资助小学、开展"天地童行"全程爱心接力、举办"天地童行"科技夏令营等项目环节；2017 年 7 月 29 日—2017 年 9 月是项目深化阶段，此阶段工作人员完成了 4 集纪录片的后期制作和播出，继续项目的后期宣传工作。

3. 项目控制与管理

制订详细、可操作的项目计划，与各参与方做好沟通，保障项目按照计划推进，同时定期及时监测项目进展，根据实际情况调整项目计划；各项工作实现流程化、标准化，执行方北京广天合文化传媒有限公司有丰富的举办大型活动的经验，在项目各个阶段都有明确的工作标准，成熟的工作流程有利于项目顺利推进；在项目各阶段明确各方分工，由传梦公益基金负责联络留守儿童，一汽 - 大众负责儿童们全程地面运送，南航负责航空运送，北京广天合文化传

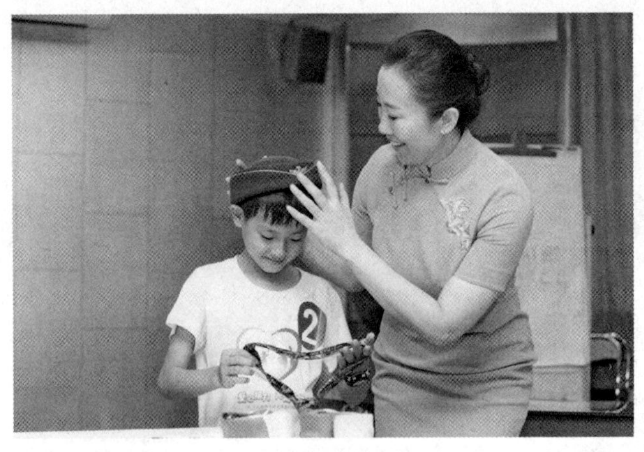

天地童行 3

媒有限公司负责协调各合作方、具体执行及组织纪录片制作团队全程进行跟拍，专业宣传团队跟进项目，保障在每个环节实现第一时间发稿。

● 项目评估 ●

整体传播数据：活动阶段内共计监测到相关新闻信息 789 篇。以网络新闻为主，达到 454 篇，占比 57.5%；其次为手机新闻，达到 177 篇，占比 22.4%；报纸报道达到 29 篇，主要有《信息时报》《国际商报》《中国交通报》等。

网络媒体传播情况：网络核心媒体传播占比 17%，共计 75 篇，重点报道媒体有凤凰、搜狐、汽车之家、易车、和讯等网站。

微信传播情况：此次专题事件微信阅读量较高的文章共有 11 篇，公众号“高氏观市”发布的文章阅读量超 6 万人次。

南航官方媒体：中国南方航空官方微博推送 1 次；南航官方网站微博推送 1 次；南航微视窗图文专区报道推送 1 次；《南方航空报》《早安，南航》头版资讯；南方航空官网新闻中心推送 1 次；南航全系统内的楼宇电视播放。《南方航空报》2433 期整版报道；《航空画报》八月刊，内页整版报道；《南方航空》9 月刊 2 页报道；《Nihao 空中之家》9 月刊 6 页报道。

发现之旅频道官方媒体：发现之旅官微宣传 31 次；发现之旅官方公众号宣传 2 次；发现会官方公众号宣传 2 次。

受众反应：相关活动稿件在手机新闻、平面、微信、论坛、新浪微博、问答等媒体平台发布之后受到舆论的广泛关注，在新浪微博上发布的 # 中国新未来 # 话题阅读量达到 689 万人次，活动相关照片也在微信朋友圈广泛流传。

● 项目亮点 ●

（1）跨界联合：实现了三个有影响力且带有优质传播资源的组织机构的跨界联合。参与人数之多、项目规模之大、受众覆盖面之广前所未有，成就了“企业社会责任 + 品牌传播 + 项目营销”的经典案例。

（2）全媒体传播：本项目在纸媒、电视媒体、机上媒体和网络媒体等多种媒体上都进行了有效推广，使项目成为了社会热议话题。

（3）经典环节：本项目中设置的南航机务培训中心课程，突出了“科技 + 互动”的特点，受到儿童和家长的喜欢，成为本项目的亮点之一。

（4）成立“天地童行爱心联盟”并以慈善晚宴的形式展现。

亲历者说 鲁丹 南航传媒北京广天合文化传媒有限公司副总经理

2017 年 7 月 20 日早上下着小雨，我的任务是去接光照小学的汪锡彩。我从镇上出发，经过 20 分钟的车程，穿过一片庄稼地，再步行爬过一个大陡坡才到达她的家。一进门，我看着满墙的奖状十分震惊，小锡彩十分乖巧，也十分有礼貌。跟她的家人熟悉后，我才得知，她年幼时，因父亲嗜赌导致父母离异，她已有很多年没有见过母亲了。父亲在广州中山打工，很少回家。爷爷奶奶都以小锡彩为荣，送行前不断叮嘱她。

她的父亲是唯一不能到达广州参加集体活动的家长，为了避免孩子产生自卑感，我和几位工作人员成了她的临时家长，全程 24 小时陪伴她，直到在广州所有的活动都结束后，才把她送到她父亲身边。整个过程她都非常有礼貌，虽然有些拘谨，但眼睛里闪烁的光芒充满了期待、好奇，还有对外面世界的渴望。

看到每个孩子明亮的眼睛，我才更加明确了“天地童行”项目的意义，他们是那么的优秀、善良，对未知的世界充满了渴望，那闪烁的眼神深深打动了我。

在贵阳至广州的飞行过程中，我们的飞机遭遇了几次气流的颠簸。起初，我非常担心孩子们会害怕，刚准备安慰他们，没想到孩子们完全没觉得害怕，反而一个个更兴奋了。望着窗外的蓝天，我突然觉得，孩子们比我更了解生命的本质——总会遇到各种颠簸。孩子们对未来的渴望深深打动了我，让颠簸变得不再可怕。我也坚信，孩子们生活中的一切颠簸都会成为他们人生的积累。期待他们的未来因为我们的努力而多一片光明。

案例点评

点评专家：王晓晖　国际关系学院文化与传播系副教授

随着公众对企业履行社会责任的要求越来越高，越来越多的企业开始重视并积极开展 CSR（企业社会责任）项目。然而 CSR 项目是专业性很强的系统工程，绝非简单的捐钱捐物或者蜻蜓点水的一次性活动，因此 CSR 的大潮看似已经到来，但是成功的 CSR 项目却并不多见。本项目最大的亮点在于突破了以往留守儿童公益活动单一的形式，更多地关注留守儿童的心理健康和价值观培养，体现了活动主办方充满人文关怀的品牌理念。

此外，在留守儿童公益项目领域深耕多年的南航和一汽 – 大众以及长期致力于让贫困地区儿童接受教育的传梦公益基金，开展跨领域、跨行业的强强合作，充分整合各方的资源和社会力量，提升了项目的完成度和最终效果，深化了项目的影响力；同时，项目各方均自带优质的传播资源，在整个项目实施过程中，这些资源得到充分的利用，为项目目标的达成保驾护航。

然而，强强联合的背后还有着不容忽视的风险——项目各方之间可能会出现分歧或因沟通不畅而相互掣肘等情况，要取得“1+1 ＞ 2”的效果，强大的执行力是必不可少的。正是优秀的创意加上强大的执行力使得该项目借由 CSR 项目成功地提升了各方的品牌价值，辅以立体的全媒体传播活动，传递出清晰的品牌理念，全面提升了品牌美誉度。

2017 最具公众影响力公关活动大奖

99+1 让爱满分

执行时间： 2017 年 9 月 3 日

企业名称： 腾讯

品牌名称： 腾讯公益

获奖情况： 金旗奖——2017 最具公众影响力公关活动大奖

项目概述

“99 公益日”是腾讯公益联合数百家公益组织、知名企业、明星名人、爱心媒体，共同发起的一年一度的全民公益活动。2017 年的“99 公益日”仅走入第 3 个年头，但影响深远，公益热潮已经从网络活动延伸到社会大众广泛参与的线下活动。

活动主题：“99+1 让爱满分”——2017 腾讯公益 99 公益日 · 市集

活动时间：2017 年 9 月 3 日

活动地点：北京 751D · Park 79 罐

活动人数：3000 余人（邀请慈善理事会嘉宾、对外报名观众、媒体等）

项目背景

99 公益日 · 市集是“99 公益日”的一种创新性互动体验模式。本次活动的主题是“99+1 让爱满分”。“1”代表每一位用户，有了他们的参与，公益才能满分；“1”代表每一位公益生态伙伴，有更多的连接，“99 公益日”才更有意义；“1”代表每一年的进化迭代，2017 年的“99 公益日”带来新的温暖改变。

项目调研

“99 公益日”是腾讯公益首创旨在鼓励大众以轻量、便捷、快乐的方式参与公益活动。2017 年的“99 公益日”将继续迭代升级，在连接更多力量的同时，通过科技感、艺术范、创意性的互动体验，让大家感受到“够酷”的公益魅力。

2017 年“99 公益日”，腾讯公益计划通过腾讯自身产品和平台的优势以及众多合作伙伴的力量，以前所未有的规模，连接受助人、捐助人、公益组织及项目和数亿用户，通过移动化支付、社交化场景和趣味化互动，唤起社会各界关心、参与公益的热情，打造一个全民参与的超级公益日。

曾经因信息闭塞，公益组织运行低效、缺乏有效的透明机制，长时间被各界误解。随着互联网时代到来，这个问题在一定程度上得到缓解，一是通过网络展示和电子支付，公益项目的发布和资金筹集变得简单便捷；二是公益组织得以及时公布账目，公开透明程度有所提升。活动期间，将有更多公益组织走到舞台的中心，成为倡导人人公益的主力军。腾讯将把关系链、社交能力、支付能力作为原始工具开放给合作伙伴，在这一天，公募基金会、草根组织、项

腾讯“99 公益日”1

目发起人和捐赠人才是真正的主角，大家合力共建网络公益捐赠平台欣欣向荣的生态圈。

项目策划

以前，公益活动存在着一些问题。一是信息不畅，捐赠者心理上感觉受助者距离自己比较远，大多为被动劝捐。二是执行手续烦琐。而现在，互联网已经大大改变了人们的生活——人们通过网络购物、打车、订餐、规划旅行，或许正是基于这些，腾讯公益通过“互联网＋公益”的方式，希望打破人们心中对慈善事业的固有印象，创新形式，拉近捐助者与受助者的距离，鼓励大家用轻松、积极的态度，面带笑容去做公益，在全社会传递爱心正能量。

2017 年的“99 公益日”，腾讯要打造首个 99 公益日·市集，主题为“99＋1让爱满分”，全面升级公益盛会。99 公益日 · 市集是腾讯公益联合优秀公益项目企业品牌为用户带来的开放式体验市集活动，让更多热爱公益的人体验有趣温暖的公益互动方式，聆听前沿新潮的公益创新理念，享受震撼人心的公益表演。

项目执行

自 2017 年 7 月 15 日确立之日起，腾讯即刻成立项目组，在项目筹备过程中，如何以市集的方式独特呈现不同的公益项目，是本次活动的核心重点。由于项目承载量巨大，沟通及制作成本高。因此如何在短期内快速完成且保证效果及质量，是重中之重。

整个项目的运营机制为：展区对接分组协作，统一出口，保证信息的统一性，确保有效衔接；垂直化细分对接，确保高效执行与沟通；对外输出统一，提升各个公益组织的满意度。

2017 年 9 月 3 日，腾讯 99 公益日·市集隆重“开市”。着装前卫的“90后”、抱着小孩的家长、带着老人的儿女、手扛相机的外国友人等超过 3000 名现场观众共享一场“公益＋科技＋创意”的“饕餮盛宴”。

腾讯“99 公益日”2

在 99 公益日 · 市集发布会上，腾讯公益慈善基金会宣布 2017 年“99 公益日”的配捐总额将突破 6 亿元。每个人的绵薄之力，都会在“99 公益日”中放大，帮助到更多的人。

活动现场，中国爱乐乐团音乐会、独立乐团原创音乐表演、“99 公益日”纪录片首播、六位公益嘉宾现场公益演讲等，带领现场观众进入一个又一个活动高潮。此外，公益创新展位互动更为现场观众带来一场体验盛宴。

项目评估

本项目反响热烈，到场参与人员达 3000 余人。其中，前期报名人员数占比 64%；其他签到人员占比 36%，包括网络签到、散客手动录入签到和现场新增人员签到，其中网络签到占比 14%，散客手动录入签到占比 4%，现场新增人员签到占比 18%。

在活动现场，腾讯视频与壹基金“你好鲸鱼”的海洋展区位于市集入口处。醒目的标示——悬浮在半空中、泛着镭射光泽、长达 13 米的“鲸鱼”，很容易就吸引了观众的目光。这条鲸鱼是腾讯视频和壹基金合作，用一次腾讯视频活动结束后回收的观众遗留在现场的塑料瓶制作而成的。制作这条“鲸鱼”是希望让每个观众认识到海洋污染已经严重地影响了海洋生物的生存空间，每个人都需要了解环境保护的重要性。另一个极受关注的是“黑暗体验馆”。在视障引导员的带领下，观众可以通过完全黑暗的空间互动来体会视障人士的日常生活。在伸手不见五指的空间里，体验者只能通过自身的嗅觉、听觉来导航，即使是素不相识的陌生人也会紧紧地手拉手——只有这样才能安心让自己不摔倒。现场专业的引导员会给出动作指导，让大家完成一系列互动游戏，做一些日常能轻松完成在黑暗中却难以达成的动作，比如单脚站立1分钟。引导员其实自己就是一位盲人，他希望通过这样的形式，让更多人了解到视障人士的日常生活，号召大家更多地关心尊重这个群体。此外，还有年轻人用奇妙的创意带领观众们感受到“95后”无穷无尽的爱心能量，他们带着自己热爱的滑板、亲自创作的《青年爱公益》歌曲，一上场就引来现场观众的一阵阵喝彩。中国爱乐乐团还在现场举行了公益合唱专场，站在合唱舞台上的，还有由白血病儿童组成的合唱团，这场音乐会充满了爱，也像一场灵魂的朝圣。

无疑，“99公益日”正通过一种更生动有趣、更具科技感和体验感的方式走进所有人的视野。它从迷雾中走来，变成清晰的、可触摸到的公益形式——让更多的人通过又好玩又酷又有创意的方式，思索公益真正的意义。

“99+1，让爱满分”是2017年“99公益日”的一句口号，也是邀请民众共同参与公益活动，一起释放爱和温暖的号召。

项目亮点

突破传统公益的表现形式，将线上的体验模式与线下互动进行有机结合，极大程度上促进了新公益体验闭环，更好地激发民众对公益的热情。实现了“99+1，让爱满分”的理念。

借用市集的形态，将多种公益方案融合其中，以场景化的体验模式加深民众在体验过程中的侵入感，直击内心，形成振动，以此激发民众对公益的热情。

亲历者说 **张猛　北京海天网联营销策划股份有限公司客户副总监**

在公益方面，我们更希望这个项目可以起到连接器的作用，搭建一个平台连接需要帮助的弱者和爱心企业，所以每一位网友在这个过程中都是主角。

2017 年有 300 多家爱心伙伴加入“99 公益日”爱心阵营，成为场景化公益的重要平台。恒安集团尝试“中国企业互联网公益实验室计划”，在全国超 3 万家门店传递公益；华润万家全国近 3000 家门店支持市民随手捐支援贫困母亲保护传统手工艺；在一汽 - 大众全国的汽车销售服务 4S 门店，可以随手小额捐赠创未来环保项目；周大福全国 2000 家门店，携手消费者一起守护中国最濒危水鸟及其栖息地；超过 2000 万个顺丰文件封和快递胶袋也在持续传递爱心。除此之外，小红书、回收宝、转转、映客、微拍堂、富途证券、悦动圈、快手等企业也以趣味性的形式首度加盟，力图展示全民公益形态。

腾讯“99 公益日”正在以一种全新的互动方式走进民众的视野，让更多的民众参与到公益之中，让我们一起做一件温暖世界的事。作为腾讯长期的合作伙伴，愿我们一路携手同行，让世界充满爱，愿公益常驻人心。

案例点评

点评专家：陈经超　厦门大学新闻传播学院副教授、硕士生导师，厦门大学公共传播战略研究所所长

本案例的一大亮点是结合高新科技，以市集形式创造的互动体验模式。整个过程可以归纳为：由组织推动一个社会事件发生，最后能形成一种社会知识并引导社会公众的行为。腾讯公益抓住了我国公益市场在受众认知建构和活动体系碎片化等方面的痛点，借助节日营造的仪式感，创造出别具一格的公益新体验。

“节日”作为承载公益的一种形式，符合大多数人对新鲜事物的心理预期，易形成更高的接受度和普及度。在社会事件建构上，“99 公益日”以线上线下联动的方式引流，扩大知名度，准确把握了人们对各类公益项目的好奇心理，通过市集这一互动体验模式，能够使原本陌生、抽象的公益项目在科技的助力下被直观感知，达到寓教于乐、激发参与积极性的目的。

此外，还应看到跨界在本案例中发挥的作用。在公益主体方面，300 多家企业、团体组成爱心伙伴，以自身行业的特有方式，号召人们积极参与公益，较好地诠释了“99+1 让爱满分”这一理念和人人参与的宗旨。呈现方式上，公益与科技的跨界合作使人眼前一亮，成为公益创新的重要灵感，是值得推广和借鉴的公益公关活动思考模式和实践方式。

“中信 FIFA2018 世界杯 Visa 信用卡”新品发布暨大力神杯中国巡展

执行时间：2017 年 5 月 20 日—2017 年 10 月 20 日

企业名称：中信银行信用卡中心

品牌名称：中信银行信用卡中心

获奖情况：金旗奖——2017 最具公众影响力公关活动大奖

项目概述

为迎接举世瞩目的 2018 年俄罗斯世界杯，中信银行信用卡中心携手国际足联全球合作伙伴 Visa 宣布发行“中信银行 FIFA 2018 世界杯 Visa 信用卡”，于 2017 年 6 月 23 日在北京举行以“燃情足球梦，沸腾新可能”为主题的新品发布仪式。更激动人心的是，中信银行信用卡中心还将国际足联世界杯奖杯、象征着足球界最高荣耀的大力神杯带到了中国，开启大力神杯时隔 3 年之久再次登陆中国的巡展之旅。2017 年 6 月 24 日，中信银行信用卡中心将大力神杯带到深圳巡展现场，让深圳的广大球迷朋友也能近距离领略传奇金杯的魅力。

针对大力神杯到访中国这一千载难逢的热点事件，中信银行策划了大力神杯主题系列漫画、大力神杯巡展招募海报、世预赛热点文章等多形式的公关传播活动，为线下活动营造舆论声量，整个传播项目实现了线上创意图文与线下互动活动的巧妙融合，受到各地媒体、球迷、消费者的广泛关注与认可，进一步扩大了中信银行信用卡中心在泛体育娱乐领域的品牌知名度和影响力。

项目背景

当今世界，体育人口红利正在带动体育行业全面爆发。2018 年，顶级体育赛事——国际足联世界杯（FIFA World Cup，简称：世界杯）将在俄罗斯燃情开启，必定会掀起新一轮的足球热浪与全球狂欢。在此契机之下，中信银行信用卡中心为进一步积极探索泛体育娱乐人群的细分需求，为具有世界杯情节、热爱足球运动的客户群体精心设计了量身定制的世界杯主题信用卡。在向用户提供多重体育特色权益的同时，积极探索体育消费新可能，全面助力信用卡支付、消费金融与运动健康产业的融合发展。与此同时，中信银行信用卡中心与发行该款主题产品的国际卡组织、国际足联全球合作伙伴 Visa 强强联合，将大力神杯真身带至北京、深圳两地巡展，让广大中国球迷朋友一睹其风采，让世界杯的火热激情感染每一位热爱体育、热爱生活的人。

大力神杯巡展 1

项目调研

传播契机：世界杯与奥运会并称为全球体育两大顶级赛事。每每世界杯启动，必获得全球数亿人的集中关注和热议。2018 年俄罗斯世界杯即将全面启动，这为品牌传播提供了绝佳的素材与契机。

市场洞察：聚焦中国体育消费产业，在政策扶持红利的不断推动下，中国 5 亿体育人口正在带动体育消费的全面爆发，“金融 + 体育”孕育着无限新可能。而泛体育娱乐客户群体一直以来是信用卡品牌深耕细作的重点战略市场。

品牌契合度：以世界杯为代表的足球运动，向人们传递了一种挑战自我、永不言败的体育精神，与中信银行信用卡中心的品牌新主张相得益彰。因此，通过这样别出心裁的、具备广泛影响力的公关活动，中信银行信用卡中心希望将其品牌定位传递给每一位消费者。

项目策划

1. 传播目标

借势四年一届的全球体育盛宴世界杯热点，高调发布“中信 FIFA2018 世界杯 Visa 信用卡”，引发社会公众广泛关注，传递中信银行信用卡中心助力足球运动发展、经营球迷细分客户群体的发展策略。

将中信银行信用卡中心品牌新主张与以世界杯为代表的足球运动精神——拼搏向上、积极进取、永不言败进行有机结合，树立中信银行信用卡中心的鲜明品牌形象。

以世界杯主题卡切入金融类体育 IP 蓝海，以产品为载体传播中信银行信用卡中心的金融服务，借势世界杯的社会传播热点，提升中信银行信用卡中心在球迷、潜在用户层面的品牌认知和品牌美誉，助力目标客户群体的获取，同时激发中国消费者持中信银行信用卡赴俄罗斯观看世界杯的旅游需求，刺激全民体育消费。

2. 传播策略

线下激情巡展，开启全新互动体验：2017 年 6 月 23 日，于首都北京举办以“燃情足球梦，沸腾新可能”为主题的“中信银行 FIFA 2018 世界杯 Visa 信用卡”新品发布会并荣耀启动大力神杯中国巡展，将象征世界足坛最高荣誉的大力神杯带至北京与深圳。通过惊艳四座的花式足球表演、热情洋溢的足球宝贝啦啦舞和趣味横生的互动游戏，让媒体、球迷朋友近距离感受大力神杯的魅力，传递中信银行信用卡中心的品牌新主张。2017 年 6 月 24 日，中信银行信用卡中心将大力神杯带到深圳巡展现场，让深圳的广大球迷朋友也能近距离领略传奇金杯的魅力。

线上创意图文，触发全网话题讨论：配合线下活动，策划系列主题漫画、招募海报等多种线上图文，为大力神杯到访中国这一千载难逢的事件营造舆论声量，扩大中信银行信用卡中心在泛体育娱乐领域的品牌知名度和影响力。

世预赛热点文章，持续打造声量高峰：世界杯预选赛精彩纷呈、亮点多多，如“梅西帽子戏法”“冰岛创历史首入世界杯”等，成为球迷热议话题。通过携手足球领域意见领袖，围绕世预赛的精彩瞬间发布热点文章，进一步宣传中信

大力神杯巡展 2

世界杯主题信用卡的特色权益，精准影响球迷群体。

3. 目标受众

热爱足球运动、关注体育赛事、对生活充满热情的消费者。

4. 传播内容

本次传播项目以“燃情足球梦，沸腾新可能”为核心主题，围绕“中信银行 FIFA2018 世界杯 Visa 信用卡”新品发布会及大力神杯中国巡展活动，策划了热点新闻、大力神杯主题系列漫画、大力神杯巡展招募海报、世预赛热点文章等形式多样的传播内容，收获了平面媒体上的大量报道和社交媒体上的广泛互动。同时，通过与伙伴企业的合作，让大力神杯的火热激情，感染着每一位热爱生活、热爱体育的人。

趣味图文

项目执行

1. 前期预热阶段

打造以“真球迷才懂的大力神杯”为话题的系列漫画，在中信银行信用卡官方微博上开展倒计时有奖征集活动，每天以夸张手绘漫画形式普及一个与大力神杯相关的“冷知识”，以 2018 俄罗斯世界杯吉祥物扎比瓦卡为奖品，有效吸引网友参与互动，成功为发布会及大力神杯巡展预热造势。

制作以“一句话证明你是真球迷”为主题的招募海报，在中信银行信用卡官方微信平台面向持卡人精准推送，地区资讯类微信公众号助力推文，招募幸运球迷前往“中信银行 FIFA 2018 世界杯 Visa 信用卡”发布会及大力神杯中国巡展现场，近距离感受足球魅力，目睹大力神杯风采。

2. 活动高潮阶段

2017 年 6 月 23 日，“中信银行 FIFA 2018 世界杯 Visa 信用卡”发布会暨大力神杯中国巡展北京站盛大举行。现场还原真实足球场布景，加之足球宝贝、花式足球表演、2018 俄罗斯世界杯吉祥物扎比瓦卡等，营造了浓烈的世界杯主题氛围。50 家主流媒体、50 位球迷朋友与知名前足球运动员杨璞、马季奇等人共同见证了“中信银行 FIFA 2018 世界杯 Visa 信用卡”的发布，而大力神杯真身的荣耀展示，更是将活动现场推向了另一个高潮，来宾争相与大力神杯近距离合影留念。在北京发布会进行的同期，中信银行信用卡官方微博推送以 # 燃情足球梦　沸腾新可能 # 为话题的实况图文直播，将活动现场的火热气氛隔空传递给全国各地的球迷及网友。

2017 年 6 月 24 日，中信银行信用卡中心又将大力神杯带到深圳巡展现场。本次巡展现场，目之所及尽是 2018 俄罗斯世界杯主题元素，让广大球迷在第一时间感受到俄罗斯世界杯的异域风情和运动激情。此外，现场还设置了大力神杯拍照区和足球游戏互动区，来自全国各地的球迷朋友争相与大力神杯合影留念，一展自己的足球文化底蕴，参与趣味横生的互动游戏，深情讲述彼此的足球情缘。在无比热烈的现场气氛中，品牌与目标客户群体迅速建立起情感关联。

3. 持续传播阶段

2017 年 10 月末，2017 世界杯预选赛告一段落，赛事中亮点颇多，从“梅西帽子戏法”到“冰岛创历史首入世界杯”，每一场都让球迷朋友津津乐道。此时，中信银行信用卡中心邀请詹俊、王涛等国内著名足球评论员，发布世预赛热点解析文章，以富有深度的文字和生动的图片，燃起球迷朋友对 2018 俄罗斯世界杯的火热激情。“中信银行 FIFA2018 世界杯 Visa 信用卡”这样一张紧贴世界杯主题的卡片，在为球迷朋友送上专属福利的同时，更为 2018 世界杯观赛体验锦上添花。

世界杯预赛热点文章迅速在球迷群体内产生轰动，总阅读量高达 868.5 万人次，中信银行世界杯主题信用卡与球迷间的距离迅速拉近，持续打响知名度。

● 项目评估 ●

"中信银行 FIFA2018 世界杯 Visa 信用卡"上市发布会暨大力神杯中国北京、深圳两地巡展，是为迎接 2018 年俄罗斯世界杯而精心设计的系列活动。此次活动以"燃情足球梦，沸腾新可能"为主题，借势大力神杯中国巡展推广"中信银行 FIFA2018 世界杯 Visa 信用卡"，成功邀约涵盖体育、财经、大众生活类等不同领域的 64 家主流媒体到场，进一步扩大了中信银行信用卡中心在泛体育娱乐领域的品牌知名度和影响力。前期线上预热阶段以兼具知识性与趣味性的大力神杯系列漫画成功吸引"粉丝"，线下发布会更以浓烈的足球主题氛围为到场的嘉宾、媒体及球迷奉上了一场激情洋溢的足球盛宴，而大力神杯在北京、深圳两地的巡展，更是将活动推向了另一个高潮。世界杯预选赛期间，邀请足球评论员和足球"大 V"发布赛事热点文章，想球迷之所想，答球迷之所问，达到持续传播的效果。

根据数据统计，本项目在传统媒体渠道上整体获得 767 篇报道，广告价值共计约 477 万元。在新媒体传播方面，通过漫画预热、球迷见面会招募、活动直播、热点文章等多种形式发布微博、微信主题图文 24 篇 894.3 万人次。同时，在经营成效上，本项目带动了喜爱足球、热爱旅行的用户对于中信世界杯主题信用卡的关注，该新品上线仅 2 个月，申请量就已近万。

● 项目亮点 ●

1. 大主题 + 小游戏 = 深度客群互动

在 2018 年俄罗斯世界杯这一大型主题之下，精准捕捉球迷兴趣点，策划线上球迷话题有奖征集活动，开展线下球迷定制游戏，通过低门槛、多趣味、真情感的整合传播项目，为大力神杯在中国巡展这一意义非凡的活动充分造势，实现了品牌与目标客户群体的深度互动。

2. 旧情怀 + 新创意 = 成功吸引"粉丝"

球迷这个群体有着不变的世界杯情怀。该传播项目以世界杯情怀为切入点，打造形式多元、极具创意的传播内容。例如，"真球迷才懂的大力神杯"系列漫画、“一句话证明你是真球迷”招募活动、赛事热点文章等，直击目标客户群体内心，引发其广泛讨论与积极参与。

亲历者说 张学英 中信银行信用卡中心市场部公共关系室项目负责人

2018 年俄罗斯世界杯即将火热启动，值此之际，中信银行信用卡中心携手国际足联全球合作伙伴 Visa，把大力神杯真身带到中国与广大球迷朋友见面，这本身是极具话题性和新闻性的活动。而如何把握此次千载难逢的机会，打造兼顾深度、广度、趣味性、互动性的传播项目，对我们来说是一个令人兴奋的挑战。

项目策划和执行过程中，我们精准把握球迷社群的兴趣点，从世界杯情怀切入，但又不拘泥于情怀本身，更通过丰富多彩的线上创意图文与线下互动活动，迅速与目标客户群建立联系，引起了球迷和网友的热烈讨论与积极参与。在与球迷朋友的互动中，我们也常常被大家的足球故事所感染，他们用自己的切身经历和真实感受诠释着“燃情足球梦，沸腾新可能”的核心主题。

正是基于我们对目标客户群的深入洞察，全新面市的“中信银行 FIFA2018 世界杯 Visa 信用卡”将为广大球迷以及热爱体育运动的朋友提供前所未享的体育消费权益。未来，中信银行信用卡中心还将继续挖掘泛体育娱乐客户群的细分需求，探索更多新可能。

案例点评

点评专家：滕元良 山东管理学院劳动关系学院院长、教授

本案例中，中信银行信用卡中心以足球情怀为主线，通过与受众有效的深度互动实现了品牌知名度与美誉度的正向提升。

从信息传播内容上看，信息的直接传达和间接传达实现了有机融合。

一方面，直截了当地将中信银行信用卡与大力神杯相联系，提升了自身品牌的知名度；另一方面，将品牌主张隐含于足球精神中，增强了客户群体对品牌的理解与认同。

从信息传播方式来看，信息的传达涵盖了文字、图片、视频等多种形式。既有“高大上”的巡展又有“接地气”的微博互动，这种立体化的传播方式有效提升了客户群体的临场感和真实感，较全面地迎合了目标群体的信息接收习惯。

从信息传播出口来看，通过携手足球领域意见领袖，围绕世预赛的精彩瞬间发布热点文章，信息分发也较多地采用了第三方立场，增强了信息的客观性、真实性和可信性，避免了品牌“自说自话”的尴尬处境。

从信息传播时机来看，近些年我国对足球项目的关注度持续升高，而 2018 年俄罗斯世界杯又为品牌传播提供了绝佳的素材与契机。中信银行信用卡中心能抓住公众短时间内关心的话题并做出及时反应和合理动作，在品牌形象的塑造上抢得了先机。

I Do 致·爱演唱会：专属爱情的演唱会

执行时间：2016 年 11 月 15 日—2017 年 1 月 10 日
企业名称：恒信玺利实业股份有限公司
品牌名称：I Do（恒信钻石机构旗下珠宝品牌）
获奖情况：金旗奖——2017 最具公众影响力公关活动大奖

项目概述

信息碎片化时代，如何与消费者建立共同认知，在同一时间引发一群人的情感共鸣？I Do 给出的答案：音乐 + 爱情。2016 年年末，I Do 推出音乐营销纯爱 IP——I Do 致 · 爱。与“品牌 + 演唱会”的传统冠名形式不同，I Do 致 ·爱演唱会并非品牌冠名，而是由 I Do 品牌发起并主办的大型线下活动，希望以巡回演唱会的形式建立营销场景，用爱和音乐与受众对话。传播预计覆盖 4.5 亿人，深入年轻群体，特别是情侣人群，演唱会门票开售 13 天即告售罄。

项目背景

珠宝行业整体销售额下滑，品类同质化严重。过去几年里，受整体经济环境不景气的影响，全球珠宝行业销售额遭遇连年下滑。在中国，特别是一线城市，购房、交通等生活刚需成本的上升为文化基础薄弱的珠宝行业带来极大冲击。I Do 作为主打婚戒细分市场的珠宝品牌，不但面临大环境的挑战，也面临几乎所有珠宝品牌都拥有婚戒产品线的行业竞争。婚戒市场已经不单是产品设计与品质的较量，更是品牌情感与品牌价值观的角力。

项目调研

“90 后”已经成为适婚市场的主力人群。对于专注婚戒领域的 I Do 来讲，目标群体的特征一直在改变，只有紧跟受众的偏好，才能赢得目标群体的关注、认可与喜爱。与“80 后”相比，哪些才是能抓住“90 后”的有效营销手段？I Do 通过调研发现，音乐与视频是“90 后”喜爱的休闲娱乐方式，这是品牌营销创意策划发力的重点方向。因此，I Do 希望以音乐为载体与受众对话，传递品牌核心情感。

项目策划

1. 目标与策略

打造专属爱情的线下活动，让受众体验到 I Do 品牌倡导的情感价值观，同时蕴藏商业信息，引导关注。因此，I Do 选择年轻人喜爱的演唱会形式，策划并打造只售情侣票的 I Do 致·爱演唱会，从内容流程、传播导向到演唱会现场，让每一位受众都能体验到 I Do 的品牌理念。

2. 营销策略

洞察受众喜爱的娱乐休闲方式，用爱与音乐建立场景化营销，让受众全方位感受到 I Do 倡导的正能量情感价值观，将 I Do 致·爱打造成 I Do 品牌在音乐领域的强 IP。

3. 媒介策略

以娱乐八卦主阵地微博为传播主阵地，通过演唱会艺人进行话题炒作，引导品牌话题声量。配合户外立体投放、网络媒体内容营销、KOL 深度情感内容以及音乐和演唱会行业垂直渠道，全渠道传播、渗透 I Do 情感理念。

项目执行

1. 演唱会筹备

策略：每位艺人都是能代表一个时代的爱情价值观的华语歌手，每只单曲都讲述 I Do 的情感态度，每个亮点环节都让用户感受到品牌的价值观。

（1）I Do 选择极具时代爱情代表性的 5 位华语歌手，点燃歌迷期待。

（2）发起全网票选，与粉丝共同定制现场歌单，赢得关注热潮。

2. 演唱会预热

策略：户外立体投放 + 社交媒体网友互动 + 网络渠道内容营销，全渠道预热演唱会，渗透纯爱理念。

（1）线下广告渠道精选，全面覆盖商场、地铁、公交站、终端店铺等人流密集地区。

（2）线上通过演唱会艺人引导话题，为演唱会预热，引发大众共鸣。

I Do 致·爱演唱会只售情侣票！ 520 元与 1314 元两档套票因爱而生，第一时间抓住受众的心。

针对情侣及婚后人群，I Do 创意打造《爱情字典》，展现不同年龄段的爱情故事。

针对单身人群，I Do 策划“爱，从一场偶遇开始”的爱情梦想众筹。单身男女成功“牵手”，现场打造真爱氛围。

3. 演唱会引爆

策略：策划亮点事件和互动环节，引发大众关注。

（1）根据重点艺人间关系，策划小 S（徐熙娣）和黄子佼、蔡依林与萧亚轩等同台话题。演唱会当天，# 蔡依林萧亚轩，两大天后同台争位 #、# 小 S 内地首秀，与黄子佼同台谈爱 # 等微博话题登顶热搜排行榜，使演唱会声量在活动当天达到峰值。

（2）演唱会高潮，素人现场求婚环节巧妙植入 I Do 珠宝，强化品牌情感定位。大屏情侣亲吻互动等环节，彰显品牌情感价值观。

演唱会门票

项目评估

整体传播感动覆盖 4.5 亿人次（数据来源：代理公司根据平台数据调研提供，涵盖时间 2016 年 11 月—2017 年 1 月）。

1. 线上传播汇总

（1）微博传播。

超 20 个 KOL 大号点评，#I Do 致·爱演唱会 # 当天热门话题榜 Top3，微博话题阅读量超 1800 万人次。

明星与官微“粉丝”互动覆盖超 9000 万人。

（2）微信传播。

多个娱乐类及情感类微信公众号发布相关内容，阅读量超 100 万人次。

阅读量超 10 万人次文章十余篇，赢得超 20 家微信自媒体转发。

挑战吉尼斯世界纪录

（3）网络媒体。

超 70 家网媒报道，相关信息占据腾讯、搜狐、网易、新浪等重要位置推荐。

超 10 家重点新闻客户端推荐。

（4）视频媒体。

腾讯直播在线观看量累计超 2572 万人次，视频网站报道累计播放量超 600 万人次，明星混剪预热视频累计播放量超 100 万人次，求婚视频累计播放量超 100 万人次。

（5）I Do 自媒体。

9 篇微信内容，阅读总量超 12 万人次，相关微博内容 30 多条，阅读总量超 160 万人次。

2. 线下传播汇总

户外立体投放全面覆盖商场、地铁、公交站等年轻群体密集地区，总覆盖人数超 5000 万人次。

Elephant Dee（小S）
蔡依林
黄子佼
张韶涵
萧亚轩
李荣浩

I Do 爱 演唱会
北京站

北京工人体育馆 2016.12.28
票价：四面台后区2张 520元（两小无猜）
四面台前区2张 1314元（天生一对）

扫码购票
票务总代理
抢票电话：4006-103-721
主办方抢票电话：010-85792878

主视觉海报

I Do 致·爱演唱会并非品牌冠名，而是由 I Do 品牌发起并主办的。首站北京，一票难求，现场爆满。项目一启动众品牌纷纷效仿，一连数十家品牌希望能原版复制 I Do 致·爱演唱会的模式。同时，I Do 致·爱演唱会也获得多家顶级品牌风投，希望能对 I Do 致·爱第二站进行赞助。

● 项目亮点 ●

以前品牌与演唱会的合作模式多为品牌冠名赞助演唱会。而 I Do 致·爱演唱会，却并非是 I Do 商业冠名的演唱会，而是由 I Do 品牌主办的大事件。I Do 品牌从演唱会阵容和艺人选择便已介入，策略性选择了能代表品牌情感价值观与易引爆传播话题的 5 位歌手，从演唱会筹备期，就已为项目的成功打下了基础。演唱会传播期最大的亮点是 I Do 品牌紧扣自身独有的情感价值，多维度将 I Do 致·爱打造成“专属爱情”的情侣演唱会，更打造了品牌在音乐领域的强 IP。

亲历者说 刘冉 恒信钻石机构品牌公关中心总经理

从冠名 I Do 致·青春演唱会，到力邀陈奕迅打造品牌同名歌曲《I Do》，再到主办 I Do 致·爱演唱会，I Do 在音乐营销的全面发力，仅仅是品牌娱乐营销升级的开端。在未来，I Do 将不断围绕自身的情感属性，带来独一无二的情感体验，把 I Do 品牌打造成拥抱年轻人群的超级 IP。

案例点评

点评专家：彭焕萍 河北大学新闻传播学院副院长、教授

该项目策划将爱与音乐结合在一起，将音乐作为与受众对话、实现品牌核心情感价值传递的载体，由此策划出的大型公关活动，引发了媒

体和广大公众的关注。项目主题与品牌风格契合，演唱会针对的受众与品牌目标群体也非常吻合，激发出了很好的关注度，也实现了对目标受众资源的深度挖掘。

该项目亮点有三：第一，演唱会预热过程中的事件营销，特别是针对情侣爱情故事的《爱情字典》，打造出“世界上最大的折页书”挑战吉尼斯纪录，无疑会成为媒体关注的焦点。第二，策略性选择歌手，通过与粉丝共同定制现场歌单，赢得关注热潮。演唱会上的素人求婚安排，通过剪辑做成适于自媒体转发的视频，引发更多的网络话题。第三，演唱会传播期，I Do 品牌紧扣自身独有的情感价值，多维度将 I Do 致·爱打造成情侣演唱会。上述主题创意能够很好地将爱情主题的讨论与品牌的传播理念进行无缝拼接，形成正向的品牌联想，产生了不错的媒体传播效应。

不过，喧嚣热闹的背后还需要有一个更明晰的爱情观来支撑，这也是该项目不够突出的一点，即传达的品牌理念还比较模糊。如能在更富品牌感染力的社群传播故事中，提炼出品牌所秉承的爱情观以凸显品牌的核心价值，品牌传播会更能触及目标受众的内心世界。

探索互联网汽车的真实生存之旅——荣威RX5全球首场互联网汽车拉力赛

执行时间：2016年9月19日—2016年10月13日

企业名称：上海汽车集团股份有限公司乘用车公司

品牌名称：荣威

获奖情况：金旗奖——2017最具公众影响力公关活动大奖

项目概述

荣威欲以“探索·创变”为题，通过全球首场互联网汽车拉力赛这一活动，共同见证一款新产品走进生活，探索感受互联网汽车的越级体验。

项目背景

荣威，取意“创新殊荣、威仪四海”，定名于2006年。荣威品牌在多年的时间里发展迅速，“科技化”已经成为其极具印象的品牌标签。

2016年7月6日，在“互联网+”时代的变革及竞争升级下，上海汽车集团股份有限公司（简称：上汽）与阿里巴巴网络技术有限公司（简称：阿里巴巴集团）两大集团跨界深度融合，充分整合双方在汽车和互联网领域的天然优势，在杭州云栖小镇举办了名为“登陆·探索”的互联网汽车新品类联合发布会，共同发布荣威RX5，为未来智能汽车、智能交通乃至智能城市的发展奠定基础。

荣威 RX5 上市后引发了全社会的关注，尤其是对于汽车互联网属性的探讨进入了白热化的境地。应该如何发挥上市话题余热、有效吸引受众关注、让大家记住荣威 RX5 互联网汽车？荣威需要再次举办一个不一样的、有爆点的传播活动。

因此，荣威决定延续发布会“登陆·探索”主题，继续联合阿里巴巴集团，以“探索·创变”为题，通过探索互联网汽车的真实生存之旅——荣威 RX5“全球首场互联网汽车拉力赛”这一活动，再度提升荣威 RX5 的关注度，最终拉动销量。

项目调研

1. 活动层面

（1）本次活动需要一个能体现“探索·创变”主题、“互联网改变生活”属性的目的地；需要一条具备严苛测试环境可进行汽车拉力赛、途径城市可进行互联网生活体验的长距离线路。

陕西省安康市，据传为女娲的治所，女娲“创世、造人”，并化生万物；上汽集团和阿里巴巴集团“造车”，以互联网汽车创造价值、改变生活。2014 年，安康铁路机务段养路工人吴磊，基于阿里云计算平台搭建了机修车间文件签收系统，解决了上千公里不同路段工人接收文件的难题，互联网改变了养路工人的生活。

2017 年 10 月 13 日，2017 杭州·云栖大会在杭州云栖小镇举办。

荣威选取了杭州到安康路段，并将南京、合肥、武汉、襄阳、十堰等产品销售重点城市涵盖在内。

（2）本次活动需要创新的环节设计，使整车特性以及互联网特性都得到充分展现。

区别于一般测试性能的汽车拉力赛，“全球首次互联网汽车拉力赛”除整车特性外应更侧重于荣威 RX5 带给消费者的互联网用车生活体验。

荣威以互联网汽车平台为中心，全程去手机化、全程任务化，通过没收现金、完成与互联网功能相关任务赚取现金的方式，展开真实生存体验之旅。

以“主线任务 + 日常任务”的组合设计模式，通过节油挑战、车队拍摄等任务展现荣威 RX5 设计、动力、油耗等方面的优势；通过寻找车钥匙、手表开门、飞拍指南等任务展现互联网用车场景。

2. 传播层面

（1）本次活动必须赋予拉力赛足够的话题性。

从社会意义来讲，这是一次以汽车为中心的纪录片，它有足够的价值；从传播内容来讲，这又是一次以互联网科技为中心的真人秀，它有足够的爆点。

（2）本次活动必须将权威媒体、社会化媒体平台全打通，尽可能地提升传播效率。

传统新闻稿的单一沟通形式已无法有效吸引消费者的关注。因此除权威媒体之外，要最大限度地发掘和消费者距离最近的沟通渠道，将直播、自媒体、微博、微信等社会化媒体平台全打通。从“平台”“形式”“内容”三大维度全面提升消费者关注度以及传播的创意性和话题性。

（3）本次活动必须集结尽可能多的传播资源，以达到最佳传播效果。

传统的试驾体验活动均由单一厂商主导，内容单一、传播资源有限，要搭建一个全新的品牌营销平台，通过参赛队伍招募的形式，吸引各大品牌入驻，集所有传播势能联动传播，使传播最大化。

项目策划

1. 目标

开展一次场景化的、贴近消费者的、新鲜有趣的传播，延续荣威 RX5 上市传播热度，积极提升目标人群的参与讨论热情，加深其对互联网汽车使用场景的认知。

打造一次出行方式巨变的里程碑式的事件活动，持续巩固荣威 RX5 地位，有效建立公众知名度。

2. 策略

通过环节赛制的设置、传播的话题设置、社会化媒体平台的打通运用，打造一场“互联网生存之旅”，实现一次“多品牌营销狂欢”。

3. 公众

目标人群定位“80 后”主流人群。这群人年龄在 26~35 岁，是“互联网 +”背景下的新中产阶级。他们大多属非典型收入结构，热衷于社会化媒体生活，拥有一定消费能力，追求一定品质生活，注重物质生活和精神生活的双面富足。

由于目标人群对新事物接受程度大，与新兴互联网品牌的合作营销可以更加全面地布局消费者接触渠道，这也是搭建品牌联合营销平台的原始动力。

4. 传播内容

（1）行业层面。

荣威 RX5 将“登录”作为互联网用车的开始，用车数据通过云端最终反映到个人数据库中，真正实现登录、导航、支付、语音、目的地服务推荐等互联网用车生活。

（2）产品层面。

车界“网红”荣威 RX5，引领“品价比”时代。集众多前沿科技和理念于一身，满足品质时代消费者对动力、油耗及智能互联的要求。

5. 媒介策略

（1）新渠道的创意运用。

直播合作 & 红人资源：采用“多种媒介形式组队全程直播”的传播主导思路。全程 5 大平台直播（斗鱼、映客、花椒等）利用各车队优质网红资源实时直播、解说活动体验，搭载到官网形成引流，接入微博等平台，各类“大 V”集体发声。

（2）传统渠道更多玩法。

网络媒体以快报方式全程跟播：核心网络媒体（汽车之家、爱卡汽车等）采用快报方式全程跟播，实时互动。

示范性媒体与电视台跟线报道：三天路线分别搭配不同的专业媒体团队进行采编。①央视纪录片团队品质背书，收录进入央视年度大型纪录片《0 和 1：裂变时刻》；②上海东方传媒集团有限公司专业团队全程采编，制作《媒体大搜索》专题报道，覆盖长江三角洲城市群；③网易直播团队全程跟车报道，提供第三方视角的真实记录。

沿途不断的当地媒体报道：充分调动主线任务途经地的媒体传播资源，形成接力性的区域传播节奏。

全媒体露出：深度分析、活动花絮、产品文章等全平台露出。

（3）生态、应用资源联动。

接入活动中的服务提供商，例如，飞亚达、小辣椒、魅蓝等高用户量的品牌在活动中形成内容露出联动；参赛车辆队伍众包给其他合作伙伴，充分调动各类合作伙伴旗下的优势传播资源。

项目执行

1. 在执行层面，相关组织工作进行了多种创新

活动开展形式的创新：搭建平台，合作伙伴包车参加，各参与品牌联动传播，形成矩阵扩散。

媒体的邀请方式创新：媒体不再被动邀请，而是通过基于活动参与的各种权益激发其主动参与。

人员搭配的创新：设置一定的准入门槛，各参与团体的人员构成更加多元化——媒体老师 +KOL+“网红”+ 车手。

传播节奏的创新：颠覆传统的邀请媒体参与活动，而后进行内容露出的形式。预热前置，全程露出。在人员招募、拉力赛、盘点等过程中，活动和传播同步开展，充分挖掘传播内容的时效性和吸引力。

2. 在执行层面，活动落实工作分为准备期、人员招募期、活动进行期、盘点回顾期 4 个执行阶段

（1）准备期：2016 年 9 月 19 日前，提前进行线路考察及环节设计。

针对线路选择和任务设计多次讨论和沟通后，选择了“互联网生存之旅”作为整体的活动设计核心，完善了线路、赛制、环节设计。

线路：从杭州出发，途径十堰、安康到达巴山火车站，在到达仪式后返回西安，全长 1700 千米，行程 3 天。参赛队伍分成三条线路（分别途径信阳市、九江市、安庆市，以便增加城市覆盖），每条线路设 3 辆比赛车，共 9 辆车进行竞赛。

① 赛制：整场拉力赛最终得分将由主线任务，节油任务得分（A），剩余资金得分（B），到达先后排名得分（C）四部分构成，满分 100 分，各

车队发车

部分得分所占比例以及最终总积分计算规则为“总积分 = 主线任务得分 + A × 20% + B × 50% + C × 10%”。

② 环节：采用 5 大主线任务 +9 大日常任务的任务设置，主线任务包括节油挑战、吃货战争、神秘访客、双盲导航、预约保养；日常任务包括寻找车钥匙、手表开车门、拍摄同队车、九城同拍车、路书分享、语音宝典、飞拍指南、汽车拍照、功能分享。

（2）人员招募期：2016 年 9 月 19 日—9 月 30 日，招募上线，开启多品牌的联合狂欢。

2016 年 9 月 19 日在微博发布招募话题，同时开始向各大品牌发出参与邀请，引发热烈的转发分享，有效扩大了活动的影响范围和深度，成功形成了线上讨论的热潮。

在 10 天左右的招募时期中，荣威成功邀请到了龙蟠科技、小辣椒、YunOS（智能操作系统）、魅蓝、爱卡汽车、飞亚达、萝卜（ROBOY）、汽车之家共计 8 大品牌参与联合传播，最终加上汽车媒体车队，共计 9 支车队参与了活动。同时，各大合作品牌自发进行了线上宣传。

（3）活动进行期：2016 年 10 月 9 日—2016 年 10 月 13 日，虐人、虐车、虐系统，拉力赛正式开始。

随着车队组建的完成，2016 年 10 月 9 日上午杭州云栖小镇巴山鼎举办了开幕仪式，至此开始发车，以“一场真实的互联网生存之旅”为宗旨的 9 大车队从云栖小镇起程。

车队抵达

抵达仪式大合照

2016 年 10 月 9 日—2016 年 10 月 11 日，9 大车队分 3 条线路分别由云栖小镇开往安康；

2016 年 10 月 11 日，在巴山车站办公区室外场地举行了到达仪式；2016 年 10 月 13 日，在云栖会展中心舞台举办活动颁奖典礼。

比赛过程中产生的一切资金支出（除住宿外）将全部由各车独立账户承担，各车账户将拥有 1888 元的起始资金，各队可通过做日常任务赚取更多资金，比赛结束后资金剩余将参与计入比赛最终成绩。

活动期间荣威官网上线活动页面每日更新车队行进情况、任务完成情况及其剩余资金，实时更新车队排名。

（4）盘点回顾期：2016 年 10 月 14 日后，盘点回顾，形成二次传播，夯实话题印象。

在整体活动完成之后，各大参与媒体也开启了盘点式的深度分析回顾，对活动形成了良好的二次传播，积累了线上口碑。

项目评估

1. 效果综述

“全球首次互联网汽车拉力赛”稳固了荣威 RX5 互联网汽车形象，合作伙伴的联动传播引发受众对于互联网汽车的探讨。传播上，项目线上累计总点击量突破 4200 万人次。

2. 现场效果

荣威 RX5 互联网汽车拉力赛上，各大品牌媒体对于互联网汽车体验充满了真实的好奇心，由于环节设计流畅，比赛过程中各大参赛选手甚至忘记了本来的参赛目的，真正享受了一次互联网汽车旅途。在活动的发车仪式、到达仪式以及颁奖仪式三场现场活动中，选手参与感极强，并发自内心地为参与本次活动感到高兴。

3. 受众反应

如果说在拉力赛之前，受众对于互联网汽车持观望态度，那在此之后，荣威可以说真正站稳了互联网汽车的脚跟。

荣威RX5互联网汽车拉力赛期间累计百度搜索量超142万人次，日均百度搜索量超22万人次。

荣威RX5百度新闻搜索结果超729万条，刷新纪录。（荣威RX5百度新闻原收录近30万条）

荣威RX5汽车之家关注度排首页SUV（运动型多用途汽车）热门车型第二名。

互联网汽车拉力赛 # 微博话题总阅读量超2136万人次。

4. 市场反应

在拉力赛后荣威RX5借此获得超高关注度并在2016年10月销量直接突破2万辆，且在2016年11、12月保持了月均2万辆以上的销售成绩，充分表现了市场对于荣威RX5的肯定。

5. 媒体统计

总计媒体报道488篇，报道阅读量1115多万人次，社交互动浏览量超2172万次，在线直播观看人数超35万，累计总点击量超3322万人次。

项目亮点

“全球首次互联网汽车拉力赛”主要亮点如下。

（1）一次颠覆传统的开放挑战。本次拉力赛颠覆了以往的拉力赛形式，在72小时1700千米的互联网汽车生活竞赛中，以互联网生活场景体验，全程去手机化、任务化。

（2）一次多品牌的营销狂欢。品牌营销不再自说自话，而是寻找符合品牌调性的合作伙伴，荣威搭建了一个全新品牌营销平台，合作伙伴包车参加，引领汽车圈与科技圈开创全新的大型产品“开箱测评”方式，各参与品牌联动传播，调动全网流量资源，形成矩阵扩散，引爆多品牌的营销狂欢。

（3）全渠道的整合营销传播。24小时直播真人互联网汽车测评加红人资源推广、示范性媒体与电视台跟线报道、沿途不断的当地媒体报道、生态及应用资源联动，传统媒体、网络媒体等全媒体资源融合，造就了荣威RX5良好的口碑、关注度及市场表现。

亲历者说

亲历者 1：陈亮　哲基数字副总经理

说起荣威 RX5 互联网汽车拉力赛，可能大多数人只是看到了最终结果，但是在这背后，有我们整个团队的巨大付出，我们内部称其为“过三关”。

1. 第一关是邀请品牌

品牌狂欢？说起来容易做起来难。当时我们团队在分析市场，而后第一次想起要搭建平台进行多品牌的营销狂欢，当时我直接跟他们说：“你们别说的好听，最后执行这事很麻烦。”果不其然，一些汽车行业的合作伙伴还好说，但想要跨界科技圈就很难，最后直到赛前大概十天才确定合作伙伴。

2. 第二关是流程设计

任务设计？细节才见真执行。别以为这个事就是坐下来想一想就可以了，我们在推进的时候，车载系统的调试、路线的实地任务可操作性都是需要考虑到的，单单为了吃货战争和神秘访客的任务衔接，我们整个团队从上海到安康跑了不下 8 趟。

3. 第三关是活动执行

活动执行？新规则沟通成本的体现。我们为活动邀请的媒体有汽车行业的，也有科技圈的，我们有针对性地一一做了详细的培训资料、参赛手册、注意事项，还派了专人解决问题。但越是创新的活动执行起来沟通成本越高，仅仅是节油挑战任务，我们就同参赛人员核对了近一个下午，最后才计算出得分数据。

亲历者 2：爱卡汽车媒体记者

对于参加此次互联网拉力赛，其实一开始我是拒绝的。可是在收到拉力赛的任务手册的时候，我被里面丰富的比赛内容所震惊。它激起了我的好奇心和好胜心，我非常想感受一下这场比赛的独特魅力。

本次拉力赛不仅仅是拉力赛，还是比拼人脑力的头脑风暴。一切任务都需要我们详细分析，规划所有的可能和结果，再依托荣威 RX5 来完成。连续两天的赶路让我们能够有足够的时间感受车载互联网系统的强大功能和独特魅力，在这场比赛之后，我觉得 RX5 并不仅仅是一辆车，在很多时候它变得像一个助手，这就是互联网功能的积极应用。我相信有一天，一辆汽车能够根据大数据计算，给车主制订一份详细的自驾游计划。真要有这样一次自驾游，我希望我还能够参加。

案例点评

点评专家：尚恒志　河南工业大学新闻与传播学院院长、教授

“全球首次互联网汽车拉力赛”的成功主要体现在以下方面。

（1）创意契合产品特点。互联网汽车是汽车产品中的新品种，引发人们的关注、树立产品形象是活动的首要任务，以“探索·创变”为题，通过一场创举——全球首次互联网汽车拉力赛，打造了一次互联网汽车的真实生存之旅，整车特性以及互联网特性都在活动中得到充分展现，符合产品特点。

（2）整合传播效果好。衡量一个公关活动是否优秀要看它能不能引起公众的广泛关注，在信息爆炸的互联网时代，注意力是稀缺资源，该活动以“网红”汽车为中心制作纪录片，以互联网科技为中心体验真人秀，有足够的爆点；采用“多种媒介形式组队全程直播”的传播思路全媒体资源融合，造就了良好的传播效果。

（3）多品牌联动引爆营销狂欢。荣威 RX5 品牌营销搭建了一个平台，合作品牌参与联合传播，形成多品牌的联合营销狂欢。

刘若英十年归心乌镇

执行时间：2017 年 7 月 25 日—2017 年 8 月 31 日

企业名称：乌镇旅游股份有限公司

品牌名称：乌镇旅游

获奖情况：金旗奖——2017 最具公众影响力公关活动大奖

项目概述

客户名称：乌镇旅游股份有限公司（简称：乌镇旅游）

推广主题：刘若英十年归心乌镇

推广内容：通过短视频诠释十年乌镇变化，利用明星“粉丝”经济 + 微博精准广告资源，实现乌镇品牌传播和口碑沉淀。

推广 KPI：增加视频播放量、提升品牌知名度。

项目背景

2003 年，乌镇因《似水年华》邂逅刘若英，进入观众视野。

2007 年，刘若英成为乌镇代言人，宣传片《来过，便不曾离开》面世。

2017 年 7 月 20 日，刘若英再次成为乌镇代言人，宣传片《心的乌镇，来过，未曾离开》在微博平台与公众见面。

● 项目调研 ●

1. 明星资源分析

刘若英作为宣传片的主角，一直同乌镇保持着良好的关系，并且在微博上拥有 2300 万人的庞大粉丝群，有足够的传播力和影响力支持。

2. 微博平台分析

微博作为明星资源集聚的社交媒体平台，同时也是众多明星“粉丝”后援团等的聚集地，在明星事件营销上拥有着得天独厚的平台优势。

3. 受众群体分析

透过百度指数可以观察到，刘若英和乌镇的兴趣群体在地理位置和年龄分布上有着相当一部分的重合，刘若英本身也是乌镇的代言人，利用刘若英作为爆发点可以辐射大量对乌镇感兴趣的人群。

● 项目策划 ●

1. 传播目标

（1）宣传乌镇全新旅游宣传片，提升新宣传片的观看量。

（2）让大众了解到乌镇十年来的变化，认可乌镇旅游的发展方向和道路。

（3）塑造良好的乌镇旅游形象，提升大众对于乌镇景区的品牌好感度和美誉度。

2. 传播策略

利用刘若英的明星效应，在微博进行热点话题炒作，吸引大量用户关注、参与本次乌镇代言活动话题传播，在一定的周期内保持话题持续火热，最终通过品牌广告宣传片在微博社交媒体平台的广泛传播，让用户重新认知乌镇。

3. 传播受众

以江浙沪地区的中高端人士为主的乌镇旅游目标客户群体。

4. 传播内容

（1）第一阶段：前期预热，唤起网友的品牌记忆和关注。

① 刘若英和乌镇分别发布十年记忆相关的图文微博和头条文章，引发大众

关注，唤醒大众对《似水年华》和十年前乌镇宣传片的记忆，为后续传播预热。

② 通过图文形式，对比十年前后的刘若英和乌镇，引发网友讨论十年间自己的变化，持续引入大量关注和讨论。

（2）第二阶段：视频热推，强势推广新宣传片，传播乌镇十年品牌内容。

① 刘若英和乌镇旅游同步首发 2017 年乌镇全新宣传片，通过超级粉丝通和视频推荐信息流广告，不断增加视频曝光度。

② 通过刘若英在乌镇拍摄的各种美图，与刘若英工作室、刘若英粉丝团等多方联动，利用明星效应充分获取关注，从而向网友展示乌镇十年的变迁与发展。

刘若英十年归心乌镇宣传图 1

（3）第三阶段：长尾传播，拍摄花絮后期推广不断延续影响力。

① 乌镇旅游发布宣传片拍摄花絮，进一步引起“粉丝”和广大网民的关注和兴趣，通过花絮内容整合刘若英采访视频，让刘若英在正式宣传片之外为乌镇深度代言，向网友推荐乌镇的衣食住行，展现拍摄过程中对乌镇人情社会、全新风貌的感受，引领大众认知。

②乌镇旅游、刘若英、似水年华影迷会、刘若英粉丝团、乐游浙江等多方微博力量汇聚，从不同的侧面解读乌镇十年变迁，展现乌镇的旅游文化特色，不断丰富内容看点，引发网友关注。

5. 媒介策略

（1）以微博作为新宣传片和推广主阵地，充分利用微博平台适合事件营销传播的特点，整合粉丝团、影迷会等多方力量，利用事件营销进行新宣传片的推广。

（2）前期充分利用超级粉丝通，精准定位目标客户群体，保证宣传信息有效触达关键受众。

（3）推广后期借助视频信息推荐资源持续推广短视频内容，进一步增加宣传片播放量，延续品牌活动声量。

• 项目执行 •

项目执行如表 2 所示。

表 2　刘若英十年归心乌镇项目进程记录

周期：2017 年 7 月 17 日—2017 年 7 月 30 日	
目标：事件营销、宣传片推广、品牌知名度和美誉度提升	
前期预热 刘若英、乌镇旅游微博同步发声 + 十年对比 唤起网友的品牌记忆，引发大众关注，进行事件预热	
2017 年 7 月 17 日	刘若英发布长文微博，配合宣传片中的画面，引发广泛关注
2017 年 7 月 17 日	刘若英粉丝团微博发声助势，与刘若英互动，进一步提升热度
2017 年 7 月 17 日	乌镇旅游微博发布头条文章《刘若英：hey，在等我吗？我回来了》回应刘若英的发声，持续吸引关注
2017 年 7 月 17 日	刘若英粉丝团微博转发乌镇旅游头条文章、刘若英博文、刘若英工作室博文等
2017 年 7 月 18 日	刘若英粉丝团微博发布乌镇回忆杀两部曲
强势热推 乌镇新旅游宣传片 联合相关账号，进行事件深度炒作，新宣传片正式同步发布 视频推荐信息流广告强势曝光，提高播放量	

续表

2017 年 7 月 20 日	刘若英微博发布乌镇新宣传片，当日获得约 1 万次转发，约 3 万次点赞，评论 3000 多条，视频播放量截至发稿前已达 455 万人次
2017 年 7 月 20 日	乌镇旅游微博发布乌镇新宣传片，同步正式推出新宣传片
2017 年 7 月 20 日	乐游浙江转发互动乌镇旅游新宣传片
2017 年 7 月 20 日	刘若英粉丝团转发互动
2017 年 7 月 20 日	乐游浙江发布新老两版宣传片中的情节对比照片，引导网友深度解读视频内容
2017 年 7 月 22 日	刘若英再次发微博，展现乌镇乌村的田园生活
2017 年 7 月 24 日	刘若英工作室发微博，助推线上热度，刘若英转发互动
长尾传播 花絮视频 + 乌镇怀旧内容 发布视频花絮内容，延续时间热度；各方账号持续炒作，引导流量至乌镇旅游元素推荐介绍	
2017 年 7 月 25 日	乌镇旅游微博发布宣传片拍摄花絮
2017 年 7 月 25 日	乌镇旅游微博发布头条文章，深入解读刘若英和乌镇的故事
2017 年 7 月 26 日	乐游浙江微博发布宣传片花絮视频
2017 年 7 月 26 日	似水年华影迷会发布《念念不忘，必有回响》头条文章
2017 年 7 月 28 日	乌镇旅游微博发布头条文章，整合网友温情评论进行二次传播
2017 年 7 月 28 日	乐游浙江发布《乌镇又一世外桃源，邂逅心的乌村》，深入推荐视频中刘若英体验的旅游景点
2017 年 7 月 30 日	乌镇旅游微博持续发布相关博文，延续时间热度，事件影响力持续发酵

• 项目评估 •

本项目在网络上产生了极大的曝光，引发网友热议。乌镇旅游新宣传片也得到了大面积的推广和传播，两条视频内容累积播放超 1500 万人次；而乌镇旅

刘若英十年归心乌镇宣传图 2

游也凭借这一事件，沉淀了大量的社交资产，话题、视频、“粉丝”以及账号影响力等方面全面提升，为乌镇品牌形象塑造，品牌美誉度提升起到了极大的推动作用。

1. 整体推广效果

刘若英十年归心乌镇 # 话题阅读量超 2 亿人次，讨论 3 万余条，推广博文阅读量超 1 亿人次，荣登微博热门话题榜旅游榜第一，而宣传片和拍摄花絮整体播放量超过 1500 万人次。

2. 重点博文推广效果

乌镇旅游的两条视频博文广告，曝光达到 1210 万次以上，互动数量 5.2 万以上，互动率高达 4.22%，单条互动成本仅 0.22 元，用户观看视频的平均时长长达 13 秒。

3. 乌镇旅游官方微博影响力快速攀升

在推广期间，乌镇全网信息量近 15 万，微博信息量占比 76%，微博是品牌声量的主阵地。在 2017 年 7 月 18 日之后，乌镇旅游官方微博账号的日均浏览量提升为投放前的 2.8 倍；日均阅读量提升为原先的 41 倍。日均新增“粉丝”数是之前的 1.4 倍；账号整体影响力均值由投放前的 316 ，提升至 389.7 ，整体提升了约 23%。

刘若英十年归心乌镇宣传图 3

项目亮点

1. 温情话题开启一场走心的情怀营销

本次传播中紧扣了“刘若英”“乌镇”“十年”等核心概念并提出了“归心”这一温情而又深刻的理念，将整个传播的基调稳定在温情、怀旧的氛围中，赋予乌镇有归属感的形象，提升了受众接受度，提升了乌镇的品牌好感度和美誉度。

2. 多方协作，充分发挥微博平台明星及其相关资源的优势

本次传播中，在恰当有效利用刘若英和乌镇旅游的互动传播的同时，也充分整合了刘若英工作室、似水年华影迷会、刘若英粉丝团等多方面力量，从不同角度吸引关注，充分调动粉丝群体的积极性和关注度，助力本项目的火热传播。

3. 利用微博传播工具充分发挥了微博的裂变传播优势

本次传播在微博媒介的资源投放策略层级分明，有的放矢，前期精准锁定目标客户群体，利用优质内容直击用户兴趣点，从而完成了事件线上热度的快速发酵；后期利用微博推介视频信息流，全力助推新宣传片，完成热点事件的顺利借势，充分有效利用了事件的热度，完成新宣传片曝光推广的目的。先后有序，节奏分明。

亲历者说 肖能权 新浪合作总监

在本项目中，我们积极有效地使用了刘若英的明星资源，通过调动刘若英粉丝后援团，进一步提升了事件的影响力。在明星资源的选择、互动频率和内容涉及上均值得肯定和借鉴。但是，我们在执行过程中也存在着一定的问题，我们将大笔墨书写在了宣传片上，但是没有利用这一话题热度对乌镇的旅游产品进行深度借势推广，对话题热度利用得不够充分。当然这也是鉴于乌镇旅游意在宣传片的推广和品牌形象与理念的传递上，如此考虑的话，也就见仁见智了。

案例点评

点评专家：冼洁灵 晟捷公关创办人及董事总经理、香港公关顾问公司协会主席

乌镇旅游有效地找到了一位既和品牌相关也有情感共鸣的 KOL，以全新的眼光为乌镇做出了展示和宣传。强大的故事叙述是用来创造相关内容的。

更加深入地分析受众，了解乌镇想要吸引的旅游者的年龄层次和类型，这是一件有趣的事情。聘请像刘若英这样的 KOL 很大程度上会引起那些依然记得 2003 年那部电视剧的人的关注，这就让他们产生了怀旧感。这部分受众很可能是以女性和家庭为焦点的，也往往是旅游决策者的目标受众。

新宣传片将刘若英与乌镇当下和未来的旅游产品联系在一起，以这

种方式向游客展示了乌镇并重点强调了实用的度假建议，这对于那些忙碌的想知道在家庭度假时能做些什么的人来说，有很强的吸引力。

仅使用单一传播渠道往往会被认为是一种劣势，然而在这个案例中，由于乌镇旅游与 KOL 和她的粉丝群建立了合作关系，且传播范围足够广泛，足以引起必要的注意。

三个阶段的宣传不仅确保了受众对于内容的期待，也确保了印象的深刻和话题性。每一个阶段都是截然不同的，并不重复。

了解这个公关项目的真正价值，对于乌镇的形象和大家对于此事的讨论是一件很好的事情，或许已经有潜在的驱动因素关联到活动中。

伊利安慕希美食快闪店

执行时间：2017 年 7 月 13 日—2017 年 7 月 16 日

企业名称：内蒙古伊利实业集团股份有限公司

品牌名称：安慕希

获奖情况：金旗奖——2017 最具公众影响力公关活动大奖

项目概述

安慕希作为常温酸奶品牌，历经 4 年的品牌建设历程，服务销售，目前已成为该品类市场占有率第一的位置，在这 4 年中，安慕希以美食作为营销载体，安慕希美食已成为了安慕希品牌的符号，基于终端试饮以及路演活动的基础上，深度活化安慕希美食品牌资产 ，增强消费者安慕希美食定制体验，开拓渠道维度，聚焦大型购物中心，打造安慕希美食体验店，联动明星资源。

项目背景

安慕希美食品牌文化的打造，长达数年之久，期间的摸索、挖掘、沉淀、创造的过程犹如制作一道诱人的美食，“厨师”精选食材烹饪，精雕细琢地打造安慕希美食品牌文化。自上市以来，品牌通过花式试饮、安慕希美食等多种方式已初步形成安慕希与美食的强关联，后续需要持续强化。2014—2016 年安慕希美食文化建设厚积薄发，2017 年安慕希持续打造长线美食概念，线上传播活动落地并形成金字塔式的品牌体验活动布局。

安慕希

安慕希知名度及市场份额得到长足进步。2017 年安慕希通过长线美食等一系列动作提升了品牌高品质、美味的属性认知，巩固了品牌地位。

项目调研

挖掘安慕希核心产品利益点，改变国人对酸奶的认知，酸奶不仅仅是日常营养的补充品，更是一款美味的食材，以“酸奶食材”为核心点展开品牌体验，改变消费者认知，强化饮用场景，增加购买机会。

在前期调研中，企业邀请国内的顶尖美食家、国际米其林厨师对安慕希产品进行研究体验并创造安慕希专属美食，同时，邀请消费者代表进行品尝体验，力证安慕希美食体验店的可行性。

• 项目策划 •

1. 策略

打造安慕希美食学院概念体验店，占领营销制高点，打造网络话题，深度体验展现安慕希产品力。通过品质美食的务实消费者体验、店内品牌视觉艺术价值的展现，让美食店兼具优越体验和分享价值。强化与消费者的深度沟通，通过丰富的美食呈现，触发消费者的自传播，夯实安慕希的品牌资产。在终端试饮以及路演活动的基础上，深度活化安慕希美食品牌资产，增强消费者安慕希美食定制体验，开拓渠道维度，聚焦大型购物中心、商场等渠道 ，打造安慕希美食体验店，邀请明星站台，吸引消费者对体验店关注。

2. 受众

18~45 岁目标消费人群。

3. 传播内容

全国首家“安慕希美食学院”在上海陆家嘴重磅开业。安慕希为消费者提供的极致浓醇的美味体验之旅，得到了许多消费者以及明星的大力支持。

4. 媒介策略

（1）垂直媒体专业视角解读（美食之家、中国美食网、美食天下等）。

（2）权威媒体体现行业占位品质背书（社区论坛美食圈测评散播、下厨房、《美食堂》等）。

（3）大众媒体直击曝光报道（优酷、爱奇艺、新浪、搜狐、网易、区域都市平面、区域电波媒体）。

（4）新媒体快速精准导向目标群体（美食社区微信 KOL、美食社区微博 KOL、直播通道）。

• 项目执行 •

（1）安慕希美食体验。以安慕希产品为核心，延展特殊主题形式的消费者体验，丰富现场体验内容。同时强化新品曝光，扩大新品上市声势。

安慕希美食学院

（2）宣传美食店视觉艺术价值。延续希腊酸奶品牌定位，以爱琴海风格为基调，打造安慕希风情体验店，如墙面漆成安慕希蓝，在墙顶喷制立体浓郁奶滴元素等。配合数字营销组落地“安慕希美食学院”+概念料理、食谱（实物及传单）+延续性道具（餐具/模型）。

（3）消费者互动传播。结合同期品牌传播内容以及《奔跑吧》等栏目资源，进行传播方案设计，引发消费者自传播。

（4）明星一日店长。代言人迪丽热巴出席活动，为消费者派发品质料理，揭秘迪丽热巴同款“生日料理”。具象化美食落地，利用消费者排队事件制造“网红”店话题。

（5）店内互动体验。店内聘请高颜值外籍男厨师管家，放置安慕希酸奶蜡像，设置产品力微观艺术展。

（6）消费者自传播环节设置。结合线上传播内容以及现场互动体验，在现场设计消费者自传播环节，引导消费者拍照、朋友圈分享等自传播，扩大活动影响力，将品牌传播效果最大化。

• 项目评估 •

1. 效果综述

“安慕希美食学院”的重磅开店，是安慕希在夯实产品品质的基础上进行的一次创新营销，标志着安慕希为消费者呈现的美味享受实现了从“常温酸奶”到“安慕希美食”的立体化转变，在迎合消费者喜好的同时体现了安慕希的核心价值。

2. 现场效果

“安慕希美食学院”整体围绕“看”“学”“玩”“做”“尝”展开体验，开店当天，店内人气爆棚，很快受众就排起了长龙。5 天消费者体验参与人数接近 2 万人次。现场参与美食 DIY（自己动手做）部分人数达到 15600 余人次，美食派发数量超过 3 万。

线上预热告知（官方微信、微博、KOL）整体访问量超 10 万人次。

现场直播在线观看人数峰值近 400 万，累计观看量超 4200 万人次。通过直播自带流量，再次将品牌进行全面展示，同时，通过美食快闪体验店将品牌与美食结合，迅速提升安慕希品牌热度。

借力明星效应，充分利用明星带来的“粉丝”经济效益，明星预热微博访问量达几百万，自带流量引爆话题传播，配合线下明星店长话题事件，为活动造势曝光。

• 项目亮点 •

1. 高品质体验

纵观此次活动的体验流程，每一个细节都体现着高品质的魅力。曼妙的音乐、流转的灯光、精致的安慕希美食，受众既能看到安慕希每一款产品的发展历程，也可以欣赏高颜值异国大厨在美食秀中精彩纷呈的料理手法，和安慕希亲密接触。

2. 跨界联手

安慕希和 BON CAKE（烘培品牌）跨界合作打造的三款“安慕希小镇”主题造型蛋糕吸睛无数，凭借超高颜值、绝妙口感深受受众喜爱。

亲历者说 **朱旭峰　北京汉诺睿雅公关顾问有限公司项目总监**

在安慕希的品牌塑造推广中我们遇到过很多的障碍与瓶颈，但每次我们的付出和努力都得到了回报。尤其是本项目从前期的头脑风暴、策划、创意，到后期的修改、选址、物料制作、搭建、整体运营，前后服务这个项目的成员超过了 200 人。针对材料的使用、消费者体验动线、安慕希美食研发、现场美食的摆盘、位置等，团队都精心设计与执行。一次成功的营销不仅仅是通过媒介铺天盖地的传播进行宣传，更需要落到实处，针对现场的点点滴滴真正做到品质化，使消费者能够感受到、品尝到安慕希的美味，同时加入能够刺激消费者自愿分享传播的点（高颜值，高品质），真正激发消费者发生自传播行为。能够使消费者真正自发参与、体验、认知安慕希品牌，才是本项目最大的成功。

案例点评

点评专家：陈小桃　海南大学政治与公共管理学院公共关系学系系主任、教授

安慕希品牌已经在市场上具有较高知名度，因此，本次公关活动的目的不是常规的推广品牌知名度，而是扩大品牌关注度、忠诚度并引发消费者的持续消费，深度挖掘目标受众资源，最终目标是提升品牌的销售量。大型公共关系活动要取得成功，最重要的是知晓公众心理，了解公众需求，寻找一个品牌与公众需求的契合点，使得公众能够从个体需求的角度连接品牌，达成品牌需求的目标。

该案例成功之处有以下三个方面。

(1)发现公众的需求从而达成品牌需求。通过设立“安慕希美食学院”美食快闪店的方式为消费者提供真实的产品体验，消费者通过对已知产品的良好体验进一步扩大对产品需求，进而也达成了品牌目标。

(2)提出品牌持续需求的新概念。“酸奶食材”时尚食材理念的提出，使得安慕希不单单是饮品，还可以成为食材。从饮品到美食，很好地挖掘了产品核心利益点，提升了消费者对品牌认知的发展点。

(3)时尚互动形式增强公众参与度。明星一日店长、“网红”店话题、高颜值外籍男厨师管家、安慕希酸奶蜡像、产品力微观艺术展等“00后”“90后”认同感极强的互动形式，大大增强了消费者参与本次活动的积极性，消费者自传播环节的设置，很好地利用了消费者自媒体，扩大了活动影响力。

伊利品牌—大众冰雪季

执行时间： 2016 年 12 月 16 日—2016 年 12 月 31 日

企业名称： 内蒙古伊利实业集团股份有限公司

品牌名称： 伊利

获奖情况： 金旗奖——2017 最具公众影响力公关活动大奖

项目概述

借助冬季中心资源，整合各个事业部力量，打造一场让受众有共鸣、有参与意愿的冬季活力营销。将活力“转场”到雪地里，结合“伊利冰雪大趴”的信息流与 H5 推广及线下活动，以“冰雪之上　活力开趴”为话题，进行有层次、多方位、全渠道的立体式传播。

伊利品牌－大众冰雪季公关传播项目 1

项目背景

国家大力提倡冬季运动，国家体育总局冬季运动中心顺势组织开展“全国大众冰雪季”项目。为强化伊利的奥运合作伙伴身份，关联冬季奥运会，伊利成为此次活动的赞助商。将冰雪、活力、伊利进行强势关联，实现各事业部线上、线下资源整合，扩大活力营销的覆盖面。

项目调研

2008 年北京奥运会、2012 年伦敦奥运会、2014 年索契冬季奥运会，伊利都在持续跟进奥运营销，已或多或少建立起了伊利与奥运会的关联，但在消费者印记中，伊利与奥运会的关联形象并未明显强于竞品。为持续拉近与奥运会的关系，针对 2022 年冬季奥运会，让消费者感受到伊利与奥运会的强关联，伊利策划了此次大众冰雪季项目。

项目策划

1. 诉求与目标

伊利全力支持国家体育总局冬季运动中心开展大众冰雪季活动，带动 3 亿人上冰雪，释放活力。

2. 传播创意与媒介策略

“冰雪之上　活力开趴”多平台联动，打造全民关注、全民参与的“冰雪派对”。

2016 年 12 月 16 日，大众冰雪季开幕式，伊利全媒体发声力挺。以视频为核心，利用明星、KOL、伊利产品地推等多种媒介形式，向全民发出“伊利请您到冰雪之上释放活力”的邀请。

2016 年 12 月 24 日，全民冰雪“开趴”，打造伊利活力专场。以线下活动

伊利品牌－大众冰雪季公关传播项目 2

为核心，利用明星微博、直播平台合作的方式，实现大量曝光，营造全民响应号召、传递冰雪活力的欢乐氛围。

项目执行

1. 第一阶段：制造话题，打造舆论焦点

时间：2016 年 12 月 16 日—2016 年 12 月 23 日

平台：社交媒体

内容：线上为 # 冰雪之上　活力开趴 # 话题造势，引起网友互动，晒出玩冰雪的照片。活动视频上线，通过视频传递冰雪之上的欢乐。朋友圈招募 H5 上线，邀请受众上传照片，制作“专属雪地撒野许可证”，预约报名。

2. 第二阶段：活力引爆，活力开趴

时间：2016 年 12 月 24 日—2016 年 12 月 31 日

平台：社交媒体

内容：线上宁泽涛直播与网友互动，一同分享冬日运动的感受，把活力传达给每一个人。线下宁泽涛与 30 位消费者一同体验冬日运动乐趣。

宁泽涛参与活动

项目评估

此次传播总覆盖人数约 4 亿人次，影响人数约 1.7 亿人次。在精准洞察目标受众需求的基础上，制造 # 冰雪之上　活力开趴 # 走心话题，用通俗易懂的传播方式和内容与受众沟通，让受众在冰雪中释放快乐因子，把专业的冰雪运动演变成一场快乐的派对。让本身带有寒冷、枯燥乏味属性的冬天变得欢乐与充满活力，使受众产生共鸣，激发大家走出家门享受冬日魅力，迎合了伊利的品牌主张。

项目亮点

线上直播与线下活动同步执行，完成了两次传播。先是线下通过活动营造品牌“活力”的主题，进行传播；随后在线上直播与网友互动完成二次传播。与原来单纯的活动进行了区分，为其他品牌的二次传播做出了示范。

亲历者说　兰天　西藏意活文化传媒有限公司客户主任

此次传播是线上与线下同步进行，身为男生，我被放到了线下进行现场把控，全程参与物料制作、活动内容设计及最后的活动高潮。这是迄今为止，我

做过的最大型的线下活动，着实是涨了不少见识，对线下活动也有了更清晰的认识。最关键的是在活动中，确有许多人受到感染，走出家门，感受到了运动的乐趣。

案例点评

点评专家：杨智予　凤凰数字科技副总裁

作为国内乳业品牌的领跑者，伊利在大型公关活动中整合资源的能力总能让人印象深刻。本次大众冰雪季活动最大的挑战在于如何让冰雪运动这样的非主流运动成为目标消费者关注的焦点并利用各种资源让本次活动不断发酵，最终演变成一场充满公关点的品牌派对。

面对这样的挑战，伊利采用了两个比较有效的策略。作为奥运会的合作伙伴，伊利并没有生硬地讲述冰雪运动的专业性，反而推出了“约趴”这样一个沟通主题，拉低了大众参与冰雪运动的心理门槛。同时利用宁泽涛的人气，进一步拉动了消费者和媒体的关注度和参与热情，这就为活动的传播提供了足够的想象空间。

在该项目的案例阐述中，笔者对活动二次传播表现形式上的展示比较草率，而这部分其实应该是本案例最出彩的部分，比如伊利携宁泽涛和其他十一位代言人联袂献出冰雪活力的态度海报，呼吁大众到冰雪上活力“开趴”；伊利联合中国滑雪协会推出青少年雪上活力训练营，这些并未在案例中进行体现，有些可惜。

不过作为一家传统企业，伊利在每一次营销中勇于打破常规的精神值得鼓励，无论是在代言人资源的使用方式上，还是与消费者进行沟通的营销场景选择上，本项目都做出了自己的特色。

2017 最具公众影响力内容营销大奖

Run for Her 全国乳腺癌宣教

执行时间： 2016 年 5 月—2017 年 6 月

企业名称： 上海罗氏制药有限公司

品牌名称： 罗氏制药

获奖情况： 金旗奖——2017 最具公众影响力内容营销大奖

项目概述

Run for Her 悦享健康项目是上海罗氏制药有限公司（简称：罗氏制药）与中国抗癌协会、北京爱谱癌症患者关爱基金会联合发起的全国乳腺癌宣教项目，自 2016 年 5 月在北京居庸关长城启动后，在全国 50 余座城市通过健步走的方式引发社会对乳腺癌关注，其间通过公益视频传播，呼吁女性定期进行乳腺健康检测。2017 年 Run for Her 项目又在鸟巢启动了全国乳腺癌抗癌明星评选活动。

项目背景

据统计，近年来我国乳腺癌发病率正在以每年 3% 的速度递增，乳腺癌正在逐渐成为中国女性的头号杀手。但女性对乳腺癌及乳腺健康的科学认知仍有较大的差距；作为抗击乳腺癌的行业领导者，罗氏制药希望与癌症康复组织一起努力，提升全社会尤其是女性对乳腺健康的重视程度，提高患者乳腺癌标准化治疗的意识，增强患者及其家庭抗击乳腺癌的信心。

项目调研

1. 主办方自身能力

作为抗击乳腺癌的领导者，罗氏制药深耕乳腺癌领域，在乳腺癌规范化治疗方面积累了丰富的经验并且与包括医生、患者组织、协会在内的乳腺癌社区建立了深厚联系。作为有着强烈社会责任感的创新驱动型企业，罗氏制药一直致力于满足患者的未尽之需。

中国抗癌协会康复会是我国最大的癌症患者组织，其可以撬动联系并动员遍布全国的 100 多个地方抗癌组织，有着强有力的组织优势，且一直致力于推动公众对癌症疾病的认知提升。

2. 公众对健康尤其是癌症防治的重视程度在不断提高

一方面，据统计，我国女性对乳腺癌的正确知识了解不够；另一方面，随着经济生活水平的提升，广大公众对疾病尤其是癌症的防治意识不断提升，迫切希望获得科学、可信的疾病防治知识。

Run for Her 全国乳腺癌宣教 1

3. 乳腺癌的特点

乳腺癌越早诊断、越早治疗预后越好。以 HER2 阳性乳腺癌为例，根据国际大型临床试验，早期 HER2 阳性乳腺癌经过一年标准化治疗，10 年生存率高达 80% 以上，基本可以达到临床治愈。但目前我国很多女性因为没有及时接受乳腺癌检查，确诊时已经进入晚期。因此，普及乳腺健康定期检查对于广大女性健康具有现实意义。

随着乳腺癌治疗进入精准治疗时代，标准化治疗对乳腺癌患者至关重要。目前，我国靶向治疗有巨大的提升空间。

4. 宣传教育传播方式

移动互联的广泛渗透，给疾病认知教育带来前所未有的机会。利用移动互联技术和社交媒体平台，可以有效地对公众和患者进行乳腺癌相关知识的宣传教育。

项目策划

1. 项目目标

呼吁社会关注女性乳腺健康，尤其是 35 岁以上的女性定期进行科学的乳腺健康检测。对乳腺癌患者及其家庭进行规范化治疗的宣传教育，坚定患者、家庭以及社会抗击乳腺癌的信心。

2. 项目策略

（1）罗氏制药与中国抗癌协会建立乳腺癌公众宣教的战略合作关系。

（2）罗氏制药支持中国抗癌协会搭建线上乳腺癌患者社区。

（3）中国抗癌协会利用自己的组织优势，团结全国顶级乳腺癌专家资源。

（4）乳腺癌专家通过各种创新方式，对患者展开标准化治疗教育。

（5）通过各种传统媒体、社交媒体，利用各种传播手段进行乳腺健康早检测、早治疗的教育。

（6）通过讲述患者抗击乳腺癌的故事以及评选抗癌明星活动，向社会传递抗击乳腺癌的信心。

（7）增加公众对罗氏制药抗击乳腺癌工作的了解。

3. 项目受众

主要目标受众：公众尤其是 35 岁以上的女性。

第二目标受众：乳腺癌患者。

4. 媒介策略

充分利用传统媒体、社交媒体扩大活动影响力，以参与互动、浸入式体验提高目标受众的认可度，进行效果评估跟踪，确保影响最大化。

利用大型线下活动，吸引广大患者团体、社会公众以及媒体直接参与。利用移动互联技术，搭建乳腺健康、乳腺癌康复在线交流、互动社区。利用大众媒体的二次传播，扩大活动影响力，向目标受众传达核心信息。生产创意内容，利用社交媒体传播提升疾病认知，直接吸引目标受众进入乳腺健康在线平台。利用 H5 进行在线调研，搜集公众对活动的反馈，进行活动影响力评估。

项目执行

1. 2016 年 Run for Her 活动

（1）第一阶段重点活动。2016 年 5 月 6 日，Run for Her 全国乳腺癌疾病宣教活动于母亲节前夕在北京居庸关长城正式启动，同时启动了乳腺健康在线社区“悦享健康”。包括癌症康复者、医护人员、社会志愿者、媒体在内的 500 余人参加了启动仪式，利用 H5 在各个烽火台与游客进行互动，传播乳腺健康的核心知识，当天约有 2000 名游客直接通过在线平台参与其中。活动吸引媒体产出各种报道 102 篇，覆盖人群超 1.45 亿人。

（2）第二阶段重点活动。在西安一尊女性雕塑周边设置红外感应仪，一旦有人触摸雕塑胸部，红外感应仪就会触发，向周围 5 米的手机发送注意乳腺健康自查的彩信。将人们的反应拍摄下来制成一个视频，用于社交媒体传播。

（3）第三阶段重点活动。在 10 月全国乳腺癌关爱月到来之际，在全国几十个城市发动 5 万余名患者组织进行“同一天一起行”活动，吸引了数百家媒体报道，在社交媒体上引起广泛反响。

2. 2017 年 Run For Her 活动

2017 年 Run for Her 活动主要核心信息依然是以呼吁全社会关注乳腺健康、对乳腺癌进行早检测、早治疗展开的，整体活动围绕全国乳腺癌抗癌明星展开。

（1）第一阶段重点活动。2017 年 3 月到 2017 年 6 月，在现有乳腺健康在线社区“悦享健康”平台基础上，开发其微信版本，同时搭载了全国乳腺癌抗癌明星报名参与、故事展示以及投票等功能。2017 年 6 月 25 日，2017 年 Run for Her 活动暨全国乳腺癌抗癌明星评选活动在北京鸟巢举行，包括乳腺癌康复者、医护人员、社会志愿者以及全国 50 多家媒体记者在内的各方人士参与其中。

（2）第二阶段重点活动。继续结合 2017 年“同一天一起行”全国乳腺癌健步走活动，扩大活动参与度。

（3）第三阶段重点活动。2017 年 12 月 9 日，全国乳腺癌抗癌明星颁奖晚会在全国政协礼堂隆重举行，1000 余位癌症康复者、医务人员、社会公益人士、媒体参加活动。

项目评估

1. 2016 年 Run for Her 活动

（1）活动吸引了超过 5 万名乳腺癌康复者的直接参与，共计吸引原创媒体报道 446 篇，转载媒体报道千余篇，覆盖受众人群 3.4 亿。

（2）公益创意视频点击量突破 500 万次，两篇微信自媒体阅读量突破 10 万次，获得中国长城广告奖创意金奖。

（3）活动前后分别利用微信平台进行了两轮公众对乳腺健康以及乳腺癌规范化治疗的认知调研。公众对乳腺癌的总体认知提升了 9%，对乳腺癌分类以及标准化治疗了解提升了 10%，对早期乳腺癌可以治愈的信心上升了 10%，对乳腺癌高危人群的认知提升了 6%。公众对罗氏制药在抗击乳腺癌中的认知也提高了 12%。

Run for Her 全国乳腺癌宣教 2

Run for Her 全国乳腺癌宣教 3

2. 2017 年 Run for Her 活动

（1）2017 年 Run for Her 活动举行顺利，除了在北京鸟巢举行启动活动外，还在广州、济南、上海等地举行了乳腺癌抗癌明星路演活动。第一阶段活动吸引了 141 篇全国各地媒体报道，覆盖人群约 5813 万。

（2）在线抗癌明星评选平台累计获得点击量 500 多万人次，累计点赞投票量超 150 万，收集到全国各地抗癌明星评选案例近千个。

● 项目亮点 ●

Run for Her 活动自 2016 年启动，已经成为全国乳腺癌社区的品牌项目。活动创新尝试利用线上、线下相结合的模式开展疾病认知宣教，吸引到了广大媒体和公众的关注。活动期间，利用沉浸式体验增强了患者社区与媒体的参与感，尝试利用热门话题制作视频，扩大了公众对乳腺健康的关注，在全国范围内取得了巨大的成功。

亲历者说 隆伟利 上海罗氏制药传播部副总裁

乳腺癌在我国是一种常见疾病，但是根据前期的文献检索以及我们的调研，我们发现，与乳腺癌的发病率相比，我国公众，尤其是乳腺癌高危人群——35~55 岁的女性，对乳腺癌的认知却仍然有较大的差距。随着科技的发展，即便是过去最凶险的乳腺癌，只要发现及时，经过一年规范化治疗，10 年生存率可以超过 80%，而由于认知的盲点和误区，我国很多乳腺癌患者在确诊时已经是晚期，错过了最佳治疗时期。作为抗击乳腺癌领域的领导者，罗氏制药与中国抗癌协会一起发起 Run for Her 全国乳腺癌公众宣教项目，希望通过我们的努力，普及乳腺癌早检测、早治疗的理念，更希望呼吁全社会关注女性乳腺健康，各方携手共同抗击乳腺癌。

案例点评

点评专家：叶钰　吾铭（北京）国际品牌管理顾问有限公司董事长

罗氏制药“Run for Her 中国乳腺癌宣教项目”是一个非常积极、充满正能量的内容营销案例。该项目主题清晰，在策划上，罗氏制药不但精准地捕捉到了目标人群，更重要的是引起了目标人群及家属高度关注并产生了共鸣，非常巧妙地对乳腺癌患者及其家庭进行规范化治疗的宣传教育，更坚定了患者、家庭以及社会抗击乳腺癌的信心，积极引导健康生活方式，与此同时，亦提升了罗氏制药企业的社会责任形象。

“Run for Her 中国乳腺癌宣教项目”的亮点较为突出。①罗氏制药在充分了解目标受众的理性诉求及感性诉求前提下，与全国权威组织合作，让其为项目背书，选用地标性建筑长城作为线下活动启动地点，在鸟巢评选了抗癌明星，在政协礼堂进行了最终颁奖活动，系列创意均增加了活动的识别度和差异化；②在内容传播上，利用当下热门健康走形式，增强病患及家属参与感，激励参与者分享康复故事，利用视频及高效运用社交平台，刺激了二次传播；③在项目后续期，罗氏制药制作了效果评估反馈 H5 内容，与受众加强互动，真正实现了项目落地有声，同时凸显了罗氏制药负责任的企业形象及其社会价值，值得推广和借鉴。

美赞臣蓝臻“母乳臻爱堂”内容营销

执行时间：2016—2017 年

企业名称：美赞臣营养品（中国）有限公司（简称：美赞臣）

品牌名称：蓝臻

获奖情况：金旗奖——2017 最具公众影响力内容营销大奖

项目概述

美赞臣作为中国奶粉市场的巨头之一，2016 年推出了高端新品——蓝臻，此次，美赞臣选择宝宝树为产品上市推广的主打平台。宝宝树深度洞察目标群体，以母乳喂养展开持续的内容整合营销。

经过运营，美赞臣蓝臻的知名度已经可以比肩上市几年的美赞臣亲舒。通过捆绑母乳喂养进行内容营销传播，美赞臣将品牌联想逐渐渗透到用户认知中。通过宝宝树全平台资源的整合，美赞臣完成了产品在宝宝树的社会化营销闭环的搭建。

项目背景

1. 品牌及产品背景

美赞臣 1905 年成立于美国。一个多世纪以来，美赞臣一直全心全意致力于为全球婴幼儿提供科学营养，帮助宝宝健康成长。美赞臣于 2016 年推出全新高端产品——蓝臻。

2. 行业发展背景

婴幼儿配方奶粉市场规模正在随着渠道渗透和消费升级而不断攀升，海量市场规模造就了奶粉行业激烈的品牌竞争，国际知名的外资奶粉品牌纷纷深耕中国市场，跨境电商的海淘新政也在一定程度上冲击着国内市场，在这样的市场环境下，新品奶粉要引爆市场，营销投入巨大。

3. 面临的营销困境及挑战

"85 后""90 后"的新生代妈妈成为市场主力，她们善于搜集各种产品信息进行比较，熟练地自动屏蔽来自品牌方的"说教"。精准找到与目标妈妈们沟通的切入点并展开有效的深度沟通带动消费转化，是美赞臣蓝臻推广过程中的最大挑战。

项目调研

（1）奶粉消费是阶段性刚需，不断产生新消费者，也不断流失老消费者，品牌营销需要紧抓源头用户。与此同时，从孕期到宝宝 1 岁，妈妈对奶粉的关注与认知也是一个持续变化的过程，但伴随宝宝的成长发育，妈妈对奶粉关注的重点各有侧重。

（2）98% 的妈妈在怀孕之后才开始关注奶粉品牌，而近 66% 的妈妈在孕晚期（怀孕 8~10 个月）到婴 1 月才购买第一罐奶粉。相较于其他快消品类，奶粉消费者呈现出超级理性的消费心理，形成深度卷入的消费行为。孕期是品牌与妈妈深度沟通的窗口期。

（3）母婴人群的四大基本需求是学习、交流、记录和消费，在源头用户的刚需学习上发力，有助于集中抓取源头用户；妈妈获取"知识"的途径主要来源于口碑，包括专家、育儿达人的推荐与普通用户的真实体验。

项目策划

1. 项目目标

与母婴家庭消费平台——宝宝树合作，直面 2 亿中国妈妈引爆美赞臣蓝臻新品。

（1）打造蓝臻品牌形象，建立品牌产品知名度。

（2）产品核心利益点传递，渗透消费者教育。

（3）消费转化，刺激电商平台购买。

2. 项目策略

（1）捆绑母乳，建立品牌认知。母乳喂养已经成为公认的科学喂养方式。紧扣美赞臣蓝臻配方，通过强调“初乳含量的乳铁蛋白”为宝宝带来“天生抵抗力”的营销卖点，将蓝臻与母乳关联起来进行公益内容传播，植入蓝臻产品，建立并强化品牌联想。

（2）IP 打造，生动传递产品主张。打造美赞臣蓝臻品牌 IP——Professor 蓝，主张“科学育儿少坑娃”，与用户贴近沟通，演绎品牌形象。

（3）分龄沟通，结合不同阶段的用户痛点进行精细化传播。母乳喂养的不同阶段，妈妈的关注点和知识获取方向各不相同，千人一面的内容并不能满足妈妈的需求。结合“怀孕”“哺乳”“断奶”三个时期母乳喂养的要点输出细化内容，作为与目标消费者沟通的切入口；建立消费场景，渗透蓝臻的产品认知。

（4）口碑营销，在宝宝树平台打通社会化营销闭环。妈妈在母婴平台主要有学习、交流、记录和消费四大基本需求，口碑既是交流的内容，同时也是消费决策的依据。打通宝宝树平台，完成“口碑源发—电商引流—体验分享”的社会化营销闭环。

3. 受众

（1）孕妇，利用窗口期前置拦截目标消费者。

（2）0~6 个月宝宝妈妈，结合开奶哺乳，定向 1 段奶粉产品。

（3）6~12 个月宝宝妈妈，结合转奶，定向 2 段奶粉产品。

（4）12 个月以上宝宝妈妈，结合断奶，定向 3 段奶粉产品。

4. 传播内容

（1）建立“母乳百科”，提供“怀孕”“哺乳”“断奶”三个时期的母乳喂养实用指导手册，引流用户。

（2）打造由专家、媒体主编、KOL、普通用户构建而成的口碑内容体系，深度演绎、阐释蓝臻产品利益点，做到（宝宝树站内）搜索可得、内容可用。

（3）通过高频丰富的内容互动，持续扩散蓝臻品牌产品。

5. 媒介策略

（1）启用宝宝树大数据工具，锁定潜在用户，进行定向培育与转化。

通过“人口统计学及属性”“社区话题与偏好”“购物兴趣与属性”“社区活跃度”四大维度完成用户画像，精准找到潜在用户，跟踪推进与用户所在育龄阶段相匹配的相应品牌/产品信息，不断提升用户的消费意向，完成产品口碑营销闭环。

① 针对潜在用户：强势品牌曝光与基础产品教育，让用户了解品牌，建立初步的产品印象。

② 针对有望用户：持续品牌曝光与深度产品教育，让用户加深产品认知，产生消费联想。

③ 针对意向用户：通过试用与促销活动激励消费购买。

④ 针对购买用户：通过刺激分享与复购提醒，完成口碑营销闭环。

（2）泛娱乐的内容表达与互动形式。

根据宝宝树发布的《2016 年度中国家庭孕育白皮书》显示：目前“85 后”“90 后”的妈妈们为主流，她们更喜欢新颖趣味的传播内容，其中 63% 的人喜欢视频类内容，72% 的人喜欢图片类内容。短视频、漫画等多种传播手段组合使用，可增强信息传播的到达率与接受度。

项目执行

1. 活动主题

37° 母爱不断——美赞臣母乳臻爱课堂。

2. 项目推进

（1）启动——母乳百科上线。

① PC 与 WAP（天线应用通讯协议）专题双端上线，聚合带有公益性质的母乳喂养专业指导内容，强势提示蓝臻“接近母乳”。

臻爱母乳专家课堂：邀请专家分别针对“孕妈”“哺乳”“断奶”三个阶段，提供实用的母乳手册；拍摄 3 条短视频《催乳的方法》《初乳是给宝宝最好的礼物》《断奶的方法和营养延续》，给妈妈进行场景化的生动指导。

臻爱母乳交流汇：邀请儿童营养专家在线坐诊，解答妈妈留言提出的关于母乳喂养的各种问题。

②选定关键词：如“混合喂养”“喂奶”“断奶”“抵抗力”“孕晚期”，当用户搜索相应关键词时，搜索结果第一条为母乳百科内容专题链接，使传播更加精准。

（2）加热——母乳喂养那些事，你都知道了吗？

① 分别针对“孕晚期”“哺乳期”“断奶期”妈妈开展互动话题，请不同妈妈分享、讨论自己关于母乳喂养的烦恼、绝招、故事。引导妈妈们认知蓝臻品牌。

② 锁定参与、关注活动的妈妈，持续推进蓝臻产品相关信息，如试用、促销等，提升购买意向。

（3）高潮——母乳喂养 36 技。

①总结前期活动中妈妈们重点关心的问题，做核心痛点沟通。以 H5 的形式进行集中发布，“刷爆”妈妈们的朋友圈。

②把握活动期间超高关注量，进行试用、促销活动，持续进行消费转化。

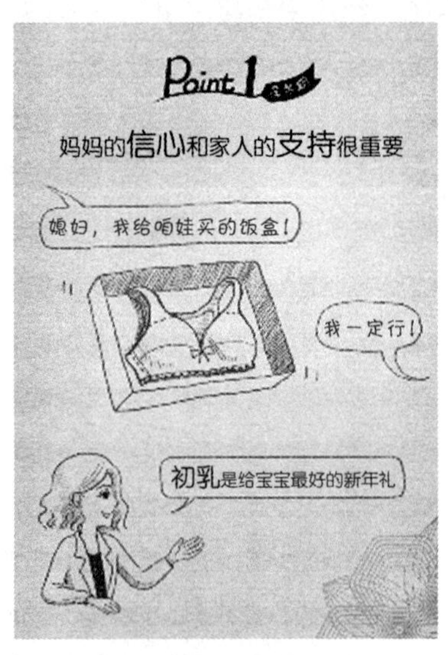

美赞臣蓝臻 H5

（4）长尾——Profess 蓝的网蓝头条。

强势推出 Profess 蓝的 IP 形象，以专家身份定期开设网蓝头条专栏，以新闻头条的形式强势曝光。持续与用户沟通，保持美赞臣蓝臻的关注热度。

网蓝头条

项目评估

（1）以全面权威知识性内容吸引孕晚期、哺乳期、断奶期用户浏览，通过近一年母乳专区有效运营，提升用户认知度。

（2）提升品牌站内声量，搜索乳铁蛋白等，首页均有蓝臻相关内容，乳铁蛋白首屏率 100%。

（3）创新漫画版母乳手册，将枯燥知识活泼化，提升母乳专区曝光度，以漫画形式内容刺激二次传播，在短时间内有效扩大内容触及面。

（4）建立美赞臣专家团账号，配合美赞臣妈妈学堂账号，通过解答育儿问题与用户形成互动，与用户建立紧密联系。

（5）在宝宝树平台上，活动带来的蓝臻新客转化占美赞臣新客的 10%，其中有近 10% 的消费者有复购行为。

● 项目亮点 ●

（1）捆绑母乳喂养，嫁接知识，渗透产品核心利益点——“初乳水平的乳铁蛋白带来宝宝天然抵抗力”，建立消费联想。

（2）带有公益性质的知识专题，辅以视频、漫画、H5 等多元形式的产出，产出丰富的品牌内容，使其更容易被目标用户接受。

（3）打造品牌 IP 形象 Professor 蓝，持续与用户互动沟通，对消费者进行生动的品牌产品教育，强化美赞臣蓝臻的专业形象。

（4）打通宝宝树平台通路，构建由专家、媒体主编、KOL、普通用户系统输出的口碑内容，配合品牌教育及促销信息，通过宝宝树大数据营销工具（Babytree Matrix™）定向推送给目标受众，逐步提升其消费意向，促成购买行为。

亲历者说 周小榆　宝宝树资深顾问

奶粉从来不单是宝宝的口粮，它更承载了妈妈对宝宝的关爱与期待。作为宝宝树的员工，我们深刻理解妈妈们，因此这一次我们不只是单纯传播产品，而是要借此次传播行动，向妈妈们提供更多有用有价值的养娃知识，帮助品牌与妈妈共同度过宝宝的“初生 1000 天”。

对于我们而言，内容是命题作文，也是初衷与目的。围绕母乳喂养，结合宝宝树的精准系统，我们展开了与妈妈们全方位的花式互动。在内容上，我们组织了全国知名的专家、母婴达人资源，将母乳喂养知识与方法深入浅出地多角度完整呈现；在表达上，我们不断推陈出新，这其中既有我们擅长的传统互动沟通，也充分运用结合了时下受欢迎的 H5、IP 的互动形式。小伙伴们共同努力，让母乳喂养的知识与方法深入人心，在这个过程中，成功渗透了美赞臣蓝臻品牌，建立了妈妈们对蓝臻的品牌认知。

从此次传播行动的结果来看，这是一场真正实现了三赢的品牌传播行动。对于美赞臣蓝臻而言，它一战成名，稳稳占据了高端奶粉品牌的一席之地，同

时将产品核心利益点广泛渗透传播，获得了客户的高度满意与一致赞赏。对于妈妈们而言，她们能够简单有效地获得权威并实用的母乳喂养知识，解决了新手妈妈的喂养焦虑问题。对于宝宝树而言，充分践行了宝宝树的使命——让全中国的年轻父母在分享和交流中，培养健康、友爱、智慧、勇敢的下一代。

案例点评

点评专家：魏家东　东狮品牌咨询 CEO、《借势》作者

这个案例的核心在于品牌方对用户的洞察，从了解母婴人群学习、交流、记录、消费的基本需求上切入，结合奶粉产品消费场景、时机，提出品牌诉求，不仅将品牌很好地植入其中，同时也正确地传达了育儿知识理念，在知识经济火爆的时机下，品牌与垂直母婴平台联合育儿意见领袖进行知识内容营销，找到对“学习”有需求的年轻妈妈们，这些潜在用户通过意见领袖及相关公益内容的影响自然形成转化。

本案例有三个特点值得借鉴参考。

第一，垂直细分化。像宝宝树就是与品牌潜在用户群离得较近的平台，这已然不是趋势，而是在纷杂的媒介选择中，细分化的人群会长时间活跃在自己现阶段的兴趣、生活、必要需求的社交平台中。

第二，意见领袖化。不同领域不同地域都存在着意见领袖，而这些意见领袖的观点和内容输出会影响其“粉丝”的喜好判断，所以借势意见领袖，将意见领袖“粉丝”转化为品牌“粉丝”是渗透行业并对品牌背书的优选策略。

第三，营销知识化。当下许多人都在知识焦虑中，所以各种知识“网红”不断传递知识，而母婴行业天然就是这样的过程，一位新手妈妈需要从不同渠道获取孕产育儿知识，这是必经的阶段，所以将产品促销前置，采用知识普及的方式是一个不错的选择。

这个案例不难理解，且具有品效合一的显著特征，以垂直细分化、意见领袖化、营销知识化的特点呈现。在单品营销上，我们想清楚、讲清楚、做清楚。谁来引爆？用什么引爆？什么人参与？为什么参与？在哪里参与？参与后获得什么？这一系列问题的解决实施过程形成了这个闭环案例。从知识到产品销售，一气呵成。

“青春不止北上广”话题事件营销

执行时间：2017 年 7 月

企业名称：江铃汽车股份有限公司

品牌名称：驭胜

获奖情况：金旗奖——2017 最具公众影响力内容营销大奖

项目概述

依托新媒体平台全力打造“青春不止北上广”话题，引导网友形成 UGC 圈地。为了更好引导出“青春不止北上广”这样一个极具社会议题的话题，巧妙地以一封信作为与受众嫁接情感的输出方式。而为了引发更多在小城市或大城市打拼的青年的共鸣，主人公人设为自主创业者。后期传播上透过网易核心媒体深挖，有效将话题与驭胜 S330 产品做了强关联。将品牌产品有效贴合及露出，强化品牌产品“青春梦想座驾”的传输理念。

项目背景

基于“逃离北上广”话题在网络上被热议的背景，驭胜给出一个更具热点 IP 特性的营销命题“青春不止北上广”。无论在北上广追梦，还是在小城市打拼，每段青春都值得被歌颂。

驭胜 S330 以严苛造车工艺及“年轻化”的设计理念，捕获年轻受众的心，在致力于为消费者提供高质、活力的可靠产品的同时，亦主张“我就这 Young”的青春品牌价值观，与此次“青春不止北上广”命题不谋而合。

项目调研

如何激活网友主动参与到“青春不止北上广”内容讨论中，成为本次项目核心首要解决的问题。基于该话题属性自带流量、易产生共鸣感的特点，驭胜将传播的首要阵地放在新媒体渠道。同时与网易新闻深度合作，深度探索相关命题。

本次项目前期阶段以“第三方”口吻抛出话题，透过网易及其他核心媒体平台将内容话题与品牌产品驭胜 S330 有效捆绑。在话题发酵成功之际，官方继而借势为驭胜 S330“青春梦想座驾”定位做内容背书。

项目策划

1. 目标

打造强化内容的独特性、趣味性和互动性，集中资源打透权威媒体和核心意见领袖，实现行业占高位、品牌立形象、产品强实力、用户深共鸣的传播目标。

（1）行业目标：将“青春不止北上广”话题有效发酵，达成网络标杆热议话题，借由话题声量与性质，将流量引至产品端，从而提升驭胜的行业美誉度。

（2）品牌目标：依托驭胜“青春不止北上广”典型车主，为驭胜品牌赋予更深刻的可靠、年轻化印记，捕获年轻受众的情感共鸣。

（3）产品目标：通过话题事件策划，体现驭胜 S330 产品目标。

（4）消费者目标：通过与网易跨界深度合作，深挖话题的多面性，触达更广泛的受众群，在“年轻”的产品定位上，增加更多人性化产品形象认知。

（5）社会目标：传递青春正能量，驭胜 S330 亦将是奋斗路上的伙伴，充分彰显驭胜 S330 可靠、务实的核心产品价值观。

2. 传播策略

（1）以“写给上铺兄弟的一封信”作为传播基点，从信中身在小城市打拼的创业青年与身在北上广追梦挚友的真挚故事，传递出“青春不止北上广”的

营销主题。以微博作为核心传播主阵地，强势冲击话题榜单。

（2）网易新闻作为核心合作媒体，深度挖掘“青春不止北上广”话题的故事主人公（写信青年）背后的故事，讲述驭胜 S330 车主在小城市创业故事。驭胜 S330 联合网易在武汉、广州打造涂鸦墙，通过自带流量的媒体属性，引导网友关注。

（3）官方以借势“青春不止北上广”的口吻传递“小城亦有大梦想”及驭胜 S330 为青春梦想座驾的理念。

项目执行

1. 微博发起“写给上铺兄弟的一封信”活动

来自小城景德镇主人公，写给在北京打拼的自己的上铺兄弟的一封信；讲述自己从大城市回到小城，经营着自己的陶瓷事业，内心依旧充实；对自己的上铺兄弟说，如果在大城市累了，就来我这里坐坐。

2. 小城来信——核心媒体新闻报道

7 月，又是一年毕业季，选择北上广还是回故乡？这是一个老旧又现实的问题。一封写给北漂兄弟的信《睡在我上铺的兄弟，你在帝都还好吗》，引起了网络热议，这封信可能给正面临选择烦恼的毕业生一些启发。大城市、小城市之间的比较与取舍并没有选择的高低，只是价值观的不同。其实，无论是选择大城市还是选择小城市，只要拼搏过，奋斗过，回想往事的时候不后悔，那就是一个好的选择。

3. 小城来信——评论文章观点引导

由一封《睡在我上铺的兄弟，你在帝都还好吗》的信在网络上引起了热议引发权威主流新闻媒体评论“青春不止北上广”话题并给出中性观点：无论是“青春就要北上广”还是“青春不止北上广”，都要主动去选择。追求更好的生活，而不是以一种逃离的姿态面对这些。

4. 小城来信——车主故事深挖

《睡在我上铺的兄弟，你在帝都还好吗》的作者董先生和他的“青春合伙人”安安在小城景德镇接受了专访，讲述了一段属于小城的追梦故事，用青春演绎着他们的专注与热爱。

董先生还是一位驭胜 S330 的车主，驭胜 S330 鼓励每一位怀揣梦想的活力青年车主投身活力小城去创造、去圆梦，去发现人生各自精彩，因为，青春不止北上广。

5. 青春不止北上广——涂鸦墙产品配合传播

结合产品创作相应标语，制作涂鸦墙。

项目评估

1. 广告主评价

企业对于本次“青春不止北上广”话题事件给予高度好评，活动诠释了驭胜品牌贴近年轻受众的心理诉求，同时充分展现了驭胜 S330 可靠、可依赖的“青春梦想座驾”形象。

2. 受众反馈与评价

话题在官方微信的曝光率十分亮眼，众多受众纷纷称赞本次活动，对驭胜品牌和产品更有信心。

广告页面 1

广告页面 2

3. 媒体反馈与评价

新闻、行业媒体对话题发酵到品牌产品引导的传播形式都给予了点赞，对驭胜 S330“青春梦想座驾”的产品调性有了更加深刻的记忆点加持。

项目亮点

（1）微博建立 # 青春不止北上广 # 话题，同时驭胜官方微博发布相关微博阅读量 768.9 万次，配合整体活动的传播，提升关注度。

（2）精选网易新闻“青春不止北上广”话题专题网友互动留言评论，设计 3 张青春宣言海报，在微信、微博平台传播，提升话题的关注度。海报下方有效露出专题区二维码，实现话题引流。

（3）精选“写给上铺兄弟的一封信”故事主人公工作时匠心照片，搭配走心的文案，表明小城奋斗匠心的态度，同时其中一张海报传递出驭胜 S330 同样用“匠心工艺”造车，为小城青年梦想保驾护航的品牌态度。整套海报起到话题助推的传播效果。

（4）制作青春宣言海报，结合“青春不止北上广”话题和小城逐梦的力量，同时植入进驭胜 S330 车型信息，搭配青春宣言的文案，既能起到话题传播效

广告页面3

果，又能对车型的传播起到很好的作用。

（5）根据大城市与小城市两种截然不同的生活方式的对比，传递出两种不同的奋斗人生，H5以新颖的刮刮乐互动设计，有效植入进此次“青春不止北上广”活动的主题和车型信息，同时也为后续品牌终端做了引导。

亲历者说 张小栋 北京爱创天杰品牌管理顾问有限公司U3事业中心副总经理

谈一谈事件灵感的原点：驭胜S330产品口号是“我就这Young”，口号明确锁定了年轻用户群体，但是怎么样让这一主张更加贴近年轻用户，更好与年轻群体互动，让品牌鲜活起来，是我们面临的课题。

在这个移动互联的时代，想要赢得大范围用户的互动和认可，需要有社会化的热点事件和话题引发年轻用户的共鸣，同时考虑到驭胜的主销区域多在二、三线市场，关于如何引发这些区域用户的共鸣，我们经过几轮的创意风暴，锁定“青春不止北上广”创意，主要结合时下逃离北上广、北上广房价高、大学生返乡创业等社会热点，引发人们反向思考：青春是不是一定要在北上广？小城是不是也可以成为梦想的天堂？同时在 7 月，这个大学生面临人生选择的特殊时间点，我们发起由一封小城的来信引发的“青春不止北上广”的讨论，引发在职的年轻人和马上面临就业的年轻人的关注和互动——其实“青春不止北上广”，小城也有追梦的力量。

案例点评

点评专家：陈永泰　恒美广告有限公司中国区首席创意官

每天我们接触的媒体与社交信息，已经大大超过我们的负荷，如果打动不了消费者的内心，信息就会从指尖滑过。有报告指出，消费者放在新信息上的注意力大概只有 6 秒。

抓住热门话题，创造适合品牌的沟通点，是社交媒体营销的不二法门。以本案为例，今时今日，在大家觉得在北上广活得很累，纷纷往外逃的前提下，驭胜以城乡差别创造话题，直接切中大众心中的疑问：一线城市的机遇到处都是，但是否留在老家就没有发展机会？外出看看世界，在一线城市的公司上班，往往是小城市人们的抱负。

青春在人生里就那么一点时间，谁愿意浪费大好青春，活得那么累？这就是一个有力的洞察。当我们抓到消费者的注意力，再以品牌接力，缔造关联，就能一气呵成让品牌与消费者结合。

内容创造需要活生生的人物，我们都不需要广告信息。消费者的目光非常敏锐，他们往往站在远方，就能闻出广告的味道来。如果故事没有洞察，不够写实，往往就会被消费者抛弃，根本进不了他们眼里。这个案例，以哥们之间的书信，聪明地带出关怀，一点都不做作，实在是对在北上广打拼兄弟的走心问候。

本案例另一亮点，就是在纷杂的媒体环境，有效利用网易新闻平台作为发布与接力渠道，不单能以第三方而非品牌方去探讨话题，更为此话题增加了可信度。

多芬 ×bilibili 拜年祭

执行时间： 2017 年 1 月 14 日—2017 年 2 月 10 日

企业名称： 联合利华公司

品牌名称： 多芬

获奖情况： 金旗奖——2017 最具公众影响力内容营销大奖

项目概述

多芬品牌年轻化传播，以“我的头发我说了算”的品牌态度与“90 后”年轻用户沟通，选择了 B 站（哔哩哔哩，bilibili）这个国内年轻人潮流文化社区作为主要的传播平台，借助 bilibili 最重大的文化盛事—— bilibili 拜年祭，抓住拜年祭开放商业合作这一契机，在拜年祭活动中搭建品牌专区。

将品牌主题转化为二次元语言 # 我的呆毛我说了算 #，在保证品牌理念的同时，借助 bilibili 用户熟悉的语言文化、喜爱的卡通人物形象、喜爱的 bilibili 周边等，吸引他们的关注，邀请他们互动，让品牌与年轻用户玩在一起。此次传播让更多年轻的 bilibili 用户认识了多芬，了解了多芬的品牌态度，官方 TVC（商业电视广告）成为了 bilibili 首支播放量超过 300 万人次的广告视频。

项目背景

2017 年年初，多芬品牌进行年轻化传播，鼓励年轻人用发型来表达自己，做到“我的头发我说了算”，邀请具有特质的年轻人拍摄了“我的头发我说了算”TVC，需要找到“90后”年轻人聚集的平台传播视频并传递品牌主张，和“90后”年轻人进行互动沟通。

营销挑战：针对个性张扬、特立独行，喜爱二次元的“90后”来讲，传统的营销模式过于呆板单一，很难引起他们的关注，这一次，多芬借助二次元春晚——bilibili拜年祭这个契机，用二次元语言和“90后”年轻人进行沟通，赢得了他们的互动参与。

项目调研

1. 用户洞察

2015年以来二次元文化异军突起，全国泛“二次元”人群已达2亿人，“90后”年轻人群构成了“二次元星球”的主力军，占比高达94.3%，针对二次元，他们付出感情，他们自发埋单。因此，锁定“90后”二次元兴趣成为本次营销的一大突破口。

2. 媒体洞察

bilibili现为国内规模极大的年轻人潮流文化娱乐社区，也是国内极大的ACG（动画、漫画、游戏）社区，是二次元文化的集中地，75%的用户为24岁以下的年轻人。bilibili拜年祭是二次元春晚，是年轻人一年一度十分期待的年末狂欢，同时也是企业转型与年轻人沟通的一个极佳契机。

项目策划

1. 目标

传播多芬“我的头发我说了算”TVC，让用户了解并认可品牌态度进而认可品牌。

2. 受众

核心受众定位为18~24岁女性。

3. 媒介策略

找到年轻用户聚集的视频平台进行传播，国内知名的视频弹幕网站bilibili

成为首选，日活跃用户在千万级别，75% 的用户都在 24 岁以下，男女比例均衡；尤为重要的是，品牌项目传播时间与 bilibili 最大的文化盛事拜年祭的传播时间相吻合。

4. 策略

（1）内容策略：三次元品牌与二次元文化的融合。在二次元世界，亚文化爱好者的年轻用户爱角色扮演、爱双马尾、爱古风，本身就存在被大众审美排斥的问题，多芬“我的头发我说了算”的态度正符合 bilibili 用户需要发声的个性，多芬寻找到二次元世界中关于头发特有的属性——呆毛，将品牌主题进行二次元的自适应，主张“我的呆毛我说了算”。bilibili2017 年拜年祭中出现哔哩哔哩星球概念，品牌专区作为星球中的一颗星，被命名为“多芬呆毛星”。

（2）传播策略：让更多用户进入拜年祭多芬品牌专区，观看视频并参与互动讨论。作为 bilibili 重大的文化盛事，整个拜年祭的传播为期两个月，在这个过程中，按照不同的时间点开放不同的活动星球。第一，bilibili 本身安排了大量的主站资源导流拜年祭专题，“多芬呆毛星”以动画效果吸引用户进入品牌星；第二，在主站传播资源较少的时间段，安排主站核心资源点位直接导流品牌星；第三，邀请多位深受 bilibili 用户喜欢的 UP 主（上传视频音频文件的人）进行合作，传播品牌态度的同时为品牌专区导流；第四，bilibili 用户对平台定制非常感兴趣（如头像挂件，bilibili 周边），传播中充分运用挂件以及 bilibili 周边激励用户参与互动并导流天猫销售。

● 项目执行 ●

（1）借助 bilibili 年度盛典——拜年祭的传播影响力，在拜年祭活动中搭建品牌专属星球——多芬呆毛星，在品牌星球中进行 TVC 传播，用户互动。

（2）将品牌主张 # 我的头发我说了算 # 进行二次元自适应，调整为 # 我的呆毛我说了算 #，进入品牌专区用户便能观看品牌 TVC 并且在专区中为品牌设计呆毛头像挂件以及呆毛卡通人物形象，以 bilibili 用户喜欢的大量 bilibili 周边为奖品激励，帮助品牌更好地在 bilibili 与年轻用户沟通。

（3）为品牌电商导流，促进销售。在传播中注重对用户情绪的疏导，引流

多芬 X bilibili 拜年祭多芬呆毛星 1

用户到电商平台购买产品，为 bilibili 用户提供专属的电商主题页面以及销售福利。

（4）强势传播。一是为期一个半月的 bilibili 主站对拜年祭活动的重点推广，为拜年祭中的品牌星球导流；二是活动期内，选取 bilibili 首页焦点资源以及女性用户占比高的分区资源直接为品牌星球导流；三是邀请在 bilibili 影响力大的 UP 主为品牌创作定制视频并在品牌专区进行传播，利用 UP 主的影响力为品牌星球导流；四是微博微信上整合传播为 bilibili 品牌星球导流。

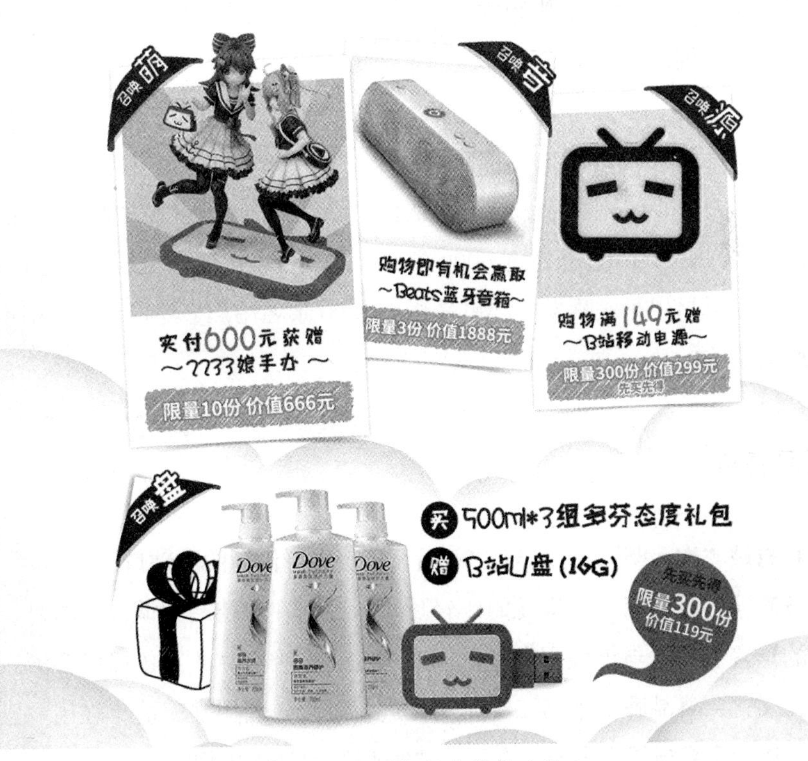

多芬 X bilibili 拜年祭多芬呆毛星 2

多芬 X bilibili 拜年祭多芬呆毛星 3

项目评估

从 2017 年 1 月 14 日到 2017 年 2 月 10 日，多芬和 bilibili 的传播效果可以用两个二次元词语来形容。

第一，承包，多芬承包了 bilibili。本次传播，在 bilibili 多芬共计获得传播曝光量超 11 亿次，bilibili 的小伙伴们大呼："bilibili 被多芬承包啦。"

第二，打 call（应援），bilibili 小伙伴为多芬打 call。官方 TVC 累计播放量超 300 万次，官方 TVC 获得近 6000 条弹幕互动，小伙伴们集结为多芬打 call。

多芬呆毛星中花式晒发活动更是获得 2000 余名用户参与投稿，其中不乏影响力较大的 UP 主。

项目亮点

1. 打破"次元壁"，寻找与"90 后"年轻人群沟通的突破口

三次元的品牌遇上二次元的年轻用户，如何在保持品牌调性的同时，用二次元的语言及方式与年轻用户进行沟通成为一个难点，此次传播多芬深入了解二次元文化，将品牌主张与二次元文化进行融合，利用并塑造年轻用户已经熟悉的二次元元素与用户沟通，真正与"90 后"年轻文化相融合。

2. 在 bilibili，不是只要投广告，而是用心做广告

在 bilibili，用心做好内容，用真诚做一个风趣的品牌 UP 主，可以让 bilibili 用户“端着小板凳看广告”。

亲历者说 Jojo 淳博（上海）文化传播股份有限公司高级客户经理

整个项目过程可以用几个词来概括。

（1）惊喜。bilibili 有着大量的活跃度超高的年轻用户，是我们接到品牌简报之后的首选平台，我们邀请了 bilibili 小伙伴来做平台介绍，当我们听到拜年祭的招商计划时是异常惊喜的，它就是我们要找的传播契机。

（2）煎熬。三次元的品牌 TVC 怎么能在拜年祭中被喜欢二次元的用户接受，这个是我们制作执行内容时遇到的最大的问题，用户爱动漫，但是这与品牌调性不符啊，其间，我们不间断地与多位资深 bilibili 用户聊天，深入了解二次元文化，“呆毛”是让我们豁然开朗的一个词。

（3）顺畅。定下来主题和时间之后，就开始往下落实具体的文案和设计了。一开始我们觉得设计肯定是要磨个千百遍的，品牌 VI（视觉识别系统）要求页面以白色调为主，但是我们见到的 bilibili 页面都是五彩缤纷的，我们拉着设计人员与品牌开了 2 次会议，我们充分运用 bilibili 元素，为品牌塑造了 2 个符合 VI 的二次元形象，让 bilibili 元素贴近品牌设计风格，我们拿到初版设计就觉得这就是我们要的。

（4）再次惊喜。页面是 0 点上线的，我们怀着忐忑的心情坐等 bilibili 用户的反馈，反馈结果让我们惊喜，我们每天上班第一件事就是去翻看用户评论，有些优质评论的出现能让我们一天都有好心情。

案例点评

点评专家：邵松岩　海天网联营销传播机构董事总经理

当三次元的品牌遇见二次元的用户，如何打破“次元壁”，将他们征服？

联合利华公司作为一家500强企业，能够洞察到拜年祭这一亚文化活动实属不易，选择的切入点非常巧妙。

一支走心的TVC，投放在一个极其年轻化的平台，在一个一年一度的潮流文化社区盛典礼，瞄准了“90后”的受众。全年度的集中曝光，年轻的平台，准确的受众，引发了诸多bilibili UP主的造势，天时地利人和齐备。

拍的不是广告，是认同；传播的不是品牌，是态度。你的头发你说了算，我为你的特立独行，随性洒脱代言！

属于您的新加坡

执行时间：2016 年 7 月—2017 年 6 月

企业名称：新加坡旅游局中国香港区

品牌名称：新加坡旅游局中国香港区

获奖情况：金旗奖——2017 最具公众影响力内容营销大奖

项目概述

为了提高新加坡旅游对中国香港旅客的吸引力，晟捷公关（Sinclair）为新加坡旅游局中国香港区打造全方位的公关品牌策略，借此来寻求更创新的动机以激发首次及多次到访旅游者。此次推出的全方位策略是通过线上线下多渠道来吸引目标客户群体，即有针对性的线下活动以及需要强有力社交媒体及传统媒体扶持的体验式公关营销，涉及包括传统媒体宣传，数字新媒体平台合作及线下活动推广。

项目背景

旅游业是新加坡的重要产业，而新加坡旅游局则是当地负责旅游业发展的主要机构。新加坡旅游局素来以友好、诚信、创新和追求卓越闻名，致力发展旅游业收入成为新加坡的主要经济来源。新加坡旅游局积极透过“属于您的新加坡”的策略，重点挖掘适合两大主要旅游群体的故事，引起家庭与年轻人的注意力与行动，将新加坡打造为一个能提供丰富及独特旅游体验的旅游热点。

但是由于国土面积有限、周边竞争国家多等因素，新加坡旅游局需要寻求更多元的角度，编写更精彩的故事，吸引人流。

● 项目调研 ●

新加坡旅游业的发展有着国家财政上的支持，但由于中国香港与中国澳门的市场不大，分配到新加坡的资源并不多。

新加坡旅游业的优势很多，包括交通运输网络的完善和旅游服务的质优；此外，优越的地理位置、语言沟通无障碍以及独特的热带资源等也是新加坡旅游业大力发展的天然优势。

但由于旅游业在现代市场经济条件下具备利润空间大、回报期短等多方面特点，大多数国家、城市都在意图寻找最独特的旅游方式，这也就使得新加坡的旅游业发展面临着较多的竞争对手以及激烈的竞争环境，但面对强力的竞争旅游地，新加坡旅游局仍需发力争取更多游客。据调查，“整洁、交通方便、语言无障碍”是游客能想到的新加坡优势。然而中国香港与中国澳门的市场不大，分配到的资源相对有限。加上新加坡国土面积小，没有分明的四季天气。日本、韩国、中国台湾，这三个旅游资源相对雄厚的目的地，它们有更多的城市可以选择、四季更分明，所以新加坡需要更多精彩故事来吸引中国港澳区的游客。

● 项目策划 ●

1. 目标

吸引更多的人了解新加坡，热爱新加坡文化并将新加坡作为自己的旅游目的地。

2. 策略

通过全新的话题角度与切入点，使人对新加坡的感受耳目一新，进而吸引更多的中国人前往新加坡。首先加深中国人对新加坡的认识，使这里成为一个充满独特高端生活方式和文化的地标。旅行者来到新加坡，可以放松休闲，与家人朋友享受团聚时光，也可以增加见闻学识。另外，可以通过传统媒体、KOL 来加强新加坡旅游局与目标群体的联系。通过更深入的目标客户群体调查，定制专门的宣传话题角度来适应不同的客户群体类型，而不是只提供一个片面的方向。

（1）有影响力的故事线。根据新加坡旅游局的定位与核心信息及不同客户群体的类型，定制了独特的故事线。童话新加坡针对家庭群体；趣味新加坡英语针对年轻独立旅行者，通过这两条故事线，展示了新加坡多元文化的一面，重点突出了其丰富的文化区域及充满活力的活动区域。

（2）新媒体策略制定。新媒体平台已经被证实为驱动旅行者选择目的地的导向平台，通过 KOL 和影响力者来引导话题，是如今非常有效的传播策略。

通过强烈的即刻行动动机来驱使直接消费力，保证商业目标的实现。用有趣又有创意的互动方法，来提供一个深度的旅行体验活动，可以成功抓住目标客户群体的注意力。

3. 受众

家庭—团聚时光（全家旅行，包括老人与孩子，真正的整体出游）。

年轻的专业旅行者—分享时光（大学生；20 岁以上单身的知识分子；没有子女的夫妻；参加会议展览的人群）。

新加坡旅游局重要合作伙伴。

4. 媒介策略

（1）线上媒体合作：与《U 周刊》合作制作视频在新加坡旅游局官方 Facebook 主页播放并通过《U 周刊》多平台、多方向传播。

（2）KOL 合作：与中国知名 KOL 合作制作趣味视频，与航空公司合作推出推广活动。

（3）线下预览活动：召集生活方式类媒体与旅游媒体参加预览活动，提前感受活动氛围，卡车巡游，在街头形成活动声势，增加活动宣传力。

项目执行

1. 趣味新加坡英语

针对年轻专业旅行者的多方位活动，让目标客户群体在新加坡文化中探寻不为人知的珍宝。

属于您的新加坡 1

（1）数字新媒体平台。此次活动拥有强有力线上环节，包括与 U 周刊，进行线上媒体合作，推出合作视频。在视频播出后，又有多张展示趣味流行新加坡英语的插画卡片得到传播，使此次活动的声势进一步扩大。

（2）视频及 KOL 合作。联合中国和新加坡双方知名 KOL 合作录制了一条同游趣味新加坡的视频。此视频重点展示了新加坡的趣味潜在文化——新加坡英语。这个趣味十足的话题，是吸引眼球的好办法。视频内容也涉及夜生活、户外冒险、美食、购物等，吸引中国年轻人更多地了解之前他们不知道的新加坡。

（3）跨界合作。与老虎航空及捷星航空合作，更好地推广新加坡，在活动期间为年轻人推出特别实惠的飞行价格，呼吁大家行动起来。

2. 童话新加坡

针对家庭夏季出游的策略，与插画师合作，将插画书籍作为活动亮点，配合卡车巡游、强大的媒体露出及线上推广。

属于您的新加坡 2

（1）KOL 合作。专程邀请了小小插画师刘凝映和她的家人前往新加坡游玩。在旅程结束后，她独自创作设计了整本插画书分享她的想法与感悟，其中内容涉及了气候、交通还有和家人的美好回忆。

（2）街头巡游。利用卡车巡游在各大中心街区为活动宣传，提供 VR 视频体验与精美纪念品来提高活动热议度与民众参与感。

（3）数字新媒体支持。为了达到维持大众兴趣与热议点的效果，制作系列短片在社交平台投放广告，整个项目进展顺利，执行流畅。

项目评估

效果综述：新加坡的旅游知名度有所提升，旅游影响力增加。

（1）趣味新加坡英语：消息覆盖超 500 万人次，视频浏览量高达 100 万人次，互动参与活动人数接近 10 万人。

（2）童话新加坡：30 余家杂志、线上媒体参与；3000 余人参与街头巡游活动；插画书发行量5000册；超700人参与了线上赢奖活动。

（3）媒体统计：自2016年7月至2017年6月，媒体简报曝光量超550条，视频浏览总量超280万人次，新加坡旅游局Facebook粉丝量增长17%。

（4）成为新加坡的旅游十大重要市场：在2016年去新加坡旅游的人数统计中，虽然中国香港只有700多万人口，但其旅游人数居全球前十，成绩骄人。

项目亮点

通过全新的话题角度和内容切入点，使人们对新加坡感到耳目一新，进而吸引更多的中国人前往新加坡。有针对性地根据不同受众人群定制独特体验式活动。线下活动有趣而丰富：插画书籍、卡车巡游、全新生活体验。强大的媒体露出与线上推广积极引流，达到了维持大众兴趣与热议点的效果，系列短片投放以及Facebook小游戏更是增强了受众的互动体验，将旅行的核心价值完美呈现。创意、品牌、价值在具有感染力的内容呈现里得到融合与体现。

亲历者说 林浩然 晟捷公关大中华区营运主席

1. 品牌3.0的年代

在我的理解中，游客要的不再只是服务、产品，而是品牌3.0，即一种文化、一种体验。除了非公关控制范围内的优势，包括土地与天然资源、机票价格、航班次数外，游客看重的就是软实力。因此，我们针对此重点，增加了文化认同感宣传，让游客以全新角度看到不一样的新加坡，从而创造由认识到理解，最后到投入亲身体验的过程。

2. 两大群体　针对部署

不同群体有不同的切入点，在众多不同的分众旅客户群体体当中，在考虑合理资源的分配前提下，我们有针对性地部署两大块：家庭游和年轻文化游。这两大群体是本地的消费主力。我们创造家庭游的角度是反转传统，以小朋友的角度出发，找了一位很会画画的小朋友，邀请她们全家到新加坡，

在体验后创作出一本小朋友角度看新加坡的画册，现今家长工作忙碌，在享受旅游的过程理解子女的想法，分享更有品质与意义的旅游，是新加坡旅游的推广方向。

主角的爸爸透露自从一岁的妹妹出生后，和凝映的相处时间少了，觉得有点对不起她，所以这个机会来得正是时候，可以趁这个旅程多陪伴一下凝映。他们的故事正是很多家长们心里的想法，因此我们决定与他们合作，为这个可爱的家庭创造专属的难忘回忆。

文化认同感近年对旅游决定的影响比重越来越高，但这个方向并非崇拜历史文化的方向。我们创作的故事切入点是新加坡英语，从日常语言中建立起文化理解与认同的纽带，拉近距离，增强新加坡与本地年轻人的亲密感。

我们的团队以年轻人为主，了解年轻人喜欢看什么、玩什么，筹备项目时自然得心应手。我们找来广受中国香港年轻人欢迎的本地 KOL，到新加坡游玩兼拜师学艺，学习新加坡文化，同时将新加坡艺人孙文海塑造成新加坡文化达人，每一个视频单元以他们的旅程带出的学艺故事以及两地的文化差异引发的连串趣事吸引观众眼球，同时以数个新加坡英语俚语为教学重点，教授观众、活学活用，增加互动性。而两位主角之间自然的互动及对角色的乐在其中，比原定剧本还要生动有趣，让我们团队亦始料不及。

3. 全渠道传播策略

在成功挖掘出故事后，我们就为两大群体的接触，量身定制出全渠道传播策略，确保故事在观众惯常阅读的平台上出现，另外我们还与航空公司合作，令计划全面落实更顺畅。

4. 总结

媒体反应与线上的评价，比我们预期的更好。我们深信这个方向是旅游乃至品牌的趋势。不过，虽然我们已与航空公司合作，但相信要将直接的销售效果最大化，价格仍是一个关键因素。整体来说，方向是正确的，我们会继续深化文化认同，配合非公关要素，以期取得更好的成绩。

案例点评

点评专家：张依依　世新大学公共关系暨广告系教授

由于新加坡旅游局本身定位良好——制定了“属于您的新加坡”口号，专门吸引家庭与年轻人到新加坡旅游。因此乙方就根据这个定位，定制了两款适当的活动：童话新加坡与趣味新加坡英语。两者都与KOL合作，都拍了小视频，都在《U周刊》及新加坡旅游局官方Facebook上进行宣传。

在KOL方面，童话新加坡活动请了知名的小小插画家，邀请她和家人同游新加坡，并拍成视频——主要视频内容包含新加坡有名又适合阖府出游的景点，如动物园、植物园、儿童天地等。在趣味新加坡英语活动方面，乙方很用心地分别找了两地有名的KOL（男女各一），合拍了一系列与新加坡相关的小视频，放在适当的平台上，每个视频都很能切中年轻人的心，这一系列视频以新加坡英语为吸睛的钩子，吸引年轻人新奇、好玩的心。

在行动方面，乙方找好捷星航空和老虎航空两家公司，使得消费者的心动能够马上化作行动。这次活动可谓是一次设想周到、巧思处处的“体验营销＋新媒体营销”的成功之作。

“我与好丽友”主题公关活动

执行时间：2017 年 7 月 17 日—2017 年 9 月 18 日

企业名称：好丽友食品有限公司

品牌名称：好丽友

获奖情况：金旗奖——2017 最具公众影响力内容营销大奖

项目概述

1997 年，一句“好丽友，好朋友”传遍大街小巷，20 多年来，好丽友有幸参与中国经济的发展，与消费者一起成长、壮大，见证了中国消费者购买力乃至生活习惯的变化；同时消费者对好丽友的支持和信赖也促进企业成长为中国快消行业的生力军。

2017 年好丽友官方微博发起的“我与好丽友”为主题的品牌活动，通过精准的受众定位，多渠道精准营销，形成以点到面的快速扩散，覆盖人数超 7000 万人次，首日即登微博情感类热搜榜前 10 名，总曝光量超 1500 万，共收集 UGC 故事 1000 多个。内容涵盖了消费者的亲情、友情、爱情，以及日常发生的有趣、感人或神转折的“回忆杀”。好丽友为消费者提供了一个分享成长历程和心得体会的平台，在众口相传中不断加深品牌印记，提升了品牌的影响力与美誉度。

项目背景

好丽友扎根中国 20 多年来，从第一家工厂落成投产开始，先后投入 6 亿美元，共建立了 4 家食品工厂，员工近万人。好丽友以“好丽友，好朋友”为品牌精神，奉行“培育人才，创造价值，奉献社会”的经营理念，积极履行企业社会责任。在这 20 多年的品牌成长历程里，好丽友获得了广大消费者、员工及经销商的支持与厚爱，他们不仅是品牌最好的见证者、亲历者和践行者，更是企业珍贵的“好朋友”。

2011 年，好丽友线上官方微博正式开通，累积了近百万条留言评论，从除夕的相守到跨年的别离，从“菜鸟”的踟蹰到独当的果敢，从北地的风到南方的海……天南海北的用户分享关于吃以及人生感悟的故事，这些 UGC 内容都源于用户的真情实感，与好丽友品牌及产品属性有很强的关联性。为了回馈线上用户和线下消费者多年来对好丽友的支持，好丽友通过对 6 年的 SNS（社交网络服务）运营数据的总结和品牌活动营销方式的分析，发现企业品牌和产品特点与“80 后”“90 后”人群童年息息相关，于是策划了以“回忆”为切入点，通过情怀营销，引发目标人群深度共鸣和互动响应的活动。好丽友以开放、友好、平等的态度，与消费者进行深度互动，鼓励他们针对好丽友品牌、产品及服务等内容畅所欲言，传达了“好丽友 · 好朋友”的品牌精髓。

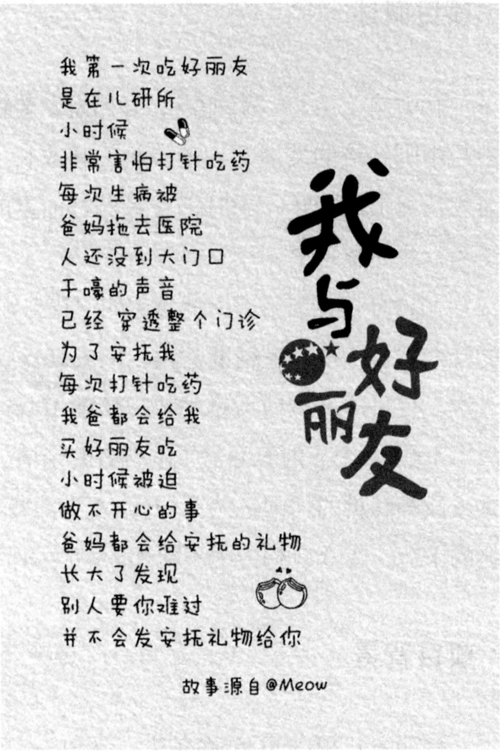

项目调研

1. 官方微博往期活动汇总

通过对过往活动数据进行分析，从 2014 年到 2017 年，好丽友官方微博微信共发布 15 次故事征集类活动，收到了 100 多个完整故事，近 5000 多条留言，近万人参与。在这些活动中，官方微博收到的留言及评论，大部分与好丽友产品相关，用户会主动分

包装后的网友故事

享与好丽友产品相关的故事，自主创作手绘风格的好丽友零食产品，这说明好丽友产品深受广大用户的喜爱，网友对品牌的信赖和肯定催生了原生内容的产生，从而为“我与好丽友”的活动积累了故事素材。

2. UGC 助力品牌传播

本次活动基于对外部环境的调查和研究，好丽友发现在京东、淘宝等平台下的优质评论都十分具有代表性和指导性，所以在活动策划中，希望能够在新浪官方微博内营造出 UGC 产出的外部环境氛围，通过一些优质用户的 UGC，传播企业品牌口碑，进而引导网友对品牌文化的价值认同，积极参与故事分享。

3. 用户社交数据分析

目前互联网的主力军为“80 后”“90 后”，在对他们的生活、消费态度进行调研后，我们发现食品是这类人群网络购物的三大热门品类之一，而美食也是他们对自己自定义的兴趣爱好标签。在社交环境下，这类群体都有较高的倾诉情感和分享的诉求。好丽友品牌锁定目标人群，在用本次活动回应用户诉求的同时，引导他们抒发对好丽友产品的情感、分享相关故事。

项目策划

1. 项目目标

针对不同年龄段、不同地域、不同职业人群对零食和味道的记忆，引导用户分享对好丽友的回忆，引发用户的情感共鸣，扩大品牌知名度，提升品牌美誉度。

2. 项目策略

（1）以“情”动人，内容精准、多渠道推广。以“回忆”为切入点，通过情怀营销，引发目标人群的深度共鸣和互动响应。针对目标人群进行精细划分，根据大数据绘制用户画像（年龄、职业、性别、购买习惯等），通过多渠道精准投放内容，有的放矢，吸引不同目标用户群的关注和参与。

（2）纵横交错，内外结合。活动纵向划分为内部（活动平台为好丽友 Family 公众号）与外部（活动平台为好丽友新浪官方微博）；横向以好丽友

SNS 用户为基础，以父母、白领、学生为活动核心沟通对象。针对不同的平台、不同的人群属性，有计划、有节奏地整合营销，从主动引导到自发传播，扩大品牌声量，提升用户口碑。

3. 项目受众

纵向划分为内部（企业员工和经销商）与外部（消费者）。

横向以好丽友 SNS 用户为基础，年龄在 14~40 岁之间。

4. 传播内容

（1）对内：利用品牌内部的公众号，发布征集信息，引导员工参与，制作创意互动的 H5，员工输入工号就可翻阅入职以来公司的历史大事件，还制作了展现好丽友成长历程的“时光之旅”创意长图，赢得一致好评。通过回顾企业的发展历程，企业强化了员工的归属感和对企业的价值认同。

（2）对外：从多年 SNS 运营中积累的近万条留言中，选出 30 篇有代表性的小故事，涵盖个人在成长的不同阶段亲情、友情和爱情等方面话题。同时，针对不同的用户人群，如亲子人群、学生、白领、混搭美食爱好者等，推出“创意手工、零食英雄、零食料理”等话题内容。形成品牌内容传播媒体矩阵，为官方微博引流的同时，更提升了品牌形象和用户口碑。

5. 媒介策略

以好丽友品牌微信、微博和好丽友 Family 公众号为平台，利用微博 KOL、论坛和微博粉丝头条、朋友圈广告多渠道推广、全方位触达目标用户，引导用户自主传播，扩大品牌传播声量。

项目执行

纵向从外部消费者及内部企业员工和经销商两个层面开展活动，共同回忆与好丽友相伴的日子；横向对外部消费者的人群属性和特点进行画像。活动分 4 个传播波次推进，环环相扣，保持用户的参与性和积极性。

阶段一：讲述产出故事。选出 30 个有代表性的、与好丽友相关的小故事为传播内容，好丽友以图文形式，一天一故事，围绕“生活中的好丽友、味道记忆、成长传承”三个话题方向，引导用户产出 UGC 故事。好丽友特别为活动

量身制作纪念币，希望和消费者一起留下美好回忆，同时也希望未来与更多消费者并肩同行。

阶段二：引导话题发酵。好丽友针对亲子消费者，以环保手工为话题进行引导；针对低龄学生和白领消费者，主推零食英雄，以陪伴为核心传播点，进行话题引导；针对目标受众中喜欢混搭美食的消费者，以混搭零食料理作为话题引导。精准定位目标消费群属性，高效传播品牌内容，引导话题持续发酵。

阶段三：内部征集评选。面向好丽友内部员工和经销商，以“那些我与好丽友一起度过的岁月”为主题，鼓励员工讲述在好丽友工作期间的难忘瞬间。

绘本《知（zhi）吃（chi）诗（shi）》：“我与好丽友”品牌活动中征集到了 1300 多个“我与好丽友”的故事，这些故事结合成绘本内容

筛选出有代表性的20篇优秀作品，通过投票形式决出最终的获胜者。与员工一起回忆好丽友的变化，不但增强了员工的归属感，更发现了员工已然成为企业品牌最忠实的客户。

阶段四：UGC成果呈现。在“我与好丽友”主题活动中，收获了1000多个真实、有趣、感人的用户故事，讲述了个人的成长和公司的发展，反映了经济飞速发展下的时代变迁。将渗透在故事中，对吃的感悟、对零食的态度、对人生的理解编绘成《知（zhi）吃（chi）诗（shi）》，作为本次活动的终结和收官之作，通过UGC的二次传播，持续扩大好丽友品牌声量和目标消费群的口碑传播。

项目评估

1. 效果综述

“我与好丽友”主题品牌活动期间，覆盖约7691万人次。微博阅读量超过1544万人次，微博互动量为69550次，微博话题榜535.5万次阅读，1.6万人次讨论，新增粉丝48991人。微信阅读总量370418人次，新增粉丝13013人。本次活动所征集到的故事虽然短小简单，却能很好地反映出用户对好丽友品牌的喜爱，也可以从故事中获知好丽友已经成为目标消费群愿意长期购买的零食产品。目标消费群源源不断地提供原创的故事，说明好丽友品牌在消费者心中地位不可替代。

2. 受众反应

活动一经发布，线上用户积极参与，用户分享的故事类型不拘一格，涵盖了生活的方方面面，有认证用户主动拍摄好丽友零食创意吃法视频，丰富了UGC的产出形式。通过UGC内容的整理，好丽友陪伴了一代人的成长，20世纪90年代一个小女孩和朋友一起攒钱买好丽友分着吃；20多年过去了，小女孩长大了，已为人母，给孩子准备的日常零食还是好丽友。可以说，好丽友见证了中国消费者生活质量的提升，消费观念发生的变化，同时，在满足消费者多样化需求的同时，也推动了企业品牌个性化、安全化、可溯化的发展进程。

项目亮点

1. UGC 积淀发酵，以情动人引领口碑传播

70 多万用户的关注，上百万暖心的留言，6 年线上的不离不弃，20 年线下的相守相依……以 UGC 为基础，策划“我与好丽友”企业品牌活动，情怀营销拉近了消费者与好丽友之间的距离，无论是线上口碑传播还是线下经营销售，都为好丽友未来的发展壮大注入了巨大动力，是实现世界一流企业集团梦想的有力后盾。

2. 将员工的成长和记忆与品牌发展结合，情感共鸣提升凝聚力

员工及其家属是企业品牌和产品忠实的用户和有力的传播者，对好丽友品牌的口碑传播起到了举足轻重的作用。活动中，企业与员工的线上互动，不但增强了员工的企业归属感和员工对企业的价值观认同，还带动经销商的情感共鸣，从而提升了企业凝聚力和创造力。

亲历者说 崔璨 好丽友食品有限公司公关经理

本次活动，是好丽友官方微博成立以来，活动时间最长，网友参与热度最高的一次。在活动策划阶段，我们在全平台检索到几百万条关于“我与好丽友”的留言，这些留言千奇百怪，我们在留言中看到了无数个自己——托物寄情的我，以食趣相投为交友准则的我，背着父母塞满的行囊离家千万里的我，烧饭烧裂了炊具啃着好丽友充饥的我，跟朋友看球赛激动时掀翻一袋薯片的我，指着花花绿绿的包装教宝宝识字的我，甚至是牙齿脱光抿着糕饼晒太阳的我……小小的零食就这样成为漫漫人生的见证者，这种感觉非常奇妙和温馨，因此我们用这种代入感反复研读了每一条留言，对其背后的故事进行了复原，最后敲定了 30 个很有代表性的小故事。

2017 年 7 月 17 日，第一个故事分享出来后，微博用户与官方微博的互动达到了一个小高峰，有人晒出了已经绝版的好丽友周边纪念品，有人分享了自己或朋友的故事，工作了十几年的老员工更是带我们回顾了上百个产品研发乃至铺市的各种细节……活动从话题引导到用户主动传播，形成了一定的网络声量，做到了很好的品牌口碑传播。但更重要的是，从活动收集到的故事里，我们不仅看到个人的成长、公司的发展，更看到时代的变化。有机会真想出一本《好丽友的一千零一夜》分享给大家。

案例点评

点评专家：赛来西·阿不都拉　浙江大学城市学院传媒与人文学院营销传播学系副教授

作为食品制造销售企业，好丽友在扎根中国20多年的历程中，选用中国人喜爱的、代表热情与喜庆的红色作为品牌主色，始终倡导“好丽友·好朋友”的品牌精神，奉行“培育人才，创造价值，奉献社会”的经营理念，积极履行社会责任，用诚意温暖用户，用情感营销巩固用户关系。广大消费者、员工及经销商成为了品牌的见证者、亲历者、支持者，更成为好丽友珍贵的好朋友，促进企业成长为中国快消行业的生力军，实现了良好的社会效益和品牌效益。

营销学者菲利普·科特勒曾经表示未来的公司不光是向顾客传达讯息，还要调动他们的兴趣，让他们参与进来，通过和顾客紧密的联系和接触，带给他们真切的印象，促进人与人之间的交流、沟通与互动，这对今天的营销最关键。本次“我与好丽友”主题公关活动实际上就是优化并完善了长期以来企业一直坚持的情感营销策略，借助回忆来巩固情谊，用富有创意的方式继续维系和巩固与目标受众的情感纽带。好丽友的营销从目标受众的情感需要出发，将品牌与好友紧紧联系在一起，向受众不断传递“好丽友·好朋友”的品牌诉求，在受众心目中塑造好丽友温馨、健康、活泼的好朋友形象，从而唤起和激起用户的情感需求和心灵共鸣，寓情感于营销之中，通过情感认同，最终在不同年龄段、不

同地域、不同职业人群心中深度根植好丽友的品牌形象。可以说，好丽友不仅以为消费者提供味美、质优的食品为己任，还重视感触与精神的力量，通过为用户提供高感触食物和服务使传播达到预期的效果。

本次活动在传播途径和载体方面搭载好丽友品牌微信、微博和好丽友 Family 公众号，引发目标人群的深度共鸣和互动响应。针对目标人群进行精细划分，用温暖的视觉感和互动性，通过多渠道精准投放内容，引导不同目标用户分享与好丽友的回忆，使具有同样喜好和同样价值观的用户聚集到同一社群，深度开发社群和“粉丝”的价值，通过精准的受众定位，多渠道精准营销，形成以点到面的快速扩散，用合理的投入成本使覆盖人群最大化，在影响潜在用户人群的同时提高了已有用户的忠诚度，实现了扩大品牌知名度、提升品牌美誉度的公关目标。

穷游 Jump Day 对世界上瘾

执行时间：2016 年 10 月
企业名称：北京穷游天下科技发展有限公司
品牌名称：北京穷游天下科技发展有限公司
获奖情况：金旗奖——2017 最具公众影响力内容营销大奖

项目概述

现在生活中大家平均每年境外旅游一两次，此次穷游网想通过线下事件回馈现有优质 VIP（贵宾）以及刺激更多对世界充满好奇的旅行者。

项目背景

穷游网提供原创实用的出境游旅行指南攻略、旅行社区和问答交流平台以及智能的旅行规划解决方案。

穷游网“鼓励和帮助中国旅行者以自己的视角和方式体验世界”。

项目调研

1. 目标受众

穷游网目标受众是爱旅游，爱分享的人群。

Jump Day 对世界上瘾

2. 传播目标

尽管已经有几千万中国旅行者在穷游网的陪伴下踏上旅途。穷游网用户中也涌现了一大批在国内较为知名并具有广泛影响力的意见领袖，但大家对于品牌故事的理解度不高，需要建立并凸显品牌个性化特征使消费者对品牌含义有认知，使穷游网从竞争对手中脱颖而出。

项目策划

1. 主题阐释

Jump，脱离地心引力的纵情一跃；脱离平庸的生活，代表着内心的那份自由、轻松、无拘无束，随时随地出发起程，与穷游网所倡导的品牌理念契合；一跳以后落回地面，也寓意着上一段旅程的结束以及新一段旅程的开启。

2. 核心创意

展现潮流、复古兼具未来感的活动调性，打造一场“城中盛事”。用无拘无束的旅程，倡导受众群体对于旅游文化的向往并付诸行动。带受众认识世界，凸显“旅行的责任”这一品牌理念，以世界为策展逻辑。

项目执行

1. 穷游旅行装备包

以特别定制的穷游旅行装备包作为开启此次活动的核心道具。每一位到场的游客都可以获得穷游旅行装备包一份，内含旅行背包、世界地图指引、护照、登机牌以及穷游胶囊药丸道具，药丸设计以代表品牌的红绿色为主，结合品牌名称、LOGO（商标）等设计元素，寓意治疗上瘾症状的解药，可作为储物功能摆设及日常装饰道具；凭借上述道具凭证，游客可参与现场各个区域的活动及相关互动游戏，赢取精美礼包（明信片、便签、兑换券、免费旅游大奖等）。只有穷游网的注册用户有资质免费领取，其他游客可购买。

活动现场照片

2. 互动体验

（1）骑行欧洲。

采用 VR 虚拟自行车的互动形式，参与者戴上 VR 眼镜，仿佛骑行在风景如画的欧洲城市街道以及美丽小镇；内容设置为环法游、环意游等知名出境游路线，与穷游网推广的产品契合。

（2）热气球。

巨型热气球在穷游现场的上空，为本次活动的最佳拍照景点。

（3）美食区。

包罗全世界的经典美食，大厨现场烹饪制作，满足参与者的味蕾；参与者凭借穷游旅行装备包内的护照及登机牌，即可在美食区免费领取精美小食一份。

3. 穷百合广场

引用穷游网旗下的 IP 活动项目——穷百合，将其形式从线上落地至线下，从而打造一个适合年轻人交友互动的社区。

活动前期，线上征集参与用户，并将他们的个性资料收集录用（制成穷百合护照）；所有参与者都将选择一个大洲作为自己的目的地标贴；活动当天，上述资料都将在穷百合广场展示出来，并根据其各自的大洲标签分类为几组；活动当天，现场游客只消填写自己的穷百合护照，即可自由抽取一张自己中意的他人的个性资料，被抽取的对象也将获得该游客的穷百合护照资料。

随着参与人数不断增加，越来越多的人因穷游网而相遇，聚在一起，爱旅行的人都同样热爱生活，一段段故事会从这里开始……

4. VR 互动体验

无论是返回巨兽出没的侏罗纪中生代，还是飞出太阳系去探索宇宙深处的奥秘，在这里，时间和空间不再有任何拘束，穷游网为参与者开启前所未有的旅行体验。

● 项目评估 ●

活动日人流量超过 12000 次，微博总阅读量超过 6600 万人次，现场到场媒体 30 余家，报导转发 100 多篇，网易直播参与量超过 6 万人次。

穷游网活动

在旅行界引起了轰动。提升了品牌知名度，更多新的热爱旅行、热爱分享、热爱挑战的人群，见证了穷游网的品牌号召力，接受且认可穷游网的精神。

项目亮点

（1）多方平台的资源整合（资源置换，优化成本）。

与滴滴出行、大疆、宾客网、众信旅游、Bon App（一款智能美食推荐与社交应用）日食记、丢火车乐队、过滤嘴乐队、伍角星乐队合作。

（2）为了实现品牌表现个性化和独特性的创意，以药丸的形式，制造话题，邀请众多 KOL 在网络平台与大家一起分享穷游网。

亲历者说 刘慧 上海意福文化传播有限公司高级客户主任

我本人也非常热衷于旅行，所以在接到创意简报后，也很快与客户达成了共识，确定了活动主题：Jump Day 对世界上瘾。

现场好玩有趣的互动以及表演，也使我们整合了各个活动的资源。Jump Day，能和你们愉快地玩耍真好！这是我们活动后的感慨！是我们对旅行的热爱，把我们聚集在了一起。从世界各地赶来的近万名“粉丝”欢聚一堂，彼此问候，欢声笑语，20 多个趣味场景和游戏互动环节让大家直呼过瘾。

很多人在问：“Jump Day 只有一天吗？”不！这个世界可能会令我们厌烦，但旅行永远是我们的解药。也许我们的生活 99% 的时间都在围绕着固定的轨迹运转，但请允许我们用 1% 的时间随时放纵自己，脱离地球表面，一起愉快地Jump!

案例点评

点评专家：丁永玲　武汉商学院旅游与酒店管理学院教授

“世界那么大，我想去看看”“来一场说走就走的旅行”“我带上你，你带上钱，一起去浪”，从近年网络流行热词中，我们能看出旅游对人们生活的影响。

本案例紧紧抓住消费者“看世界”的迫切欲望，以“鼓励和帮助中国旅行者以自己的视角和方式体验世界”的理念，瞄准目标受众群体喜爱新技术、好奇新事物、热衷做吃货、乐于传播与分享的“共性”，策划了“对世界上的瘾，穷游来帮你解”的内容，即以 VR 虚拟自行车游览欧洲城市与名镇，巨型热气球拍照，大厨现场烹饪制作美食等互动体验环节；引用穷游网旗下的 IP 活动项目——穷百合，将其从线上落地至线下，展现潮流、复古、兼具未来感的活动特性，通过对自由的生命、无拘无束的旅程的诠释，鼓励受众群体向往旅游文化并付诸行动。并且，将这种“潮旅游”，通过传统媒体、新媒体等媒介渠道传播。这种高触感、低成本的内容营销活动，也为品牌传播铺开了迅捷渠道，将企业“旅行的责任”品牌理念嵌入其中，提高了受众群体品牌忠诚度，值得推崇。

2017 最具公众影响力
娱乐营销大奖

陈奕迅唱 I Do 给你听

执行时间： 2016 年 9 月 22 日—2016 年 11 月 3 日

企业名称： 恒信玺利实业股份有限公司

品牌名称： I Do

获奖情况： 金旗奖——2017 最具公众影响力娱乐营销大奖

• 项目概述 •

作为深耕大众情感领域的品牌，I Do 为传递情感价值观，塑造时代爱情正能量，携手华语歌手陈奕迅打造时代爱情金曲暨品牌同名歌曲《I Do》，从歌曲名字、歌词到 MV（音乐短片）故事，字里行间融入品牌理念并在关键情节植入经典产品，引发大众情感共鸣。一首看似简单的歌，却是品牌独有的内容资产，使受众了解并感知 I Do 品牌代表的情感价值观。《I Do》发布后连续数周横扫各大榜单，引发粉丝追崇传唱，被喻为《十年》《因为爱情》之后又一流行金曲。

• 项目背景 •

珠宝品牌近年来开始注重娱乐营销，争相以大预算聘请当红流量明星为品牌代言，从而提升品牌在年轻群体中的好感度。在同行越来越重视娱乐营销的情势下，I Do 品牌如何突破局面，以小预算达成与一线艺人的合作，同时打造独有的品牌内容资产，是亟待解决的战略性挑战。

项目调研

（1）“90 后”已经成为适婚市场的主力人群。对于专注婚戒领域的 I Do 来讲，目标群体的特征一直在改变，只有紧跟受众的偏爱，才能赢得目标群体的关注、认可与喜爱。与“80 后”相比，哪些才是能抓住“90 后”的有效营销手段？ I Do 通过调研发现，音乐与视频是“90 后”喜爱的休闲娱乐方式，这是品牌营销创意策划发力的重点方向。因此，I Do 希望通过音乐与受众对话，传递品牌核心情感。

陈奕迅唱 *I Do* 给你听

（2）首先，陈奕迅是华语流行音乐的“天王巨星”，艺人自身价值和影响力不可估量。其次，2016 年是陈奕迅与妻子徐濠萦结婚十周年，也是 I Do 品牌建立十周年。艺人方有可以预知的情感表达的基础诉求，同时这一情感诉求与 I Do 的品牌理念和价值观高度吻合。陈奕迅“粉丝”横跨“70 后”“80 后”“90 后”，而他对爱情的态度始终如一。这些浓烈的情感积淀在他结婚十周年之际即将喷发，这是他认可并想要表达的 I Do。对于传唱度高的歌曲以苦情歌为主的陈奕迅来说，这是他转变风格演绎的温暖治愈系情歌，他甚至亲自创作写词，鼓励时下的年轻人，表达什么是积极正能量的爱情价值观与人生态度。

（3）很多品牌都尝试过品牌歌曲的探索，而《I Do》之所以能够获得大众推崇，是因为品牌先天的情感属性。“Yes，I Do（我愿意）”这样一句简单而庄重的誓言，是 I Do 品牌名称的由来。没有哪个词更能够代表这个品牌要表达的精准含义。这些年 I Do 始终坚持着以“爱”为品牌最核心的基因，坚持着表达温暖情感的价值观。正是 I Do 对爱情最美模样的描绘，触动了陈奕迅的内心世界，也打动了无数“粉丝”，最终以 I Do 品牌为主导，引发了品牌、艺人、受众三者深刻的情感共振。《I Do》的歌名与歌词中，处处表现 I Do 情感，同时在 MV 故事核心求婚情节植入品牌经典钻戒，实现从歌曲到品牌再到产品的转化。

项目策划

1. 目标

贴合千禧一代年轻受众的休闲娱乐喜好，借势明星娱乐作品的影响力，提升年青一代对 I Do 品牌的认知，自然吸引受众产生情感共鸣。《I Do》也是 I Do 品牌同名歌曲大计划的开山之作，未来，I Do 品牌还将携手更多华语顶级歌手，以 I Do 为题，创作品牌同名歌曲，为 I Do 注入更多情感内涵。

2. 营销策略

以陈奕迅《I Do》为内容营销载体，精准把握每个传播接触点，有效触达目标受众，引导粉丝围绕歌曲自创作内容，在每个传播接触点打造流动的双效对话。在歌曲和 MV 核心情节中，自然植入品牌情感价值与品牌核心产品系列，让每一位关注到歌曲的受众，都关注到 I Do。I Do 锁定关注陈奕迅、音乐、演唱会与爱情话题的年轻人群，围绕歌曲和 MV 不断引导受众发酵话题内容，用陈奕迅的音乐和爱情故事，唤醒大众对纯粹爱情的向往。

3. 媒介策略

I Do 深挖独有的核心价值观，放大陈奕迅核心娱乐爆点。配合新歌发布、MV 上线与陈奕迅演唱会北京站等重要节点，匹配线上线下整合媒介渠道，助力话题自然发酵。特别是在传播中有力占据微博传播主阵地，打造与受众的有效双向对话。从线上全渠道覆盖，到线下覆盖演唱会消费者，再到“粉丝”口碑效应覆盖潜在受众。每一条关于陈奕迅《I Do》歌曲与 MV 的讨论，都是对品牌声量的有效助益。

项目执行

创意主题：陈奕迅唱 I Do 给你听。

（1）第一阶段：预热阶段巧妙布局，前期接触点隐藏品牌信息制造悬念，粉丝自创内容为品牌发声。

媒体策略：有效占据年轻人热爱的娱乐八卦主阵地——微博。

考虑到歌曲的娱乐营销属性及核心目标受众的媒体使用偏好，I Do 选择以独家创意物料打造有娱乐爆点的微博话题，吸引粉丝关注，同时结合音乐平台打榜、网络媒体发稿等手段，助力歌曲自然发酵，《I Do》赢得网友传唱与热爱。

传播策略一：曝光“偷拍”谍照制造风声，引发粉丝好奇心理。

I Do 线上布局话题 # 陈奕迅歌神变爱神 #，通过有热搜效应的陈奕迅 MV 拍摄路透图，打造微博热门话题，将“陈奕迅新歌、新 MV、新造型”等关键词抛出，强化新歌美好爱情定位；同时网络媒体跟进报道，发酵“周一见新歌”风声，吊足“粉丝”胃口，为新歌发布预热。

传播策略二：去品牌化发声，助力歌曲自然发酵。

① 陈奕迅微博首发新歌《I Do》，同时全平台音乐渠道助推，抢占各大平台榜首。

② 制作以歌词为基础的多种传播物料，利用城市爱情主题、四季主题、艺

人手写等创意关键词，引导大众关注陈奕迅新歌，同时引导大众自发基于歌曲创作海报，形成二次传播。

③ 利用大众的“歌王情怀”进行营销，以经典老歌带动新歌声量，联动粉丝团微博打榜，助推话题，将受众人群从粉丝群体延展到更广人群。

④ 特邀乐评人、娱评人进行行业背书，第三方认证新歌《I Do》质量与口碑。

⑤ 发布 MV 拍摄路透花絮图，引导受众关注新歌 MV。

（2）第二阶段：关键接触点植入品牌信息，核心产品植入 MV 关键情节，品牌全面发声。

媒体策略：与情感 KOL 进行深度内容合作，打造微信情感热文。

此阶段是陈奕迅《I Do》MV 发布的预热和传播期，I Do 品牌选择在 MV 发布时巧妙发声。I Do 品牌在前期策划中，已经在 MV 中预埋多个品牌线：首先，MV 讲述一生的情感故事，即是 I Do 所倡导的情感价值观；其次，陈奕迅在 MV 开篇重读婚礼誓言，是 I Do 品牌的灵感来源；最后，Tower 系列植入成为 MV 核心求婚情节。I Do 品牌在此阶段，利用微信平台深度内容传播的属性，与多位 KOL 合作，打造情感热文，深入解读品牌与歌曲的关联以及陈奕迅《I Do》代表的情感价值观。用歌曲 MV 讲述品牌正能量情感价值观，成功将歌迷“粉丝”对歌曲的感知，转化为对 I Do 品牌和产品的认知。

传播策略：主打感情牌，陈奕迅与太太十年不离不弃的感情与整支 MV 及品牌十周年完美融合，情感故事贯穿传播始终，成为热议话题。

① 延续新歌热度，结合时下流行的心理测试模式，同时利用陈奕迅自身非常鲜明的“鬼马”特质，形成创意文案，制作社交传播类创意 H5，H5 引导显示《I Do》MV 即将发布的信息点，为 MV 发布预热。

② 独家发布 MV 花絮及 MV 创意先导版海报、莱卡相纸海报等创意物料，吸引“粉丝”猜测陈奕迅在 MV 中亲自扮演的神秘身份，引导粉丝关注 MV 中的情感故事。

③ 陈奕迅微博首发《I Do》MV，同时全网重点位置推送首发新闻，配合微博及微信 KOL 对 MV 情感故事进行多维度解读。

④ 邀请电影《寻龙诀》美术大师以 MV 场景制作手绘图、MV 大字海报等

创意物料，关联品牌解读 MV 故事情感价值观。

⑤ 品牌接盘，在全渠道内容策划中植入品牌合作信息，明确输出品牌情感价值观。

（3）第三阶段：收官之战首唱《I Do》，新歌热度空前扩散——陈奕迅北京演唱会。

媒体策略：直播演唱会现场，拓展受众群；结合演唱会热度打造微博话题，歌迷“粉丝”口碑效应形成二次传播，广泛覆盖潜在受众，话题声量空前引爆。

传播策略：结合艺人行程实时布局传播节奏，策划艺人演唱会收官战首唱新歌《I Do》，引爆受众自传播。

① 演唱会前期，联合粉丝团策划 # 我们要听 I Do# 的热门话题。

② 演唱会中，陈奕迅首唱《I Do》，利用演唱会大事件引爆传播声量，营造温暖情感舆论焦点，引发受众自传播。

③ 演唱会后，结合演唱会爆点环节，策划 # 十万人围观陈奕迅表白 I Do 等话题，引导传播导向，众多明星、媒体、KOL 及网友参与转发。

④ I Do 自媒体多维度顺势发声，解读合作，构建品牌、歌曲与艺人强关联。

（4）第四阶段：传播节奏实时布局，促成传播声量层层递进。

媒体策略：紧跟演唱会热度，即时投放微信朋友圈广告，户外大屏、影院广告实时全面紧跟，全渠道整合发声让 I Do 随歌曲深入触及大众内心。

① 借演唱会大热之势，投放微信朋友圈广告，持续发酵新歌《I Do》影响力：在 2016 年 10 月 24 日（陈奕迅演唱会结束后一天）发布品牌朋友圈广告，官方正式输出配合《I Do》歌曲的情感价值观。

② 线下广告投放，持续发酵歌曲与 MV：赢得商场户外大屏、影院广告、电梯广告等多个线下投放资源，助力长尾传播。

项目评估

整体传播覆盖量超 10 亿人次，大众自发扩散引爆。（数据来源：代理公司根据平台数据调研提供，涵盖时间 2016 年 9 月 22 日—2016 年 11 月 3 日）

（1）视频传播。全项目视频累计播放量超1亿人次。官方版MV和“粉丝”上传MV累计全平台播放超8000万人次，“粉丝”自制两版视频MV，累计播放量超900万人次，演唱会首唱《I Do》视频播放量超1000万人次，颁奖典礼后续演唱《I Do》，视频播放量超800万人次。

（2）微博传播。超5次占据热门话题Top 1，占领近一个月娱乐圈头条位置，微博话题阅读量累计超5.8亿人次，赢得大量明星、媒体、KOL分享转发。

（3）微信传播。多个娱乐及情感优质微信大号发布相关文章，阅读量超500万人次；阅读量超10万的文章超40篇，赢得800多家微信自媒体转发。腾讯朋友圈广告投放互动数据总曝光超2400万次，互动率高达22%（同行业投放均互动率约为10%~15%）。

（4）网络媒体。近200家网络媒体集体发声，腾讯、搜狐、网易、新浪等重要位置推荐。

（5）其他媒体。赢得楼宇、电梯等户外广告资源，累计覆盖人群超900万人次。

时至今日，在不同的颁奖典礼、视频采访、节日晚会上，陈奕迅多次介绍并演唱《I Do》，不断有新的受众听到《I Do》并被《I Do》代表的正能量情感价值观所感动，I Do品牌也由此与陈奕迅绑定。《I Do》这首歌已经不仅是I Do品牌的独有内容资产，更成为这个时代正能量情感价值观的代表，影响着当代年轻人。这，便是这首时代爱情金曲的真正意义。

● 项目亮点 ●

（1）情感洞察助力本土品牌I Do在小预算环境下，撬动一线巨星达成合作。

在策划阶段，I Do洞察到与陈奕迅达成合作的3大契合点，并最终实现合作。首先，目标受众吻合，“70后”和“80后”歌迷是陈奕迅与I Do品牌的共有受众群，同时双方都有开拓“90后”受众市场的诉求。其次，情感诉求吻合。2016年是陈奕迅结婚十周年，艺人方有可预知的情感表达诉求。最后，歌曲类型贴合，陈奕迅传唱度高的歌曲以苦情歌为主，大众对陈奕迅演绎温

暖治愈系情歌有客观存在的强需求。同时，表达温暖情感是 I Do 品牌一直以来的追求。

（2）营销理念创新，《I Do》不是一首广告歌，而是一首代表时代爱情价值观的金曲。

I Do 品牌并不希望将歌曲《I Do》打造成一首广告歌，而是想打造一首真正能够引发大众情感共鸣的金曲，引领大众的情感价值观。因此，在传播中，特别是传播前期，I Do 巧妙布局，隐藏品牌信息，使得歌曲自然发酵。使受众先对歌曲《I Do》产生好感后，再露出品牌。

亲历者说 刘冉 恒信钻石机构品牌公关中心总经理

时下 IP 大热，纵观娱乐生态，内容和商业的边界非常模糊，但二者却是娱乐营销的重要方面，无论是内容还是品牌都在汲取 IP 红利。当品牌遇上 IP，如何强势将娱乐、情感注入品牌，形成全新商业“超级 IP”呢？

I Do 品牌主张美好情感的温暖表达，此次打造现象级娱乐营销，更是摆脱 LOGO、生硬产品的初级模式。通过内容激起大众情感共鸣，从而达到了品牌“润物细无声”的效果。

品牌一方面通过陈奕迅这个超级明星 IP 更加具象地进行了品牌理念、价值观的传递，刷新了品牌认知形象；另一方面围绕“同名歌曲 +MV+ 演唱会”等强势娱乐内容与大众形成自发互动、渗透。挖掘“I Do”天生具备的深层文化情感，推动打造品牌超级 IP 进程。

I Do 携手陈奕迅打造品牌同名歌曲的案例，抓住了娱乐营销与珠宝品类产品在“时尚性、情感性、艺术性”三个层面的高度一致。通过创造新鲜有活力的内容引起情感共鸣，进而吸引消费者主动参与其中，获得轻松快乐的体验，从而激发消费者对品牌的记忆和好感。

案例点评

点评专家：苏宏元　华南理工大学新闻与传播学院院长、教授

“陈奕迅唱《I DO》给你听”案例通过线上线下的营销过程，高度契合公关传播持续发酵的特性，在传播过程中为消费者塑造了清晰的品牌形象。

在该案例传播前期，品牌通过调研确定传播目标群体为适婚市场主力的“90后”，从而选择用音乐传递品牌核心情感。

在歌曲预热阶段，品牌进行巧妙布局，前期隐藏品牌信息制造悬念，在歌曲多渠道发布后，使用微博平台吸引“粉丝”关注，结合平台打榜、网媒发稿等手段助力歌曲自然发酵。

在关键接触点植入品牌信息，将品牌核心产品植入MV关键情节，通过与情感KOL合作，提升情感热度，深度解读与品牌关联，成功将歌迷对歌曲的感知转化为对品牌的感知。

I Do采用“社会化媒体＋情感＋娱乐＋数字化”的整合营销传播策略，提升传播效果，累积品牌资产，不失为一则成功的品牌公关案例。

腾讯体育 2017 超级企鹅篮球名人赛

执行时间： 2017 年 7 月 20 日—2017 年 9 月 12 日

企业名称： 腾讯科技（北京）有限公司

品牌名称： 腾讯体育

获奖情况： 金旗奖——2017 最具公众影响力娱乐营销大奖

项目概述

超级企鹅篮球名人赛是腾讯体育向 NBA（美国男子职业篮球联赛）名人赛看齐的汇集顶尖篮球明星和娱乐大咖的高规格赛事。如何利用“跨界”做文章，对吴亦凡、蒋劲夫、王嘉尔等明星的“粉丝”与篮球迷进行最大化的搅动进而引发全民热度，成为本次营销最重要的命题。

为期两个月的传播，真正让“粉丝”、球迷玩在一起，充分调动“粉丝”积极性，深度剖析“粉丝”心理预判爆点，制造强烈凝聚力；捆绑明星组合激发新看点，关联热门的大众话题；精准把握球迷关注点——情怀，从线上到线下，打造“致敬青春偶像”与球星“世纪和解”，同时围绕赛事核心理念建立衍生文化。

活动覆盖 5 亿受众，到场观众数同比 2016 年增长 2 倍，腾讯视频总播放量增长 1.65 倍，相关话题阅读量 8.2 亿次，ROI 高达 27。

项目背景

腾讯体育签下 5 年 NBA 版权，覆盖 3000 多万核心篮球用户，但专业的赛事并不能满足更广泛的体育、娱乐跨界用户，打造有极强娱乐属性，与大众形成共鸣和强关联的赛事成为腾讯体育的新命题。这不仅是赛事运营角度的拓荒，更给营销传播带来极大的机遇与挑战。

● 项目调研 ●

1. 从赛事角度入手

腾讯体育背靠 NBA 资源与强大明星关系网络打造的超级企鹅篮球名人赛，有机会将篮球的泛娱乐价值与社交能量对接，产生巨大价值。

在美国，一年一度的全明星赛是 NBA 全明星周末的一部分，不仅有退役和现役球员的全情投入，更是娱乐时尚圈和大众用户的聚会。篮球经济不只是专业体育竞赛，而在于打造全民性，卷入更多娱乐受众。因此，对于超级企鹅篮球名人赛而言，“粉丝”“女性”成为第一目标市场，其次才是球迷，最终从核心用户扩散影响至一般大众。

此外，从赛事内容与精神角度出发，名人赛不只是篮球竞技，更有娱乐基因。因此，在传播策略的制订上，腾讯体育将娱乐基因注入篮球文化，包装“竞赛 + 明星”的嘉年华，旨在打造一场大众狂欢。

超级企鹅篮球名人赛阵容

2. 从阵容角度入手

在传播策略确定前对每位球员的传播点与话题进行明确定位思考，包括个人向、关联向、对比向等分析逻辑，最大程度利用明星知名度，发挥其影响力。

项目策划

1. 目标

（1）包装横跨娱乐体育的全民性 IP，扩散名人赛知名度和影响力。

（2）充分调动“粉丝”球迷的参与并形成互动，由内向外传播，打造全网热度。

（3）深化“红蓝大战”视觉及理念识别，使其成为超级企鹅篮球名人赛的品牌特色。

2. 策略

（1）充分调动明星“粉丝”，抓准“粉丝”心理设计参与机制，捆绑明星组合激发新看点，借势大众热门话题，让大众玩在一起。

（2）精准把握专业球迷情怀，致敬篮球偶像，深度挖掘球星故事，预埋情感关系，逐步爆发感动球迷。

（3）通过炒作豪华明星阵容及赛事“燃”点吸引大众关注，包装热点事件，制造“不得不看”的舆论风向。

3. 受众

年龄在 15~35 岁之间，不限性别，包含专业球迷、泛体育用户、明星“粉丝”、泛娱乐用户等。

4. 传播内容

（1）明星向：丰富的明星话题包装 +“粉丝”运营。

发起 # 为篮球凡打 call## 王嘉尔今天练球了吗 ## 把球传给吴亦凡 # 等明星话题吸引“粉丝”参与；捆绑明星炒作话题；借势大众热点，与《灌篮高手》《人民的名义》等进行关联；制作创意视频供大众娱乐吐槽；制作热血明星动漫 H5，吸引用户“加入”红蓝战队，分享战书；重点参赛明星录制趣味视频；18 位明星、球星集中时段齐晒球衣；发起“强势表白，承包篮球男神”活动，搜集留言制作弹幕，赛前一晚“承包”上海花旗集团大厦与震旦大厦。

（2）球星向：情怀传播。

与明星关联炒作，苏醒、郭艾伦致敬阿伦·艾弗森，保罗·皮尔斯发布视频喊话吴亦凡“好久不见”；发布球星“恩怨”盘点文章与视频，触发老球迷的情怀与期待，赛中第一时间包装传播“世纪拥抱”事件，成为体育圈热点。

（3）综合。

联动“99 公益日”举办公益专场，助自闭症儿童与篮球少年实现篮球梦；通过动图、短视频、高清大图等物料及时同步微博，进行及时有效的用户沟通与互动；实时抓取赛点、燃点、帅点制作海报，放大比赛的精彩与篮球的魅力，吸引大众观看直播。

5. 媒介策略

调动优质媒介资源并与明星“粉丝”群体、球迷群体密切合作，微博、微信、视频网站、自媒体人朋友圈等同步发力，形成全网覆盖的模式，以达到最佳传播效果，其中“粉丝”渠道的不断开拓、关系维护、内容沟通是重点与突破点。

• 项目执行 •

1. 明星聚合——红蓝战队，强势集结

悬念引发粉丝猜想

2. 明星球星单人热血宣言

18 位明星、球星，不论任何身份，都有一份热爱，叫作篮球！ #打得不好，请指教#

腾讯体育 2017 超级企鹅篮球名人赛单人海报

3. 明星话题炒作与粉丝运营成果

发布 # 王嘉尔今天练球了吗 # 话题，十余家粉丝站齐发微博，当日话题进入热门话题榜第 2 名，得到王嘉尔本人关注并回复。后续王嘉尔专程录制练球视频，话题热度持续发酵。

发布 # 为篮球凡打 call# 话题，紧跟时下应援口吻，充分调动吴亦凡“粉丝”力量，实现“粉丝”全面沟通覆盖，话题阅读量 8942.8 万人次，评论数 50 多万，最高升至微博热门话题榜第 2 名。

赛前明星微博齐晒超级企鹅篮球名人赛球衣，喊话 # 打得不好，请指教 # 形成刷屏，后续汇总进行二次传播，登上微博热门话题第 1 名。

项目传播期间，主话题 # 超级企鹅篮球名人赛 # 上榜十余次，并在比赛当天升至微博热门话题榜榜首。

4. 明星创意策划与粉丝交互

（1）《人民的名义》沙书记发话：“满墙的球一个都没打。”

邀请“沙书记”张丰毅录制短视频，与大众话题结合进行趣味化传播。

（2）吴亦凡“神 COS（角色扮演）”灌篮高手。

将吴亦凡与影响力经久不衰的《灌篮高手》进行话题结合，发布九宫格与帅气混剪，激发大众好感与粉丝“少女心”。

（3）国内明星球技谁最强？（同时关联当下热门话题）

在美国对 NBA 巨星阿伦·艾弗森和街头达人进行采访，邀请他们真实点评国内明星球技并制作视频，短片最后告知被访者这些“球员”都是中国的明星，将趣味推向高潮。

（4）发布娱乐类微信稿件，借助吴亦凡、王嘉尔、苏醒进行大众传播，科普篮球文化的渊源，稿件阅读量超 10 万人次。

（5）篮球男神“承包”外滩。

红蓝明星海报与“粉丝”应援弹幕分别登上上海花旗集团大厦与震旦大厦，大量“粉丝”受到号召到场支持偶像并“隔空合影”，大众侧包装超级企鹅篮球名人赛影响力。

（6）红蓝大战在即，你加入谁的战队？

创意制作热血篮球动漫 H5，营造大赛在即的紧张感，吸引大众上传照片与明星一起“加入”红蓝战队，分享战书增强参与感。

热血篮球动漫 H5

5. 球星情怀，讲真正打动人心的故事

赛前制作感人视频，预埋“凯尔特人三巨头”之二——雷·阿伦、保罗·皮尔斯的“恩怨情仇”，邀请体育圈意见领袖张佳玮等发布深度稿件，感动 5000 万球迷与泛体育人群的关注，引发期待。

赛中及时对二人和解做出反应，进行“世纪拥抱”创意制作与事件炒作，国内重要体育媒体、国外权威媒体均进行了报道。

6. 明星球星互相喊话，实现真正跨界

策划郭艾伦、苏醒从赛前线上到比赛现场致敬心中的偶像阿伦·艾弗森。

保罗·皮尔斯微博喊话吴亦凡，吴亦凡“粉丝”回应。

7. 一场热血的实时营销，让更多娱乐“粉丝”爱上篮球

比赛现场物料及时同步微博；实时抓取赛点、燃点、帅点创意 7 张实时海报，共计发布 20 条实时微博内容，引发网友关注，获得颇多走心好评，有效向直播引流。

● 项目评估 ●

1. 效果综述

策划悬念海报、揭晓海报、明星热点事件、比赛实时直播等内容，共计安排发布 152 条微博，直接覆盖 3.3 亿人群，截至发稿前获得 465751 次转发，192359 次评论，911402 次赞；8 篇微信图文直接覆盖 371 万人，阅读量超 25 万人次。

撬动明星后援会、“粉丝”站、第三方大号主动发布微博 300 多条，发布微信公众账号文章 11 篇。

发起 9 个微博话题，总阅读量为 8.2 亿人次，# 超级企鹅篮球名人赛 # 登上实时热门话题榜第 1 名，热门话题右侧推荐，24 小时榜第 6 名，# 打得不好，请指教 # 登上实时热门话题榜第 1 名，热门话题右侧推荐，24 小时榜第 2 名，# 为篮球凡打 call# 热门话题榜第 2 名，热门话题右侧推荐；比赛当天赵爽、张哲瀚分别登上微博热搜第 4 名与第 27 名。

除赛事本身明星外，还影响到陈赫、张歆艺、谢楠、沈凌、周冬雨等娱乐圈人士，有部分发布微博表示支持。

2. 现场效果

上海东方体育中心座无虚席，直播观看量 1.1 亿人次，到场观众同比 2016 增长 2 倍，总播放量增长 1.65 倍。一系列激动、感人的瞬间，数次获得现场观众及场外观看人员的呐喊、助威。

3. 受众反应

热血 H5 在“粉丝”群之间进行扩散，令“粉丝”参与互动，上传图片和偶像组成战队；比赛前一天，外滩大屏吸引众多明星“粉丝”前去观看，纷纷和偶像合影留念，大鹏主动发布现场海报图片微博。

4. 市场反应

高热度、强运营带动吴亦凡、董力、王嘉尔、李荣浩“粉丝团”等购买团票，赛前一票难求，现场座无虚席。

保罗·皮尔斯与雷·阿伦“世纪拥抱”获得“凯尔特人吧”“NBA”“篮球大图”等众多篮球类微博大号的主动转发扩散，同时国外权威媒体发布相关内容。

5. 媒体统计

相关微博 KOL：小野妹子学吐槽、八哥专用、韩饭桶、篮球大图等。

相关微信公众号：张佳玮写字的地方、贵圈真乱、达达兔等。

• 项目亮点 •

（1）明星传播及“粉丝”运营取得极好效果，充分扩大成为大众影响力。打造多个让“粉丝”玩起来的话题，沟通吴亦凡、蒋劲夫、董力、王嘉尔等数十个“粉丝”团，项目传播期间配合发布微博充分促进售票。

（2）传播热度之高直接被明星本人感知，促成王嘉尔、大鹏在合作权益之外主动回应“粉丝”、发布相关内容。

（3）体育圈“大 V”自发集体转发腾讯体育微博致敬阿伦·艾弗森。相关小视频获得 NBA 球星特雷西·麦克格雷迪、知名解说苏群、杨毅、李克等集体转发致敬，在篮球界掀起讨论热潮。

（4）雷·阿伦、保罗·皮尔斯和解受到外媒报道，充分体现并进一步扩散影响力。

（5）比赛期间张歆艺、周冬雨、谢楠及“芒果娱乐”“NBA 最前线”等众多明星、娱乐、篮球类大号主动发布比赛相关内容并登上微博热门。

亲历者说 杨珂宁　北京锐易纵横文化传播有限公司项目经理

超级企鹅篮球名人赛，不只是一系列比赛，更是一个体育 × 娱乐赛事 IP。不论关注度的提升还是口碑的建立，都是一场从零开始的尝试。它为我们带来的经验与思考，必将成为十分宝贵的财富。

1. 真正了解粉丝，才能调动他们的力量

准确把握“粉丝”的痛点在娱乐营销中至关重要，这包括对明星及其“粉丝”特点进行全面的了解、细致的划分与深度的思考。在此基础上的创意与传播，才能真正激发粉丝的热情和参与度。

2. 娱乐营销不可“自嗨”，创意至关重要

明星本身的话题对大众吸引力有限，因此，需要变换思路进行花样创意，对明星之间的关系挖掘、放大、捆绑炒作，让明星与时下热门大众话题的结合，只有让“粉丝”和第三方渠道能“有料可传”，营销才真正具备大众影响力。

3. 明星权益有限，怎样最大化利用

利用“粉丝”制造声势，把偶像送上热门，明星自然会来关注回应；集中发力，互相喊话，让单个影响力已经很高的明星一起进行传播，效果必然会爆棚。

4. 娱乐营销，也需要一点精神内核

每一个创意、物料，每一次发布，都在紧扣“打得不好，请指教”的社交口号，体现“红蓝大战”的视觉及理念识别。历时 2 个月的营销，因为坚持“让更多人关注、爱上篮球”的理念，所以让“粉丝”真正感受到了篮球的魅力，同时让球迷改观：原来名人赛也这么燃。

案例点评

点评专家：樊传果　江苏师范大学传媒与影视学院教授、文化创意产业研究院院长、广告研究所所长

这是一个教科书版的娱乐营销类实效公关案例，该案例有四大精准。

（1）传播目标清晰、准确。横跨娱乐体育的全民性 IP，扩散知名度和影响力，强化腾讯体育超级企鹅篮球名人赛的品牌特色。

（2）达成目标的策略手段系统、精准、有效。首先，对项目策划涉及的品牌与产品的特点、受众娱乐消费心理与媒介接触特点、活动主角（市场上各类目标受众喜爱的娱乐界明星、NBA 明星）吸睛点、网络互动传播主要载体等分析把握得非常透彻、准确。其次，传播策略缜密，环环相扣，有的放矢——通过一系列丰富的明星话题包装与“粉丝”运营，让大众玩在一起；动之以情——精准把握专业球迷关注点，深度挖掘球星的情感故事，扣联娱乐明星与篮球明星的情感互动，逐步爆发感动球迷；引爆热点——通过炒作豪华明星阵容及赛事“燃”点吸引大众关注。

（3）传播内容紧扣目标、主题，创意新颖有效。每个内容都有看点，且持续引爆，从而将活动不断推向高潮，具有较强的吸睛效果。

（4）媒介策略得当，全网覆盖，精准传播。调动了一系列优质媒介资源，微博、微信、视频网站等同步发力，形成全网覆盖的模式；篮球明星、娱乐圈名人与受众、“粉丝”的互动性强，准确抓住了公关实效传播的本质特点。

《吐槽大会》整合传播项目

执行时间： 2017 年 1 月—2017 年 4 月

企业名称： 腾讯科技（北京）有限公司

品牌名称：《吐槽大会》

获奖情况： 金旗奖——2017 最具公众影响力娱乐营销大奖

项目概述

《吐槽大会》是腾讯视频自制的一档喜剧类脱口秀，通过嘉宾和嘉宾之间的调侃，在嬉笑怒骂、哈哈大笑中传递正确的三观。在制作成本屡创新高的综艺环境下，《吐槽大会》成为了一档热播、热议、商业口碑多方面丰收的节目。

项目在传播上积累了独特的经验与行之有效的策略，在传播内容上创造了“薛张粉丝团互撕”“给上上签火锅店打一星”等事件及许多广为流传的段子。项目打破了泛娱乐圈层限制，不仅引起社会高知群体的热议互动，更有《解放军报》、人民网、各地方媒体纷纷报道转载，在全社会形成了一股《吐槽大会》的风潮。

项目背景

《吐槽大会》在播出之前，企业内部外部均不甚看好，节目面临着极大的传播压力，压力来自三个方面。

第一，节目曾经因内容导向被广电总局要求下架并被评为媚俗、恶俗、低

《吐槽大会》海报

俗三俗节目；第二,《吐槽大会》因曾经的停播事件进行过改版，网友形成的固有印象让节目原本的口碑还原为零，如何重新建立口碑是巨大的挑战；第三，新节目重整后毫无声量，大家对节目的渴望并没有想象中高。

回归节目本体分析，公关在做项目推广之前，对项目的评估是传播缺乏引线，它不仅没有偶像型的常驻明星，甚至连每期的嘉宾也均以“过气前辈”和“不怎么脸熟的明星”为主，作为主卡司的李诞、池子、张绍刚在节目初期几乎没有社交媒体声量。加上喜剧类节目本身不如选秀、大型真人秀类节目易聚集人气，传播破局需要一反常规的策略和强有力的执行。

• 项目调研 •

节目前期宣推思路主要有四个方向。

（1）给巷子多开几条通道——渠道与商务拓展。

（2）在巷子外打广告——户外与线上投放。

（3）邀约名人推荐代言——意见领袖和粉丝经济。

（4）制造事件吸引大家注意——社会化媒体传播。

关于以上四者的方法论模型及应用已经在诸多项目中实践，但在《吐槽大会》这一项目中，以上四种方法不足以完全解决难题。于是在此次《吐槽大会》传播过程中，公关选择了另一种方法——让巷子热闹起来（热巷战术）。

项目策划

热巷战术——塑造一个节目的文化生态圈。让节目自身产生热度需要大量的投入和时间成本；所以企业尽一切可能让和节目有关联的一切细枝末节都产生热度。经过实践，这些细枝末节的元素，经过十期节目的播出和营销，在《吐槽大会》收官的时候，带来的远远不是一档现象级节目这么简单，更意味着腾讯视频在综艺市场收获了一个自制节目的文化生态圈。

确定选题，两线操作，“粉丝”线或者新闻线——分析当期主咖适合走“粉丝”线还是新闻线，走“粉丝”线重在提前路透，撩动“粉丝”互动参与，增加讨论度；走新闻线则要通过话题设计制造娱乐新闻，增加曝光量。

仪式感拔高——收官注重仪式感，让一档现象级综艺有一个与之匹配的“暂时告别”，同时为下一季回归吊足观众胃口。

项目执行

实现从碎片化信息到优质内容聚合的——热巷战术四部曲方法论。

（1）站位准确、深化立意。

基于节目开播的特殊属性，在节目上线前后以吐槽解压等方向对节目进行正面解读，矫正舆论环境，确保节目安全上线，邀请 KOL 发声，解读吐槽大会内核及节目立意，树立节目正面舆论。

（2）热议话题、引燃媒体。

在站稳正能量节目的卡位后，市场传播的第二步是借前期节目内容中带有争议热点的话题，引爆媒体关注。

（3）每期一策、彩蛋不断。

在节目进入稳定播出并具有一定关注度后，通过每期不同的内容特点及嘉宾，做出不同的传播策略，营造大量有用户参与的彩蛋进行碎片化传播。

（4）化零为整、高举大旗。

在节目收官阶段，将碎片化的信息进行聚合和再度传播，借助已经形成的舆论现象为第二季招商服务。

• 项目评估 •

受众的感知——《吐槽大会》热词横扫全网。各企业纷纷效仿《吐槽大会》形式进行吐槽，多家媒体纷纷报道转载，在全社会形成了一股《吐槽大会》的风潮。

从数据来看，《吐槽大会》传播强势吸睛，在社交平台迅速引爆，以多样化“高爆”话题挑逗大众味蕾，子话题呈放射状覆盖全网，霸榜多次，成绩傲人。上线 11 周，微博话题阅读总量超 12.71 亿人次，互动量超 162 万，覆盖人数 4.1 亿。

• 项目亮点 •

1. BD（商务拓展）规模的升级及应用模式的改变

本着将节目理念与合作模式的高度契合的目标，本次 BD 传播共涉及电子商务、视频、运动、IT、新闻、工具、直播、美食、美妆、旅行等 30 多个品牌，节目播出信息及相关视频覆盖各个热门 Apd 开屏、banner（横幅广告）、首页推荐等推荐位 100 多个；以现有的 BD 体系进行强化，打造出 ROI 极高的跨界合作方式，优化了腾讯综艺跨界合作的新模式并实现可复制标准化案例，带动不同层面用户对腾讯视频内容与腾讯综艺品质的认知。

2. 校园渠道的深耕与发现

相关校园行活动不是一场单纯的校园活动，它借助《吐槽大会》这一 IP，在活动覆盖的 86 万学生群体当中传播了腾讯视频的品牌印象，为“不负好时光”的品牌理念完成了一轮校园解读。

亲历者说 **张阳　北京众行互动数字文化传媒有限公司客户经理**

《吐槽大会》不再只是一个现象级的网络综艺节目，而是一次在中国掀起的幽默革命，让人敢于用吐槽的方式表达正能量的观点，促进人与人之间正能量的关系。

我们见证了“将吐槽吐成一门艺术”的《吐槽大会》文化的诞生。

案例点评

点评专家：吴春城　战国策传播集团董事长

《吐槽大会》的成功是有目共睹的，它不仅引领流行成为现象级节目之一，也为合作厂商带来高曝光高效益。这与其采用的营销手段与常规娱乐营销完全不同的方式有关，以下四个总结值得学习。

（1）传播渠道的多元。

过去常规的娱乐营销总追求“零负面”的宣传逻辑，单纯靠明星热度打造“粉丝”圈的经济效益，因此过去的娱乐营销较缺乏议题性。但《吐槽大会》前期明确节目站位，深化选题立意，撬动“粉丝”圈与新闻话题双线并行的传播效益。

（2）社会议题的切入点。

《吐槽大会》的节目设定抓准了网络独有特质“吐槽毒舌文化”，因此节目一上线就受到网友的关注，不仅透过直白的吐槽创造密集笑点，也透过揭露话题明星的隐私满足观众好奇心，同时形塑节目正面形象，传达“吐槽是门手艺，笑对需要勇气”的价值观。

（3）与受众的互动性。

校园行及提前路透让观众有互动参与感，增加讨论度，碎片化的传播发挥较大影响力，让《吐槽大会》透过多样化的管道大幅扩散，创下傲人的宣传效益。

（4）与BD合作的契合度。

《吐槽大会》作为腾讯的自制IP在与BD合作上就占有优势，同时其节目话题设定的弹性与张力让合作更紧密，打造出ROI效益极高的跨界合作模式。

汇源—电影《三生三世十里桃花》传播案

执行时间：2017 年 6 月 1 日—2017 年 8 月 6 日

企业名称：北京汇源食品饮料有限公司（简称：汇源）

品牌名称：汇源果汁

获奖情况：金旗奖——2017 最具公众影响力娱乐营销大奖

• 项目概述 •

本项目是汇源基于电影《三生三世十里桃花》授权 IP 内容进行的融合性传播推广。汇源是有着 20 多年发展历史的国内领先果汁企业，电影《三生三世十里桃花》是兼具 IP 和明星效应的颇受年轻人关注的爱情电影。两者异业合作，对汇源而言，合作一方面进一步触达年轻群体，提升品牌在年轻群体中的关注度和好感度；另一方面把品牌特性与电影中的价值观巧妙融合，在不经意间将品牌理念传达给消费者，提升了产品的曝光度，拉近了品牌与消费者的距离。

• 项目背景 •

电影《三生三世十里桃花》是由阿里影业、儒意影业联合出品，刘亦菲、杨洋领衔主演的古装玄幻爱情仙侠电影，于 2017 年 8 月在全国上映。在暑期电影市场中，该电影在同类型题材中，并没有强有力的直接竞争者，在《战狼Ⅱ》《建军大业》等其他题材爆款电影点燃大众观影情绪的环境下，票房水涨船高，突破 5 亿元。

电影《三生三世十里桃花》汇源版预热海报 1

项目调研

在整个项目执行阶段，最大的挑战来自于观众对电视剧版《三生三世十里桃花》的既有印象。因此，品牌需要更紧密地与电影版《三生三世十里桃花》合作，充分借势电影版的明星效应，与电影元素紧密结合，实现两者异业合作的共赢。

根据《年轻洞察白皮书》分析，虽然明星人人爱，但是追星族大部分都是年轻人，其中女生占 69%。不同于大众对明星演技、唱功的认可，年轻人更在意偶像的颜值和人设。在受年轻群体关注的明星类兴趣部落中，一半都是“90后”年轻偶像，他们不仅有高颜值，还有讨喜的性格形象。电影《三生三世十里桃花》的男主演杨洋就在此类明星之列，这为品牌的推广奠定了良好的“粉丝”基础。

项目策划

1. 目标

进一步触达年轻群体，提升品牌在年轻群体中的关注度和好感度；将品牌特性与电影中的价值观巧妙融合，将品牌理念传达给消费者。

2. 策略

多维度延展 IP 形式，有节奏释放 IP 内容。围绕品牌与电影《三生三世十里桃花》权益，从定制版电影预热海报、品牌四格漫画、明星“微代言”视频、直播等多个维度延展 IP 形式；配合电影的宣发节奏，有层次地释放 IP 内容。

3. 受众

目标受众为电影《三生三世十里桃花》主演的“粉丝”、观影群体和泛《三生三世十里桃花》IP 的关注者，这一群体以年轻人为主。《年轻洞察白皮书》指出：现在的年轻群体是伴随着互联网发展成长的一代，可谓互联网的原住民。年轻人群使用移动互联网的高峰时间分别是早上 8 点和凌晨 12 点，活跃度极高，使用移动互联网的总时间也高出全人群 27%，高达 95 小时 / 月。因此，传播均聚焦于借助新媒体手段，用富于创意的互动体验、感染力强的图文、生动的视频等形式，与年轻群体进行沟通。

4. 传播内容

“许你三生三世，陪我今生过饮”分前期发声期、重点传播期（电影上映前一个月）、上映期和长尾期四个阶段。前期发声期以品牌定制版预热海报为主，充分吸引参演明星“粉丝”的注意力；重点传播期全面爆发，以品牌四格漫画、明星“微代言”视频等形式持续与年轻受众沟通；上映期以直播形式，将品牌传播、电商渠道、产品销售贯通，将受众引流至产品销售端，实现真正的整合营销闭环。

5. 媒介策略

聚焦社会化媒体平台，如微博、微信、秒拍，与“粉丝”积极互动；借助一直播、淘宝直播等与年轻人实时互动并促成电商导流；同时在墨迹天气等 App 上投放开屏广告，实现精准投放。

项目执行

1. 电影《三生三世十里桃花》汇源版预热海报，传递品牌态度

分别于 2017 年 6 月 19 日、2017 年 7 月 6 日、2017 年 7 月 19 日和 2017 年 8 月 2 日，有节奏、分阶段地推出电影《三生三世十里桃花》汇源版预热海报，

许你三生三世

陪我今生迷饮

电影《三生三世十里桃花》汇源版预热海报 2

与剧情结合，传递积极向上的爱情观。借助电影 IP 预热流量，为汇源品牌强势引流，提升品牌在年轻受众中的关注度和影响力。

2. 2017 年 7 月 18 日：电影 IP 故事改编漫画，趣味传播引爆关注

与知名漫画作者合作，借用电影人物卡通形象，改编剧情，植入汇源品牌信息，创作趣味漫画，形成“许你三生三世，陪我今生过饮”系列四格漫画。通过对电影 IP 的趣味包装，吸引年轻人群的关注。

3. 2017 年 7 月 31 日：汇源定制明星 IP 短视频——电影主演轻代言，明星视频激发“粉丝”力量

以“许你三生三世，陪我今生过饮”为主题，结合电影、品牌信息定制一条 25 秒明星视频，与电影官方发布的预告片相结合，以电影预告片彩蛋的方式露出。一方面，以“彩蛋”为噱头吸引影迷关注；另一方面，借力明星效应，触及年轻消费群体。视频一经投放，播放量即突破 100 万人次，登陆腾讯 App 原创频道推荐位置。

4. 2017 年 8 月 4 日：知名主播 COS“白夜夫妇”，“果汁 + 麻小，咱们聊聊爱情”主题直播

知名主播身穿戏服，化身夜华、白浅“神仙眷侣”，现身北京著名美食街簋街，以“许你三生三世，陪我今生过饮”为主题，一边吃着诱惑力十足的夏日美食麻辣小龙虾，一边喝着汇源果汁，在畅聊爱情话题的过程中，将品牌、产品与电影情节及爱情紧密结合。

• 项目评估 •

1. 项目整体效果

项目整体共获得 1.3 亿次曝光；微博推广曝光量超 1 亿次；广告推广曝光量超 3000 万次；微信推广曝光量超 10 万次；汇源微指数 60944（数据来源：精硕科技统计数据）。

2. 项目互动

截至发稿前，活动微博互动 48073 条，其中评论 3772 条，转发 23907 条；广告点击 925365 次；微信互动 827 次。

3. 触达、互动人群

参与互动的15~29岁年轻人在讨论电影内容、汇源果汁时热衷于使用疯狂打Call、围观、找亮点等网络热词。

4. 消费者反馈

据统计，46%以上的消费者对汇源进行了正面反馈；电影联名及直播的创意推广引发消费者热议；电影与汇源果汁结合的创意、麻辣小龙虾配果汁的搭配，得到消费者的夸赞。

5. 行业评价

推广项目对产品喜爱度提升、品牌理念传播有积极作用；电影、直播、营销新玩法是新闻和微信平台的热议内容；与热门IP合作尝试“品效合一”获得行业好评。

6. 执行数据

（1）汇源定制明星IP短视频播放数据。腾讯视频116.4万人次播放量；秒拍316万人次播放量。

（2）主题直播播放数据。累计在线观看人数1235万；同时在线峰值达56.1万。

（3）直播视频剪辑二次传播。微博KOL共计发布2条视频，微博总转发数为4022条；微博总评论为1806条；微博总点赞为2633条。

项目亮点

（1）方式多元，电影营销契合度高。虽不是直接在电影中植入产品，但作为电影指定果汁饮品，汇源品牌倡导的爱情态度、产品代表的爱情感受，均与影片有着极高的契合度。

（2）内容丰富，爱情态度引消费者共鸣。此次与电影合作，汇源率先提出“许你三生三世，陪我今生过饮”的主题，通过唯美剧情海报、邀请影片里可爱的“小团子”扮演者彭子苏进行微代言等丰富的形式与内容，引发消费者共鸣。

亲历者说 王廷一　北京迪思公关顾问有限公司客户经理

汇源—电影《三生三世十里桃花》传播案是一个大体量、传播周期较长的项目，因此在接到这个项目需求后，我们立即紧锣密鼓地进行了策划和筹备。

首先是传播主题的确定。我们认为汇源百分百果汁的百分百，正与电影中的爱情态度不谋而合。所以我们确立的传播主题为“许你三生三世，陪我今生过饮”。

其次是挖掘电影《三生三世十里桃花》的素材。参演明星的热度和 IP 本身的“粉丝”基础，让我们确定以明星和 IP 角色为主线进行延展，最大限度地利用电影明星的“粉丝”效应，放大传播效果。

最后按照电影的宣推节奏，我们做了有序的安排。有节奏地露出汇源版定制海报、四格漫画、明星视频等，持续保证品牌和电影的曝光，在电影上映后，通过一场直播再掀宣发高潮，促成电商导流，实现“品效合一”。

在这次汇源与电影《三生三世十里桃花》的跨界合作中，我们以不同的玩法与年轻人进行交流并取得了不错的效果，这都将成为我们之后策划过程中有益的经验。

案例点评

点评专家：郭小安　重庆大学新闻学院院长助理、教授、博士生导师

本案例中，企业采取了一种较为隐形的方式进行广告植入，试图通过多元化、多渠道、多层次的传播方式，如定制版电影预热海报、品牌四格漫画、明星“微代言”视频、直播等延展 IP，较为成功地将汇源倡导的爱情态度及价值观融入电影主题中，引起了受众的情感共鸣，在不经意间将品牌理念传达给消费者，提升了产品的曝光度，拉近了品牌与消费者的距离，提升了品牌在年轻群体中的关注度和好感度。其营销策划手段新颖、话题丰富且带动了社会的广泛参与和关注，将其成功打造为娱乐营销的典型案例。

MINISO 名创优品携手鹿晗运动季

执行时间：2017 年 8 月—2017 年 10 月

企业名称：名创优品股份有限公司（简称：名创优品）

品牌名称：MINISO 名创优品

获奖情况：金旗奖——2017 最具公众影响力娱乐营销大奖

项目概述

MINISO 名创优品携手 # 鹿晗运动季 # 打造极具青春活力的运动盛事。聚焦于鹿晗“粉丝”以及广大年轻消费群，名创优品将鹿晗周边效应与线上 H5 互动游戏、时尚娱乐与市场营销类别意见领袖以及直播平台传播相结合，配合线下门店的形象升级与营销活动，提升品牌曝光与传播热度，打造名创优品年轻活力的形象。

全营销项目分为四阶段，从微信 H5 互动游戏上线到品牌助力鹿晗登上七夕时代广场大屏，其后辅以微博互动维持活动热度直到落地活动，最终以公关营销 KOL 的传播作为收尾与二次传播。

项目背景

鹿晗季 # 的概念最早可追溯到 2015 年 4 月，其系列主题活动旨在以鹿晗年轻健康的个人形象作为吸睛点，带动品牌“粉丝”互动、增加品牌曝光量并促进销量——这也是 # 鹿晗季 # 给予品牌的价值所在。三季以来 # 鹿晗季 # 已

店面海报

与近百家主流媒体平台及品牌建立合作关系，广受好评。

而 # 鹿晗运动季 # 作为其中重要组成部分，旨在带动全民运动，与鹿晗一起成为更好的自己。# 鹿晗运动季 # 微博话题量超 80 亿，相关讨论量突破 2600 万人次。MINISO 名创优品作为合作伙伴，巧妙将艺人形象与全国店铺布局相结合，通过线上线下互动，打造热度话题，提升品牌形象并引导消费者到店消费。

项目调研

1. 机会优势

（1）鹿晗本人与 # 鹿晗运动季 # 自带流量，在年轻消费群中有巨大影响力。根据之前的活动开展状况分析，品牌方可借助鹿晗周边效应达到营销目的，且整体效果表现良好。而随着鹿晗持续上升的曝光度，预计可再创佳绩。

（2）根据微指数（截至 2017 年 9 月 13 日），关注名创优品与鹿晗的微博用户人群具有相似特征。关注鹿晗相关话题的用户大部分以女性为主，19~34 岁

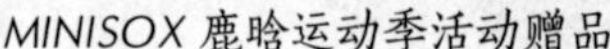
MINISOX 鹿晗运动季活动赠品

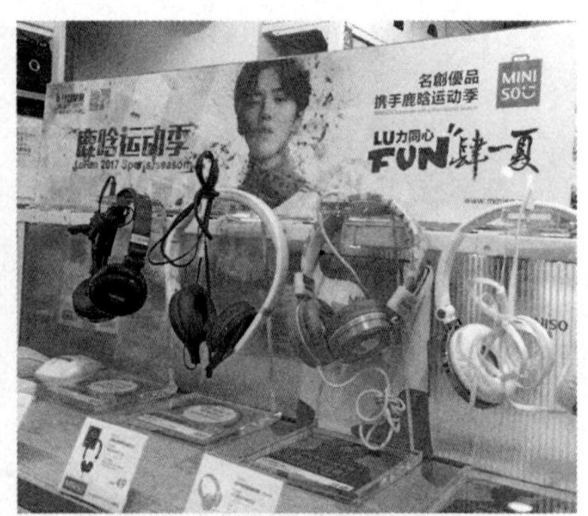

名创优品店铺货架物料

用户，消费力强，社媒使用频次高，说明鹿晗“粉丝”是名创优品极具潜力的目标受众。

（3）名创优品全球门店超过 2600 家，微信公众号拥有 2000 多万“粉丝”。全球范围内的广泛门店布局以及到达率极高的自有微信渠道，保证了活动素材与信息能够在兼有广度与深度的线上线下渠道传播，保证了营销项目的基础传播度。

（4）名创优品自创立以来始终致力于提高产品价值并建立强大的内部配货系统；在这个基础上，名创优品在 2017 年发力娱乐营销，加大品牌宣传力度，在同质化严重的零售市场中塑造差异化的品牌形象。而鹿晗作为当红的艺人，与目前品牌定位匹配，有利于企业建立年轻有活力的品牌形象。

2. 风险点与劣势

（1）鹿晗“粉丝”对鹿晗相关活动以及新闻具有极高敏感度，名创优品项目组在撰写文案以及开展周边活动时需要考虑到“粉丝”情绪以及该艺人 IP 与品牌的贴合度，利用鹿晗“粉丝”对艺人的热爱，力求在合理使用权益素材的同时实现品牌收益最大化。

（2）项目组需要建立起针对大型营销项目的运营体系。在此阶段，名创优品需要克服前期巨大的沟通以及磨合成本，以构建出适用于公司的沟通模型。

项目策划

本项目目标是将品牌与鹿晗进行捆绑传播，提升品牌曝光与热度，打造名创优品年轻活力的形象。

项目受众为鹿晗“粉丝”与其他年轻消费群体，18~25 岁，生活在一二线城市，多为学生与初入职人员，月均消费力为 2000~3000 元。该目标受众为社交媒体高频用户，注重自我感受，关注有趣与有价值的社会媒体话题，对娱乐明星类信息敏感度高且愿意进行线上互动，为鹿晗埋单，与鹿晗共享荣耀。

项目传播如表 3 所示。

表 3　项目传播

传播资源	传播时间	传播内容
第一阶段粉丝预热	2017 年 8 月 15 日—2017 年 8 月 18 日	告知名创优品携手 # 鹿晗运动季 # 引流 H5 互动
		预告 # 鹿晗运动季 # 时代广场表白，引流 H5 互动
第二阶段核心爆发	2017 年 8 月 21 日—2017 年 8 月 29 日	七夕期间“北上广深”买赠活动及时代广场事件引流 H5，微博引流官方微博互动（2017 年 8 月 21 日—2017 年 8 月 23 日）
		七夕主题报道（包括探店及时代广场），引流到店合照的微信、微博互动（2017 年 8 月 28—2017 年 8 月 29 日）
第三阶段活动现场	2017 年 9 月 23 日	# 鹿晗运动季 # 活动现场引流受众到店参加海报买赠活动（活动次日）
第四阶段维稳后期	2017 年 9 月下旬	后续传播，营销案例包装

项目执行

本项目从 2017 年 8 月启动至今，已经完成了所有阶段的执行，线下门店的物料展示以及海报买赠活动已陆续结束且反响热烈，具体情况如表 4 所示。

鹿晗运动季落地活动

表 4　项目执行

传播时间	传播节奏	线上传播	线下活动
2017 年 8 月	活动启动	【微博】名创优品与鹿晗工作室官方微博联动传播品牌合作信息	全国门店铺开主题物料（包括橱窗与周边海报位）与 TVC，打造主题店氛围
	H5 上线	【微信】H5 互动游戏上线时尚娱乐号与朋友圈广告	店内店员口播活动相关信息 收银台展示台显示二维码，呼吁消费者关注及参与活动

续表

传播时间	传播节奏	线上传播	线下活动
2017 年 8 月	买赠活动	【微信】“北上广深”地区号 + 粉丝 KOL 【微博】北上广深地区号	“北上广深”四地 7 家门店启动 7 天限时买赠活动，每天 13：14 启动一小时内购物满额 177 元可得 # 鹿晗运动季 # 主题礼盒活动
	“粉丝”告白上屏时代广场	【微信】时尚娱乐号 【微博】名创优品与鹿晗工作室官方微博互动，“粉丝”民间团体微博转发，时尚娱乐号直发	正式启动主题海报的买赠活动，全国门店购物满 58 元或 88 元即可获得主题海报。
	七夕求婚事件营销	【微信】时尚娱乐号 【微博】“粉丝”民间团体微博直发，时尚娱乐号直发 一直播网红传播	男性消费者设计快闪舞蹈，借主题礼盒向鹿晗“粉丝”女朋友求婚 网红购物偶遇进行直播
2017 年 9 月	北京落地活动	【微信】时尚娱乐号 【微博】时尚娱乐号直发	于北京举办落地活动，设计教室主题游戏展示摊位，与消费者进行趣味互动
2017 年 10 月	后期维稳	【微信】公关、市场营销号 【知乎】市场营销类 KOL	将本案包装为快消品牌进行品牌形象升级以及娱乐营销成功案例，进行深入分析，引发二次传播

项目评估

（1）效果综述。本项目目前在销售与品牌传播层面反响良好。线上媒介覆盖量超 3400 万条，其中 H5 互动游戏参与量超过 50 万次，朋友圈互动广告曝光量接近 170 万；同时进行的线下门店联动也取得了正面的销售反馈。

（2）市场与受众反应。全国门店共计赠送海报超过 100 万张，带动了门店的销售增长，对门店客流量具有正面影响。#鹿晗运动季#微博话题阅读量高达85亿人次，相关讨论突破2733万。名创优品官方微博上活动相关文章阅读量高达1000万人次，二次传播互动量超过50万人次。

（3）媒体统计。名创优品携手鹿晗运动季线上H5互动游戏已有超过50万人参与；同步进行的线上媒介传播总阅读量超过3400万人次。

项目亮点

（1）以“粉丝”洞察为全案核心，通过线上的H5告白互动游戏配以活动主题买赠活动，以助力“粉丝”上屏纽约时代广场告白偶像为吸睛点，激发年轻鹿晗“粉丝”的参与热情，点燃H5以及名创优品携手鹿晗运动季的传播热度。

（2）本次活动标志着企业在品牌建设上迈出了关键一步。全球超过2000家门店统一进行海报更换以及形象升级，配以合作活动艺人的录像、店员口播、活动主题礼盒以及海报买赠，打造全方位主题氛围，有效利用了艺人活动增强品牌与年轻消费群之间的联系，提升品牌形象。

亲历者说 刘洁茹 名创优品股份有限公司品牌中心媒介专员

本次MINISO名创优品携手鹿晗运动季活动是我们在品牌形象升级上踏出的重要一步。在过往，名创优品深耕产品领域并建立起了强大的供货系统与广阔的销售网络。而面对同质化日益严重的零售市场，我们加大了对品牌建设的投入，争取在年轻消费群中建立具有差异化的品牌形象。

而鹿晗作为当红艺人，在过往也曾在营销活动以及影视剧上与名创优品有愉快合作。在前期市场调研中，我们发现鹿晗“粉丝”与品牌现有消费者具有极高匹配度，该群体年轻、有想法，社交情绪高，具有相当大的消费潜力。在本次营销活动中，名创优品通过商业合作有效利用鹿晗周边效应，建立起艺人“粉丝”对品牌的信任感与认同感，进而将活动传播面拓展到广大年轻消费群，取得了超出预期的传播效果与实际销售的提升。

案例点评

点评专家：常濯非　北京派合文化传播股份有限公司董事兼总裁

MINISO 名创优品作为新兴的快时尚品牌，产品设计新颖且价格便宜，迅速受到城市年轻群体的喜爱和追捧。所谓快时尚是指无论是产品更新、运营管理还是营销传播均需要一个“快”字。

（1）快速选出时尚元素。鹿晗庞大的“粉丝”群体与品牌 MINISO 用户群有着极为相似的画像。利用“粉丝”效应进行导流是目前比较普遍的营销策略，其核心是评判被选艺人背后的“粉丝”群体是否与品牌主潜在的用户有着相同或相似的画像。显然选用鹿晗对于名创优品而言是个非常明智的决定。但个人认为鹿晗目前代言的品牌较多，这也会稀释消费者对其代言的某单一品牌的认知和记忆。

（2）快速搭建营销矩阵。名创优品的这次营销可以说是非常典型的整合营销，线上线下各类资源运用非常全面，且线上线下之间的互动也很充分，调用的各类营销手段丰富且收效明显。

（3）快速进行推广。每年的八至九月，是暑假、开学季、夏秋交替季以及七夕情人季，名创优品在这个紧凑的时间里借用不同主题、利用丰富的线上线下点状活动搭建了一条节奏清晰的营销和传播主线，使品牌主张和营销内容能准确且有序地传达至消费者层面。

整合营销过程中，品牌主往往要求资源整合的效率快、传播的节奏快、追踪时事动态的能力快以及对待公关危机时的反应速度快，在“快”的营销策划与执行案例中就要求品牌主和执行公司有更周密的工作计划、更精细的项目管理和更高效的团队协作能力。

2017 最具公众影响力技术创新营销大奖

蒙牛“航天品质　健康中国”VR 太空体验活动

执行时间： 2017 年 4 月 1 日—2017 年 6 月 30 日

企业名称： 内蒙古蒙牛乳业（集团）股份有限公司（简称：蒙牛）

品牌名称： 蒙牛

获奖情况： 金旗奖——2017 最具公众影响力技术创新营销大奖

• 项目概述 •

本项目具备了强品质、强收效、强执行的特性，运用 VR 技术，制作蒙牛定制 VR 太空冒险游戏。配合全国落地线下体验活动，搭建 VR 体验区，与商超销售联动；以震撼的 VR 游戏效果、VR 游戏互动为主，巧妙地露出产品，让消费者感受到“航天品质”的蒙牛品牌理念。

消费者在蒙牛线下销售网点中就可以通过 VR 一体机头盔乘坐蒙牛希望号宇宙飞船遨游太空，在太空中体验到蒙牛先进的生产工艺，为蒙牛品牌标语做出了非常好的注解。除此之外，消费者也可以体验新奇的 VR 游戏。

在各大商超的体验活动现场，蒙牛展台的客流量出现了消费者排队体验 VR 的现象。此次活动负责人表示，蒙牛常年为中国航天员和航天一线工作者提供营养支持，这次活动用 VR 游戏的形式将“航天”这个有些抽象的概念用高科技呈现在普通消费者面前，让他们能够对蒙牛的品质有更为直观的认识，同时也更乐于接受品牌想要传递的理念。

宣传图 1

从此次跨界合作可以看出，VR 行业正在逐步脱离原有的高冷科技行业形象，渐渐进入人们的日常生活中，以亲切、周到的形象示人，相信照此趋势发展，VR 将以比想象中更快的速度进入消费市场，创造出更多的富有创意和洞察的经典营销案例，最后成为像智能手机一样的、人们生活中不可或缺的一部分。

推广 KPI：消费者的游戏体验认可度高；蒙牛牛奶销量明显提升；推广区域超市平均销量同比增长 200% 以上。

项目背景

蒙牛助力中国航天事业，为航天员提供营养支持，更以“航天品质”营养守护每一个国人健康。2017 年起，蒙牛再次聚焦产品品质的传播与沟通，通过三方面动作逐步完善和建设其“航天品质”品牌理念。

（1）打造终端形象，包括产品包装新版、终端物料更换等。

（2）举办“牛到太空，跑动中国”百城百跑现象级活动。

（3）利用 VR 一体机等设备和内容，实现终端消费者互动体验。

项目调研

1. 品牌分析

公司通过品牌资产的梳理发现，自蒙牛成为中国航天事业战略合作伙伴后，其产品品质与航天品质高度贴合且拥有强大的线下销售渠道支持以及庞大的网点系统覆盖。

2. 技术分析

近年来，VR 产业蓬勃发展，蒙牛于 2016 年已经成功落地，实现“蒙牛工厂奇妙之旅”的 VR 体验活动，在 VR 技术与营销活动上已取得一定的成功经验。另外，VR 设备的技术性和航天的科技感可以进行有效结合，给消费者带来不同的全新体验，让消费者感受太空、感受未来，以此来传递蒙牛产品“航天品质”的核心品牌理念。

宣传图 2

3. 受众分析

蒙牛产品的受众主要为经常接触牛奶产品线下商超销售渠道的人群，其中以有孩子的家庭为主消费人群。他们接触 VR 较少，对新事物容易产生新鲜感且时间相对充裕，倾向于尝试 VR。

项目策划

1. 传播目标

配合蒙牛“牛到太空，跑动中国”活动，进行线下活动宣传。

（1）以强互动游戏吸引消费者参与其中，打造线下体验亮点项目。

（2）与销售联动，助力销售。

（3）巧妙植入蒙牛元素以体现“航天品质”传播主题。

2. 传播策略

主打线下，利用蒙牛强大的线下商超销售渠道，广泛覆盖线下消费人群，结合 VR 设备和内容的新鲜感、互动性吸引消费者进行体验，助力产品销售的同时传播蒙牛“航天品质”的品牌理念。

3. 传播受众

以家庭成员含青少年儿童（具有好奇心、易对 VR 产生兴趣、乐于尝鲜）的线下商超主力消费群体为主。

传播内容：

（1）VR 互动游戏。利用 VR 全沉浸式场景体验信息技术，构建奇幻绚丽的太空视觉场景，通过专业游戏策划，营造紧张刺激的互动冒险情节，巧妙植入产品，带给消费者一场结合震撼性和趣味性的试听互动盛宴。

（2）VR 体验区。线下商超搭建航天主题 VR 体验区，以主视觉和场景布置打造吸睛促销环境，引入庞大客流。

（3）开展促销活动。消费者购买产品可免费体验 VR 游戏，满一定数额可参与抽奖活动，一定程度上促进产品销量增长。

（4）产品植入和选差。在体验区搭建主视觉和 VR 活动游戏的设计环节中，巧妙植入蒙牛牛奶“航天品质”品牌理念，达到品牌传播诉求。

项目执行

1. 游戏制作项目

（1）从 2017 年 2 月至 2017 年 3 月，整个游戏制作过程历时 1 个月。项目人员克服时间紧、跨平台技术兼容性差、内容制作难、互动效果不好等多种困难，按时保质地交付了游戏成品。

（2）完成了房间级、桌面级两种不同体验级别的 VR 交互体验内容。

（3）对接并适配了 3 个不同品牌 VR 头显产品，分别为 HTC VIVE, PICO（小鸟看看）以及暴风魔镜，为消费者营造“沉浸感”体验。

（4）游戏设置宏伟世界观，利用片头 CG（计算机动画）视频引入剧情 + 剧情推进战斗闯关 +BOSS（大头目）大战 + 战斗分值排行，保证了一个完整的 VR 太空冒险游戏历险，内容新颖有创造力。

（5）游戏时长 5~10 分钟，既能保证用户体验完整的 VR 故事内容，又能吸引消费者参与体验，同时确保消费者不会因游戏时间过长而产生不适感。

2. 游戏策划制作内容

（1）游戏名称:《希望》。

（2）游戏世界观：地球即将枯竭归于死寂，公元 3259 年，在人类文明的最后栖息地，用户驾驶蒙牛“希望号”，搭载地球唯一能源向太空进发寻找希望。

（3）互动内容：用户需要在浩瀚星空中选择目标星球，操作飞船穿越星际、击碎陨石，穿出黑洞；不料中途遇到前驱部队的战舰残骸，于是进入其中一探究竟；在船长控制室，发现船长日志，以及遗留的能量食品“航天品质”蒙牛牛奶；进入下一个舱室检查，不料狭路相逢入侵异星生物军。

（4）角色设定：用户船长角色、悬浮机器人助手、入侵异星生物军、入侵异星 BOSS。

（5）交互形式：自由行走的房间级 VR 体验，飞船极速穿行的刺激体验，枪战、躲避子弹的紧张体验，残骸空间的检查揭秘，驾驶宇宙飞船的操纵体验，悬浮机器人的语音协助，不同命运结局的极端体验。

3. 全国落地执行 VR 体验活动

（1）从 2017 年 4 月 30 日至 2017 年 7 月 30 日，历时 3 个月执行 VR 体验促销活动。落地北京、广州、深圳等 130 个城市，覆盖沃尔玛、家乐福、物美、华联等 800 多个蒙牛线下销售网点。

（2）与 VR 厂家合作，厂家发放 2500 套 VR 一体机设备，100 套 HTC VIVE VR 设备并进行设备培训和全程客服支持。

（3）以航天主视觉相关活动介绍易拉宝、地面、背景板、航天飞船装饰物等物料，搭建航天主题 VR 体验区，营造极致线下体验活动氛围，吸引消费者前来参与。

（4）主题体验区域配备专业指导人员、销售人员以及身着活动主题太空服进行宣传的蒙牛“太空人”，负责场面控制、消费者 VR 佩戴体验指导及接待，保证消费者顺利安全完成体验活动。

（5）各地促销内容由各地负责：例如凡购买任意蒙牛产品一箱，即可体验 VR 内容一次（限时 5 分钟每人每次），购买满 66 元即可参与幸运大转盘抽奖，中奖率 100% 等。

项目评估

1. 效果综述

活动落地 130 座城市，进驻 800 多个销售网点。发售 2500 套 VR 一体机，搭建 100 套 VRPC 机。现场体验参与者近 1000 万人次。

2. 现场效果

一位现场刚刚带小孩体验过蒙牛定制的航天题材游戏的女士说：“以前只知道航天员喝的是蒙牛牛奶，现在玩过 VR 游戏之后，连小孩子都知道‘3.2mg 乳蛋白’这样的专业术语了，感觉不光喝到了放心的牛奶，还让小孩子增长了见识，而且小孩子对于带着 VR 头盔这种形式也感到很新鲜，一点都不排斥。”可以看出，蒙牛此次在卖场中加入 VR 体验元素的动作，成功打通了从 B 端商业合作模式到 C 端消费者获益的路径。

宣传图 3

3. 受众反应

受众普遍反应积极，认为感受到了 VR 带来的乐趣，也更加喜爱和愿意购买蒙牛产品。

4. 市场反应

活动期间，蒙牛牛奶全品销量增长 83%。其中，佛山沃尔玛桂城店活动前纯奶销量 187 件，活动期间销量 674 件，销量增长 260%；全品活动前销量 613 件，活动期间销量 1121 件，销量增长 83%。

● 项目亮点 ●

VR 作为近两年火热的科技营销概念，在线下营销情境下，往往作为噱头用于车企发布会、房地产企业宣传等活动，很少用于乳制品行业，更鲜有直接配合品牌其他线下活动进行促销且达到预期效果的落地应用。

因此，蒙牛“航天品质　健康中国”VR 太空体验大型落地活动的成功更值得被挖掘。本次活动中，蒙牛紧贴客户及市场需求、充分利用了 VR 的沉浸感、交互性等特点，深度发掘消费者心理，迎合目标受众，调动消费者情绪，使其积极参与，不仅创新性运用了以 VR 为代表的信息技术营销手段，更形成了较强的社会营销影响力，最终完成实际促销目标，为后续的 VR 营销落地项目提供了宝贵经验。

亲历者说 郝敏敏 北京尚诚同力品牌管理股份有限公司商务总监

随着 VR 技术的发展，很多厂家、品牌也看到了 VR 带来的场景营销变革。但鉴于 VR 市场仍处于发展阶段，硬件设备价格高、运输难，内容制作成本高，用户群体少，导致很多品牌的 VR 营销仅仅是个噱头。此次活动却另辟蹊径，非常接地气地落在实体销售环境中，将定制的 VR 太空冒险游戏与商超销售联动，巧妙配合广告宣传、产品露出，达成了产品促销和品牌理念传播的双重效果，不仅以数千设备影响了近千万人群，传递“航天品质”的产品品牌理念，更在实体销售环境中布下了专属广告屏，为后续的 VR 营销留下发展空间。

此次项目执行过程中，在仅有的 1 个月的制作周期里，我们联动 VR 厂家和客户，调通设备内容，针对桌面级和房间级开发适配不同交互形式的体验内容，有效应对 VR 技术问题带来的挑战，解决了跨平台技术、游戏体验、操作教学等诸多难点，使蒙牛的 VR 游戏既简单易学、容易上手，又能提供震撼、趣味的互动体验。在后续的线下体验活动执行过程中，我们为蒙牛提供前期培训、活动场景搭建、现场引导、配套促销活动宣传在内的多环节支持。本活动的成功举行，为 VR 行业探索了 VR 营销领域的更多可能性。

案例点评

点评专家：钟育赣　中国高等院校市场学研究会副会长

消费者购买牛奶等便利品，一般来说属于一种“习惯（简单）的购买行为”。其特点是单价低、购买频率高，潜在顾客对产品属性较为了解，不同品牌之间可感知的差异不大，因此顾客也就不会多花时间、心思去比较、选择，即使经常购买某个品牌，往往也是“习惯”使然，不一定代表了品牌忠诚度。所以营销创新不仅要考虑渠道的多样性、便利性，还要留意如何打造良好、独特的印象，如突出的视觉、形象冲击，或给品牌、产品以某种不同等。本活动正是运用蒙牛定制 VR 太空冒险游戏，在线下网点 VR 体验区通过一系列相关内容和有趣的互动，让消费者在感受“航天品质”产品理念的同时，也记下了更为深刻的品牌印象。

此次策划中还有一处可圈可点，就是对目标群体的考虑。我们常说，成功的营销需要五个“合适”相互匹配，即合适的产品、合适的价格、合适的地点、合适的信息沟通与合适的顾客，实践中却往往只是一个“合适”在支撑。蒙牛 VR 太空体验活动选择经常接触牛奶产品商超渠道的人群为受众，尤其以带孩子的家庭成员为主，他们接触 VR 少且时间相对充裕，对新事物容易产生新鲜感，对高科技更容易产生兴趣，不仅增强了活动的针对性、渗透性，而且还可放大其有效性、可传播性。

奥利奥音乐盒

执行时间：2017 年 5 月 15 日—2017 年 6 月 18 日

企业名称：亿滋（中国）有限公司（简称：亿滋中国）

品牌名称：奥利奥

获奖情况：金旗奖——2017 最具公众影响力技术创新营销大奖

项目概述

在这个会玩的时代，要以怎样不可思议的产品理念去打动消费者，使产品更具活力，同时借此增强电商平台的销售能力，让大家获得与线下截然不同的消费体验？

在 2017 年天猫超级品牌日，作为阿里巴巴集团战略伙伴的亿滋中国在天猫旗舰店推出了一款“黑科技”奥利奥音乐盒。奥利奥饼干摇身成为了“世界上最小的唱片”“能唱歌的饼干”。在天猫的大力推广支持下，奥利奥音乐盒迅速走红网络，成为炙手可热的产品。

奥利奥音乐盒

在此推广项目中，公司给经典零食品牌以个性化的定制服务，通过奥利奥音乐盒呈现了产品“好吃更好玩”的新理念，让消费者深感奥利奥产品充满奇思妙想的品牌特性，激发受众购买欲的同时，也拓宽了产品的受众群体。这一极具突破性的创意也被人津津乐道，传播速度与面积堪称快消品营销案例典范。

项目背景

亿滋中国与阿里巴巴集团签署战略合作伙伴后，每个天猫超级品牌日都为消费者推出具有个性化配置的产品。双方希望借此机会合力推出一些不同凡响的产品，让电商的消费体验更有趣味性，同时提升品牌和平台的美誉度。

奥利奥一直以“会玩的饼干”备受消费者的青睐，它也承载着一代年轻人的儿时记忆。为此，亿滋中国团队潜心思索，以“黑科技”手段将奥利奥打造成了具有“唱片功能”的饼干。希望利用这块全球闻名的黑色夹心饼干惊艳电商界，同时赢得跨年龄段消费者的共同关注和喜爱。

项目调研

“玩物立志”是年轻消费者生活新主张。他们喜欢有趣的事物、追求新奇的体验，在“玩乐”中激发自我。亿滋中国希望利用旗下知名全球品牌奥利奥来满足他们的消费需求。

2016 年，公司成功在天猫旗舰店推出了极富个性化的定制包装，让消费者感受到了电商购物过程中独有的消费体验。2017 年，公司希望更上一层楼，通过赋予产品生命，给消费者带去大于产品本身的快乐。

当今的社交媒体，传播广泛的内容必定是让读者产生认同感的，好的创意会引起媒体和读者自发性传播。所以该项目选择奥利奥品牌和天猫平台，是考虑到它们本身就已是备受关注的对象，如果产品创意足够新颖，势必获得成倍的传播效果。

项目策划

1. 目标

制造 Wow Moment（哇，奇妙时刻），产品体验比单纯传播更有效。

2. 策略

年轻消费者更受情感驱动，整个消费过程中体验比产品更重要。

3. 受众

以青年为主体，吸引跨年龄段消费者的共同关注和喜爱。

4. 传播内容

奥利奥音乐盒的新奇分享，网络购物的升级体验。

（1）购买体验升级：随心定制包装，彰显个性。

（2）产品体验升级：不仅是饼干，还是酷炫“黑科技”。

（3）消费体验升级：边吃饼干边听音乐，还有好玩的 AR（增强现实技术）。

媒体策略：通过与天猫强强联手，从前期投放，到活动当天亿滋中国电子商务总监董鑫先生和天猫食品总经理方外先生共同启动奥利奥音乐盒播放器，再到产品推出后的 KOL 点评和热议。层层递进，以精准投放赢得关注，以平台焦点吸引消费者点击，以趣味营销激发销售，以创新提供全新体验，以产品体验制造话题，传播形成几何型爆发。品牌、平台和产品在电商平台、社交媒体、传统媒体各方面都获得了巨大的曝光量。

项目执行

1. 奥利奥 × 天猫超级品牌日——强强联手打造现象级品牌营销

从 2016 年 7 月奥利奥音乐盒产品概念诞生，一直到 2017 年 5 月 16 日 奥利奥音乐盒于天猫超级品牌日正式亮相发售，整个项目历时近 1 年。从产品研发、打样、开模到最后成形，一次次精益求精的调整都是为了给消费者最好的体验。

与此同时，天猫团队的大力支持帮助奥利奥音乐盒成为叫好又叫座的新品。从站外联合发声到站内强势曝光，双方默契有加。天猫超级品牌日当天，奥利奥音乐盒占据了天猫首页位置。双方共同开发了 H5 包装填色页面，在手机上下单可轻松玩包装盒填色设计游戏，还制作了奥利奥音乐盒产品介绍的广告片用于推广。

2. 利用产品体验来延展升级的传播体验

（1）奥利奥音乐盒是跟奥利奥产品本身高度相关的小周边，品牌组把它变成一个产品，跟着奥利奥饼干联合售卖给消费者。

（2）奥利奥音乐盒构建了与奥利奥品牌强相关的内容，它既是可以在互联网媒体上广泛传播的内容，同时又是一个看完内容能够通过电商渠道完成购买，同时在很短时间内送到消费者手上的产品，并且因为这个产品足够好，可迅速引发二次传播，形成一个良性循环。

● 项目评估 ●

（1）新闻热度持续一个月，近 200 篇新闻原发报道，转发约 300 篇。媒体浏览量达 457939889 人次。中央电视台财经频道进行了报道，微博上产生了大量 KOL 自发评论。

（2）此次创意营销对奥利奥的销量带动明显。天猫超级品牌日当天，20000 份限量版奥利奥音乐盒通过天猫独家限量首发，一上线即被守候的消费者疯抢，5 个小时销售额即突破 2016 年天猫超级品牌日一天的数量，12 小时内售罄，而第二批补货的 4000 台上架之后也被瞬间抢购一空。 乘胜追击，奥利奥音乐盒于天猫 6.18 理想生活狂欢节期间再次补货，销量成绩仍然可圈可点。

● 项目亮点 ●

奥利奥饼干摇身成为了“能唱歌的饼干”“宇宙超级表白神器”，还集“3D 版 MV 定制”“AR 体验”于一身。

把完整的奥利奥饼干放进奥利奥音乐盒，顺时针旋转摇杆至中心那刻，灯亮起来，奥利奥主题曲响起。音乐盒里植入了代表青春不同阶段的歌曲，每咬一口再放回去，就可以切换不同的音乐。四首原创歌曲分别代表了青春的不同阶段——职场、大学、高中、初中。

只要在奥利奥音乐盒上按下黑色按钮，说出你的情话，再逆时针旋转摇杆至边境，就能完成录音。

亲历者说 傅悦　亿滋中国公共事务副总裁

传播在于打动人心，但触发打动人心的力量却并不容易。奥利奥音乐盒的传播真正地从产品核心出发，尽可能地衍生边界，让消费者口味上的体验延展到视觉、听觉、触觉乃至音乐和酷炫展示带来的精神上的满足。

很多人在传播中会落入定式，想着如何进行不同渠道和多屏的组合呈现。而此次，我们另辟蹊径，将产品自身设定为传播工具，将消费者体验的整个环节进行细化，将产品从头到尾嵌入进去，通过产品个性化身份形象，颜色填涂设计、爱心留言、手机扫码 VR 播放、饼干唱片播放音乐、使用指南视频等各种媒介的组合与融合来增强和消费者的沟通传播，实现了从消费时的单点传播延展为整个消费过程的多点传播。事实证明，消费者被成功转化为新的传播源，整个传播形态不再是线性裂变，而是蒲公英状发散式裂变。

总结下来，有几点分享。

（1）公司的好产品在对外沟通的同时，也不要忽视对内沟通，这样可以有效地激发员工对公司的自豪感和认同感。

（2）产品和品牌的突破性创新虽然不易，但一旦成功，价值不可估量。公司必须要有包容和鼓励创新的空间，使得员工们被赋能，获得勇气去发散思维，挑战不可能，如此一来公司得到的惊喜往往也是巨大的。

（3）我们对产品受欢迎程度的预判有偏差，柔性化生产的产能没有留出足够的空间，错失了进一步扩大销售的商机。

案例点评

点评专家：陶西　益海嘉里食品营销有限公司电子商务 & 数字化营销总监

今天的用户，尤其是个性化的年轻用户，挑剔、见多识广、选择多、尝试多，已越来越难以触动。但优秀的品牌总能冥想苦思，超越自我，让好创意为产品插上翅膀，以充满想象力的匠心运筹和惊喜体验，让用户欣赏、折服，奥利奥音乐盒创造了 2017 年线上蔓延、奔走分享的精彩场景，下面来简要剖析案例的成功之处。

（1）产品创意出奇制胜。契合产品充满奇思妙想的品牌特性，精心打造“会玩的饼干”“会唱歌的饼干”“黑科技饼干”，一举“搔”到“玩物立志”年轻消费群的痒处，让用户在轻松享用经典美味的黑色夹心饼干的同时，获得有趣、新奇的快乐体验。

（2）社会化传播的胜利。准确把握当下消费者彰显个性、搜寻分享谈资的社交需求，通过创意产品和独特使用场景，触发消费者主动分享，同步各大社交媒体推波助澜式的报道加热，实现快速传播和广泛的口碑营销。

（3）擅用电商平台的“品效合一”功能。天猫既是线上销售平台，试销、促销渠道，更是聚合影响年轻群的新媒体，奥利奥音乐盒成为天猫超级品牌日的营销亮点，上线半天即被抢空，当天奥利奥天猫旗舰店销量比平时翻了 80 倍，新客占比 90%，网红爆款人气爆棚，成就品牌创新的增值效应。

通观全案，再次彰显创新永无止境。打动消费者的好创意、好产品、好体验永远是品牌超越自身、赢得用户的不二法门。

2017 最具公众影响力营销实效大奖

好爸爸亲肤抱公关传播项目

执行时间： 2017 年 4 月—2017 年 6 月

企业名称： 广州立白企业集团有限公司

品牌名称： 好爸爸

获奖情况： 金旗奖——2017 最具公众影响力营销实效大奖

• 项目概述 •

好爸爸洞察衣服亲肤在亲子拥抱中的作用，以亲肤抱为链接品牌情感与产品功能的动作 Icon（标志），通过借势热播综艺、利用明星影响力、玩转“粉丝”营销等方式，整合线上线下传播渠道和销售资源，唤醒受众对亲肤及亲子关系的关注，显著提升品牌知名度和美誉度，实现市场份额扩张。

• 项目背景 •

高端亲肤洗涤品牌好爸爸自创立以来，始终关注家庭中“父亲角色缺失”的社会问题，呼吁爸爸们回归家庭。经过多年传播，好爸爸基于“高质量亲子陪伴”的倡导，已经获得了国人的一致认可。作为洗涤行业内关注亲子关系、主打差异化情感定位的品牌，2017 年，好爸爸面临两个新的挑战：一是如何将亲肤这一产品核心利益点，与前期倡导“高质量亲子陪伴”积累的品牌资产进行联系，持续提升品牌在年轻爸妈中的知名度与美誉度；二是如何切实打通上下游团队、联动终端门店，实现盈利目标。

项目调研

品牌通过调研发现，拥抱对于孩子的身心健康成长具有非常重要的影响，经常被拥抱的孩子，大脑发育更加完善，免疫系统更加高效。而通过拥抱，家长还能促进亲子依恋关系的建立，使得家庭亲子关系更加和睦。然而，家长却常常忽略了拥抱时孩子的触觉感受。小孩子的皮肤稚嫩而又敏感，家长身上带有洗涤用品化学残留、不柔软舒适的衣物，可能给孩子带来不好的接触感觉，进而影响了拥抱体验。久而久之，孩子甚至可能会因为家长衣服不亲肤而拒绝拥抱，影响亲子关系进一步升温。

项目策划

1. 目标

提升品牌在年轻妈妈中的知名度与美誉度；夯实亲肤品牌资产；切实提升市场份额。

2. 策略

由前期的调研可知，拥抱是体现亲子间亲密关系的代表性动作，亲肤的衣物在其中扮演着重要角色：大人衣物越亲肤，孩子会越愿意与其拥抱，亲子关系也会变得更亲密。基于此洞察，品牌创造了链接拥抱与产品核心利益亲肤的动作 Icon：亲肤抱。好爸爸以亲肤抱为创意原点，以借势为传播策略，以全方位触点打通为手段，展开系列传播活动。

3. 受众

一二线城市中高收入、关心家庭的年轻潮妈是品牌传播的重点沟通人群，也是产品的主要直接购买人群。

4. 传播内容

亲肤是好爸爸产品的核心利益点，而倡导“高质量亲子陪伴”则是好爸爸一贯的情感主张。项目中，好爸爸先后抓住了现象级综艺节目《放开我北鼻第二季》热播、网综《奇葩说第四季》开播、“6 · 18”父亲节三大年度热点进行借势，2017年5月到2017年6月，好爸爸全面整合线上、线下传播和渠道资源，对用户触点进行全方位覆盖。借势与上海迪士尼乐园跨界合作的影响力，好爸爸推出入园拍摄的电视广告，演绎奇妙亲肤故事。

5. 媒介策略

于小彤在微博上拥有近400万关注“粉丝”及三大“粉丝”后援团，号召力及影响力非同寻常，因此，在2017年4月，品牌选择在微博率先引爆亲肤抱话题，联手于小彤打造综艺级别直播，为“粉丝”提供与偶像“零距离”互动机会，充分调动“粉丝”热情，炒热亲肤抱话题，让亲肤抱概念首次曝光即引起广泛关注。

2017年5月的传播目标是卷入尽可能多的用户参与互动，品牌利用微博平台开放、沟通直接、互动方便的特性，携手《奇葩说》人气辩手和意见领袖发起亲肤抱辩论话题，将2017年4月的关注成功转化为参与热情，完成了亲肤抱内涵的完整传达。

好爸爸亲肤抱公关传播项目 1

进入2017年6月，品牌整合线上线下传播渠道，推出与上海迪士尼乐园合作的电视广告，通过在中央电视台、区域卫视和互联网视频前贴片等渠道投放，实现广泛覆盖；品牌在核心门店周边公交站牌投放户外广告，精准引流门店；线上，好爸爸携手微博达人发起#厉害了我的好爸爸#互动话题，成功预热“6·18”活动；线下，品牌在“6·18”当天，举行“奇妙时刻，快乐好爸

爸”亲肤抱加冕礼主题活动，提供亲肤抱深度体验，升级亲肤抱认知；与此同时，27 场线下互动体验活动在全国 12 个城市相继举行，打造立体亲肤抱体验。

• 项目执行 •

1. 打造超级动作符号——亲肤抱

亲肤是好爸爸产品的核心利益点，而倡导“高质量亲子陪伴”则是好爸爸一贯的情感主张。基于拥抱的舒适感反映亲子关系这一洞察，好爸爸创造了超级动作符号——亲肤抱，将品牌情感与产品功能完美链接。

2. 高明借势三大年度热点

2017 年 4 月，好爸爸赞助的网综节目《放开我北鼻第二季》热播，明星嘉宾于小彤展现出的“超强爸力”赢得网友追捧。好爸爸迅速抓住其上升的人气，联合发布亲肤抱表情包，抢先定制《放开我北鼻第二季》的综艺式直播《抱娃出逃！实习好爸爸，于小彤首次抱娃直播》，打响亲肤抱话题。

2017 年 5 月，《奇葩说第四季》热播，再次引爆辩论热潮。好爸爸联手人气辩手马薇薇、肖骁，掀起微博史上首次由品牌发起的在线辩论活动“拥抱要不要亲肤”，引发消费者深度参与，共创亲肤抱内涵。

2017 年 6 月 18 日，好爸爸借父亲节、上海迪士尼乐园开园一周年、年中大促“三节合一”之势，打造线上线下全方位亲肤抱体验，强化品牌在父亲节的形象占位，实现亲肤抱动作对品牌销量的切实转化。

3. 整合触点打通线上线下

在线上，好爸爸携手微博达人发起“厉害了我的好爸爸”活动，邀请用户分享父子亲肤抱趣闻，在父亲节当天前往上海迪士尼乐园，用亲肤抱为爸爸“加冕”。

在线下，品牌在父亲节当天，举行“奇妙时刻，快乐好爸爸”亲肤抱加冕礼主题活动。品牌代言人黄磊直播分享亲肤抱感悟，萌娃父子演绎“亲肤抱华尔兹”，小朋友现场为好爸爸“加冕”。

在终端，全国 3000 余家黄金门店以统一的亲肤抱主题风格，对应最核心的生意区域，覆盖最核心的消费者，构建终端触点网络。通过产品资源、导购资源的调配，实现销售转化奇迹。

好爸爸亲肤抱公关传播项目 2

• 项目评估 •

项目传播总曝光量超 42 亿次。项目结束后，消费者对好爸爸产品亲肤认知提高了 17%，市场渗透率对比同期增长 1.4%，全品类市场份额达到历史峰值。

项目成功将亲肤抱打造为好爸爸专属品牌标签，深化了好爸爸差异化的情感定位，大幅度提升了品牌知名度与美誉度。

• 项目亮点 •

（1）创造了链接品牌核心资产与情感诉求的超级动作符号——亲肤抱。

（2）成功打造综艺级别直播，当日刷新一直播平台同类一线品牌直播的数

据纪录。

（3）联手《奇葩说》人气辩手及意见领袖，顺利在微博上掀起由品牌发起的在线辩论活动。

（4）挖掘亲子关系背后的深刻洞察，发起微博有奖征集活动，引发大量关注，收获优质 UGC。

（5）项目最大亮点：整合线上线下资源，全方位打造亲肤抱体验，实现市场份额提升、切实推动消费。

亲历者说 林平　广州灵思远景企业管理有限公司高级客户经理

前期，好爸爸品牌方充分借势品牌赞助的《放开我北鼻第二季》节目的热度，联手于小彤，打造了一场沉浸式的直播，让品牌角色在直播中持续出现。同时，基于品牌为直播配给的强大推广资源，我们也争取到了于小彤经济公司的支持，调动了于小彤的“粉丝”团，他们为直播贡献了巨大流量；中期与名嘴马薇薇、肖骁的合作也十分顺利，马薇薇、肖骁基于对品牌亲肤理念的认同，亲自撰写口播台词、辩题，最大限度地配合此部分的传播；后期，迪士尼乐园酒店见面会活动当天，黄磊因天气原因无法赶到现场，团队迅速提供上海、广州两地直播联线方案，让黄磊能够隔空参与现场互动，保证了活动效果。

案例点评

点评专家：郑亚楠　黑龙江大学新闻传播学院院长、教授

好爸爸亲肤抱公关传播项目聪明地将产品特质与功能延伸转化为具有高度相关性的情感表达行为，创造出专属于品牌自身的姿态传播，通过一系列成功的宣传获得知名度，迎合了一种普遍的社会心理需求、宣泄了社会痛感，由此向公众传达了企业与品牌的责任感与善意，这正是

好爸爸能够对公众产生影响力的根本原因。

在执行方面，好爸爸通过一系列线上线下的借势宣传与公关活动使大众知晓、认同了品牌价值观，并最终实现了市场占有份额的提升，本质上完成了理念与产品的双重销售。在这一过程中，对于意见领袖的运用、UGC的刺激、直播等新型网络传播手段的整合，都体现了品牌强大的推广与普及能力以及利用现有社会资源的想象力。当然，如若能在整体活动中进一步加强UGC内容的深度挖掘与叙事性再现，也许在“意义售卖”方面将会更为接近“用户定制—用户生产—用户购买”的高端境界。

总体来说，好爸爸亲肤抱公关传播项目是一次充满正向价值与智慧的高效营销行为，使商业利己追求与公共利他行为高度融合，代表了现在以及未来人类商业模式的终极方向。

爱琴海小店长日

执行时间： 2017 年 5 月 29 日—2017 年 6 月 1 日

企业名称： 上海爱琴海商业集团股份有限公司

品牌名称： 爱琴海购物公园

获奖情况： 金旗奖——2017 最具公众影响力营销实效大奖

• 项目概述 •

爱琴海商业集团（简称：爱琴海）是红星美凯龙集团旗下进行城市综合体及商业购物中心筹建、招商、运营的资产管理平台，是国内领先的商业不动产全程运营商。小店长日是爱琴海连续两年启动的全国联动活动，参与活动的品牌开放了所有职位，让儿童的职业体验变得真实。第二届爱琴海小店长日在全国 7 家爱琴海购物公园同时启动，吸引超过 1000 家国内外品牌参与，得到 6 万余个家庭的肯定。2017 年小店长日迎来更多的品牌，更丰富的职业体验，更庞大的家庭群体，证明了这一 IP 的成功。爱琴海运营团队通过前期活动设计，让商户真正成为了“消费者体验旅程”中的触点与回路，重点提升了商户关心的消费者停留时间与消费转化率。

• 项目背景 •

随着新零售时代的到来，购物中心、品牌与消费者之间的关系不再是简单的售卖与消费的关系，在消费升级背景下三者之间的关系不断发酵，购物中心

爱琴海小店长日 1

逐渐变成家庭之外重要的情感交流空间，购物中心不仅要引进优质的品牌吸引顾客消费，而更要从感官、心理等多角度挖掘顾客滞留的原因。

清晰定位，在行业内脱颖而出。商业地产行业内，针对年轻客户群体的大悦城，针对社区服务的华联购物中心，竞争对手清晰的定位让原本的市场越来越细分。而经过 5 个月的市场调研，通过对客户大数据分析，爱琴海定位为服务于新家庭型客户，即年龄在 25~45 岁的家庭客户群体，主打更细化的市场。在品牌商户与消费者间搭建情感纽带，从 2016 年起，爱琴海通过小店长日这档营销活动，为家庭型消费者创造了新的“体验 + 消费”场景，活动不断用真实的职业强化家庭消费者的参与感，同时为品牌商户留住消费者，圈粉大量家庭客户群体，创造了儿童主题活动的新玩法。

差异化的营销节点，使 IP 活动瞬间吸引有效社群。2017 年 3 月 ~6 月处于购物中心的销售淡季，由于零售货品调整导致品牌客单价较低，销售淡季让购物中心鲜少在第二季度做出让顾客和品牌都倾心的大型营销活动。主打“淡季不淡”的儿童节活动，使得爱琴海小店长日迅速成为行业内热议的话题。

商业地产新概念“设计消费旅程”。爱琴海的营销者一步一步解读消费者的消费行为，分析消费者心理，解决消费痛点：越来越多的家庭型消费者把购物中心作为与孩子交流的社交空间，在这里选择品牌，对孩子的智商、情商等进行培养，也有更多的家庭对孩子在社会实践中的体验更为看重，于是爱琴海的营销团队设置了体验的舞台，包括整个购物中心的品牌店铺，设计了演员、提供了品牌道具等，让消费者逐步完成进场、进店铺、消费等一系列动作，得到品牌的支持，得到消费者的参与，圆满完成了一次品牌与消费者的零距离接触。

项目调研

2016 年，爱琴海与专注于年轻人消费行为研究的青年志合作，共同发起了关于新家庭消费人群的消费洞察，近 6000 份新家庭的调研问卷显示，新家庭客户群体对亲子活动的要求如下。

（1）目标客户群体中，18% 的家庭会选择在购物中心与孩子度过闲暇时光，其次是看电影和看展览。

（2）目标客户群体中，文化娱乐消费比重增加，单纯的娱乐消遣已经无法满足人们对于有深度、有意义、可探索、可学习的文化消费日益增长的渴求，新知类、户外或者体育锻炼类的活动需求旺盛，供不应求。

（3）目标客户群体中，文化娱乐消费从简单割裂父母与孩子的需求转向让所有家庭成员共同参与形成凝聚力；从填鸭式灌输学习到激发引导，寓教于乐；从父母在旁边等待到父母与孩子共同投入。

（4）目标客户群体中，营销活动需要从浅层的、看热闹性质的活动，到可媲美专业场所的、高质量的深度文化艺术与科技体验内容。

通过对新家庭型顾客的消费洞察分析，爱琴海有效利用家长与孩子亲子行为的猎奇心理，使品牌商户开放小店长的职位，家长与孩子共同参与实施，如优衣库的陈列师、站点比萨的小厨师等职位，让孩子在真实的岗位中体验，不仅提高消费者对品牌的认知和对购物中心的信任感，有效增加了购物中心活动在家长朋友圈的曝光度，更可以延长家庭在购物中心内的滞留时间，从而产生附加消费，拉动活动期间购物中心的销售额。

• 项目策划 •

1. 目标

延长消费者在购物中心内滞留时间，提升购物中心销售额的同时，将客流转化为有效社群，增加品牌黏性，形成社交媒体口碑；与其他购物中心的营销节点形成差异化竞争。

2. 策略

（1）购物中心各类活动中缺乏对真实职业的体验。众多购物中心着重于陈列展示、游乐设施等活动，大多数国际品牌对客户的体验仅限于 VIP 增值服务等，并未建立零距离的亲子互动体验。

（2）购物中心与顾客的沟通更多基于官方微信、微博，咨询类服务基于客服电话，而爱琴海通过活动预热，成立爱琴海专属家长微信群，对客户关系进行实时维护，逐渐将客流转化成购物中心特有的社群，增加购物中心与消费者之间的互动与信任，使二者之间从需求性沟通变成日常性交流。

3. 受众

新家庭客户群体（25~45 岁的家庭型客户群体）。

4. 传播内容

通过各品牌商户为介质提高活动美誉度，突出活动“独家”“真实职业”等特点，吸引家庭客户群体。

（1）预热阶段：关注热议，大牌吸引力法则，强化参与感。全国 7 个城市同时启动小店长日，合作千余家国内外大牌，优衣库、星巴克、玩具反斗城等品牌独家开放儿童体验职位给爱琴海，为活动引爆预热，话题传播至爱琴海营销团队独家维护的“妈妈群”中；同时强化品牌参与感，品牌商户自媒体微信的传播影响其忠实会员，从不同维度深化传播。

（2）爆发阶段：引发“全国 7 城招募国际品牌小店长”的线上话题，积极与线上媒体进行互动，针对更精准的媒介如妈妈社群、学校社群、母婴平台、

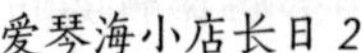
爱琴海小店长日 2

爱琴海小店长日 3

亲子平台等 KOL 统一发声，深化活动内容营销。

（3）收尾阶段：行业发声，提升营销活动在行业内的知名度。通过销售、客流、活动影响力等多方面曝光活动数据，在行业内引起热议。

5. 媒介策略

第一阶段，聚焦精准客户群体，点对点实现 IP 情感营销。通过地推活动成立家长微信群，进行活动预热与传播，制造舆论。

第二阶段，圈层潜在客户群体，面对面实现品牌传达。广告投放至各个幼儿园及小学、社区等，进行定向邀约，影响周边社区。

第三阶段，全平台投放，实现城市范围的活动造势，全平台投放亲子媒体微信、微博大号、论坛、电视台、视频网站、亲子 App 等，进行活动预热及报名，影响全城范围。

第四阶段，权威行业媒体，为品牌及活动背书。活动结束对活动数据及影响进行商业地产行业媒体投放，在商业地产行业内为爱琴海品牌及小店长日的 IP 成功造势。

项目执行

（1）实施细节。儿童游乐、体验、教育等常规儿童业态的市场板块逐渐壮大，社会实践、冬夏令营等活动方式越来越丰富，而购物中心拥有一站式的优势——各类儿童品牌、娱乐、餐饮体验让众多家长在选择亲子活动时把购物中心作为休闲娱乐教育的第一选择。购物中心有先天品牌优势，将品牌商户与消费者直接通过小店长体验的环节结合，做到家庭有新奇体验，品牌商户有客人进店，产生直接销售的闭环。

（2）项目进度。2017 年是爱琴海小店长日举办的第二年，每年活动期间爱琴海会迎来全城上万名小店长前来体验，联合星巴克、优衣库、I DO 等上千个品牌商户，小店长日成为消费者和品牌方一年一次的重大联动活动。当然，活动本身也会有很多创新和改变，比如体验的职业不断扩充，体验的环节不断完善升级，甚至邀请第一年参与的小店长们参与新一届小店长活动的开幕式，不断累积新客户群体的同时，也时刻维护过往的社群。

（3）管控与管理。2017 年，爱琴海对旗下所有广场进行动作管控，要求统一视觉形象、统一活动时间、完成规定有效动作、媒体节奏一致、所有宣传活动提前 14 天展示给消费者。同时，每个项目有足够的发挥空间，可针对自己所在的城市特点，进行有特色的营销活动。统一的管理动作，个性灵活的活动方案，让身处不同城市的 7 家广场，成为小朋友和家长节日期间津津乐道的聚集地。

• 项目评估 •

（1）效果综述。活动最终影响 7 个城市的 6 万余个家庭，千余个国内外品牌参与，活动期间全国销售额增长 54.82%，客流量增长 57.13%，儿童品牌业绩平均增长 31.75%，其中玩具反斗城、悦宝园等国际品牌的业绩增长近 700%。

（2）现场效果。现场参与的家庭 6 万余个，参与率高达 100%，当日平均滞留时间同比增长 65%，场内零售、儿童类品牌客流到店率增长 220%。

受众反应：影响周边小学及幼儿园等团体 108 所，成立家长群 50 余个，圈粉家长 4 万人次，参与的家长 80% 分享活动现场图片至朋友圈对活动进行二次营销，线上线下引流数超过 4 万人次。

（3）市场反应。

消费者层面：经过市场调研，活动现场有 40% 的小店长来自于第一届小店长日积累的小粉丝，第二届小店长活动中 80% 的家庭表示很期待第三届小店长日并会将活动推荐给亲友。

品牌商户层面：儿童类品牌平均销售额增长 31.75%，全国 7 城销售额增长 54.82%，参与本次活动的国内外品牌方也表示会持续支持并参与本活动。

（4）行业口碑。在商业地产行业内，这种与商户达成互动的模式也被广泛关注，作为经典案例进行学习交流。

（5）媒体统计。活动合作及投放近千家媒体，包括花椒、一直播等直播平台，爱奇艺等视频平台，搜狐、腾讯、凤凰网等网络媒体，父母邦、辣妈帮等亲子育儿平台，各地电视台、广播电台，赢商网、搜铺网等行业媒体，最终曝光量达到 1042 万。

项目亮点

对于购物中心来说，品牌商户与消费者对某一活动的参与度、预算投入与收入的收支比、媒体对活动的发声、行业内对活动的认可度，是衡量一场营销活动成功与否的关键。本项目受到了来自 1000 余家品牌、6 万余个顾客家庭的肯定，生活、亲子类媒体、门户网站以及权威商业地产行业媒体带来的千万级别曝光：话题一经推出，48 小时内迅速成为热议话题。4 万个家庭线上报名、品牌销售业绩的增长、商业地产行业内将本次活动作为成功营销案例相互学习，都让爱琴海小店长日在众多营销活动中脱颖而出。

亲历者说 才珊珊　爱琴海商业集团企划部业务总监

一场营销活动的创意来源，更多是对消费者旅程的解读，我们思考，如果把整个购物中心作为孩子的体验地会有怎样的结果呢？于是我们把服务的品牌方和消费者作为研究目标，设计旅程路线，让消费者逐步完成进场、进品牌、消费等一系列动作。我们通过爱琴海小店长日这种与品牌、消费者的直接互动，打破了传统的营销模式，搭建了消费者在购物中心内的表演舞台，让孩子成为主角，父母成为媒体的传播者，消费者亲自参与到完整的营销环节中，使小店长日成为营销事件，迅速在社交媒体进行传播。

案例点评

点评专家：吴志远　华中师范大学新闻传播学院传播系主任、副教授

商业不动产运营商爱琴海的“小店长日”活动获2017最具公众影响力营销实效大奖，有很漂亮的营销数据作为支撑。数据背后是爱琴海商业集团对消费者心理势能的深入洞察。

中国市场经济发展到今天，营销操盘手们已经集体创造了大量的经典营销案例。好的创意很快就被大规模复制，直到消费者对此感到麻木。一线城市的消费者们，对那些针对自身的营销活动，具有很强的排斥感，也有很强的免疫力。这逼迫商家，必须要更深入了解消费者，拿出更新的创意。仅靠拍脑袋的创意，不会太奏效。“小店长日”就是一个颇能让人有启发的案例。

“小店长日”活动的成功，建立在扎扎实实的消费者调查基础上。公司通过近6000份调研问卷，了解新家庭的亲子需求。足量的样本使得爱琴海的营销人员洞察到购物中心这一空间，在亲子教育中的特殊功能：通过真实的消费实践和体验，来培养孩子的智商、情商和美商。

针对消费者的直接营销可能让人无动于衷，但是身处消费社会中，如何让孩子养成正确的消费观却是每个家长都在思考的问题。这种潜在的需求形成一股强大的心理势能，营销操盘手发现它之后，要做的就是顺势而下，于是“小店长日”活动应运而生。被触动了内心的家长们，自然都自觉成为这个活动的义务口碑传播者。

当然，关于如何更好借力这股心理势能，除了“小店长日”之外，营销人员还应该有更多的创意思路，例如有卡通小助手陪伴的购物探秘活动等。

她时代的把酒言欢——悠蜜植入《欢乐颂 2》品牌传播规划

执行时间： 2017 年 4 月—2017 年 12 月

企业名称： 贵州茅台（集团）生态农业产业发展有限公司

品牌名称： 悠蜜

获奖情况： 金旗奖——2017 最具公众影响力营销实效大奖

项目概述

整体项目基于市场现状、市场竞争及品牌定位的洞察，确定悠蜜品牌传播基调。悠蜜产品卖点为健康、美丽，精准人群为中高端女性，传播主题为“她时代的把酒言欢”。

前期，为悠蜜相关搜索引擎优化建立百度信息解读，同时为悠蜜通过植入《欢乐颂 2》预热播出，微信、微博联动预热活动充分造势，深入影响影视剧受众关注，跟进《欢乐颂 2》动态，逐步渗透预热，产品信息全方位传播，引发受众期待值。

中期，线上借力《欢乐颂 2》，围绕剧情内容、剧情人物等特点，深入挖掘植入信息亮点，优化产品信息搜索引擎，对悠蜜品牌、产品信息进行全面释放；针对 IP 植入的露出情节通过微博发布热门话题 # 欢乐颂五美 #，建立品牌速递，通过视频编辑整合传播造势、相关领域 KOL 导流等，实现粉丝量与关注量的转化；线下收集都市女性社交习惯，探索女性用酒场景营销，分别于北京和贵阳举办电视剧场景复制还原活动，强化在特定场景下进行高度集中的产品消费，培养消费者黏性，促进销售转化。同时红人直播实现线上线下同步传播，扩大活动辐射范围；全方位价值渗透，提升品牌认知度、知名度和关注度，打造特色传播效果。

后期，延续日常及深度的公关传播，增加用户黏性及品牌曝光率，立足于产品优势，区隔竞品，精准影响核心目标群，建立长效沟通，创造有感知的场景营销，在提升企业整体形象曝光率的同时，增加品牌的影响力，最终促进销售转化。

项目背景

公司成立于 2015 年 2 月，是茅台集团实施战略转型结构调整的重要举措。公司主要围绕蓝莓产业发展，覆盖了蓝莓加工全产业链，结合丹寨县和黔东南苗族侗族自治州自然生态民族特性打造文游产业，打造了具有自主知识产权的核心品牌和核心产品。但项目实施前，悠蜜蓝莓利口酒作为企业的主打产品，市场份额较低，关注度不够。如何提升品牌价值，帮助企业进行定位，打破以往大众对于茅台品牌固有理念，圈定年轻化目标消费者，培养其对品牌的认知度和忠诚度，最终实现销售转化，成为了急需要解决的问题。

当品牌传播推广的方式都集中在电影大屏幕，或硬性植入、或开播广告、或赞助传播时，该项目选择独辟蹊径，将目光聚焦在电视的小荧幕上，通过剧情定制的场景化实效营销，将品牌价值全方位融入《欢乐颂 2》中并形成传播绑定，结合线上线下高频的实效营销，产生强烈的记忆与共鸣，希望通过让受众记忆深刻的传播表达，将产品特性及品牌理念进行传递。品牌传播不仅需要出现在产品受众面前，还需要结合热点开拓消费场景，赋予品牌深刻而丰富的文化内涵。

项目调研

从行业市场的角度分析，2011 年以来，白酒行业集体进入寒冬，与此同时，调制酒市场逆势而上，竞逐调制酒市场成为酒企新的布局方向，在国内酒

青春要出彩，悠蜜萤光夜

品行业普遍疲弱的情况下，近两年迅速壮大发展起来的利口酒市场仍旧保持着火热的市场氛围，根据调研，23~35 岁年轻女性饮酒比例几乎占同年龄阶段男女总人数的一半。因此企业推算，酒类消费她时代到来，女性酒类消费是市场新的增长点。悠蜜定位为年轻化的时尚饮品，突出品牌的底蕴和工匠精神，将会吸引众多爱好时尚的年轻消费群体。

从竞品的角度分析：悠蜜蓝莓利口酒主要的竞争对手是 RIO（锐澳）。随着经济生活水平提高，消费者对饮料需求不断上升，RIO 虽然占总市场份额大，但整体地位不明确，同时过度营销、高估市场潜力、需求引导不明确，导致其神话破灭，但 RIO 以其强大的品牌优势推出了不同口味产品，从包装、内容物、价格、推广、渠道、诉求上对悠蜜蓝莓利口酒都构成强大的挑战。

从市场竞争的角度分析：从目标消费者较为集中的利口酒市场和预调鸡尾酒市场分别选择竞品调研，对比价格来讲，悠蜜的价格属于利口酒一般价格，更偏向于中高端人群；对比口感上来讲，悠蜜度数更加具有酒属性，相对较低，更适合女性；对比品牌价值来讲，悠蜜更有时尚、年轻、美丽、健康等品牌价值，因此，公司推断悠蜜应该介于利口酒及预调鸡尾酒两者之间，占据酒品类市场份额，同时主打年轻时尚健康饮品，是有相对特定社交饮酒需求受众的选择。

从产品自身的角度分析：悠蜜利口酒将消费者群体锁定为都市女性，以“每天一支，一直美下去”作为品牌口号，定位时尚、美丽、健康的中高端女性利口酒，倡导健康品质的生活方式，凸显她时代女性对美好生活的向往，其独特的六色口红瓶体造型高端优雅，彰显女人的独特魅力，具有很大的收藏价值。

因此，基于以上调研结果，结合社会大环境的影响，公司推断：在内容粉尘化的互联网时期，受众注意力极易分散，用户与品牌的沟通不能只依靠电视剧广告植入，植入后的二次传播及实效营销必不可少。悠蜜蓝莓利口酒应以剧中场景植入为基础，而后在微博、微信制造话题，同步线下复制剧中场景，三招“组合拳”在多空间维度上打造悠蜜消费场景，强大的整合营销能力有效触达精准洞察受众，产品营销目标和品牌战略诉求才能迅速得以实现。

项目策划

1. 策划目标

（1）树立品牌形象，提升悠蜜蓝莓利口酒在消费者心目中的地位，形成独特的品牌联想——购买女性酒就选悠蜜，表达绿色、健康、时尚品牌理念。

（2）借助植入 IP 与活动事件传播让消费者对悠蜜蓝莓利口酒有所认知，通过活动将悠蜜产品及产业链的整合优势展现给受众，增强用户忠诚度与黏度，实现销售转化。

2. 策略

品牌传播的主题“她时代的把酒言欢”在公关传播的过程中，以植入电视剧《欢乐颂 2》播出为切入点，借助热点事件，达到热点话题传播的效果。同时围绕影视剧特点，选择受众愿意且容易接受的传播方式，结合 KOL 等的口碑效应，让受众接受并选择悠蜜，进一步提高品牌知名度和美誉度。

3. 目标公众

愿意享受高品质产品，注重健康美丽的中高端时尚女性。

4. 媒介选择

主要综合运用多媒体渠道进行传播，线上渠道重点侧重网媒及意见领袖媒体发声和相关社交平台等，线下侧重商区、街道户外广告投放及经销商车体、门店、商超、促销包装等。

项目执行

借势悠蜜植入电视剧《欢乐颂 2》播出，线上线下围绕剧情内容同步进行品牌传播。

（1）预热期：预示悠蜜将赞助《欢乐颂 2》，曝光悠蜜品牌；跟随《欢乐颂 2》及主创动向进行传播，制造悬疑，引发关注。

① 电视剧《欢乐颂 2》播出前期，悠蜜官方微信、微博进行电视剧开播倒计时预热活动，通过 H5 海报生成活动，聚焦电视剧播出同时露出悠蜜品牌及产品。

② 大量悠蜜品牌植入电视剧猜想，稿件铺开，联动微信、微博活动，悠蜜品牌露出。

（2）播出期：跟随播出热点，创建话题，进行传播；通过剧情和人物释放品牌价值。

① 线上：微博发布热门话题、悠蜜品牌速递、视频再编辑整合传播，KOL 转发推广；大量深度稿件、品牌稿件、产品稿件联合 KOL 全微信平台铺开；超过 120 家媒体新闻稿件发布，联动传播。

② 线下："她时代"背景下，女性特殊的用酒需求在社交场景中越发突出。基于《欢乐颂 2》播出之际，复制场景，强化场景消费，分别在北京和贵阳举办线下活动，巩固品牌形象，聚拢粉丝，实现购买转化。

③ 户外：在贵阳商业中心区域投放大型广告牌，在贵阳街头公交站台投放广告；在北京三里屯等人流聚集地投放大屏广告及灯箱广告牌。

（3）跟进期：进行深度传播，配合《欢乐颂 2》二轮播出和网络持续点击，通过促销传播，引导销售。针对精准人群，展开持续传播，深入品牌影响，提升产品知名度、关注度，保持持续曝光。

项目评估

将销售目的隐藏于营销活动之中，将悠蜜的推广融入到目标消费者喜爱的《欢乐颂2》场景里，使消费者在这个场景中了解悠蜜品牌定位并接受产品的营销手段。通过实效营销争夺消费者注意力、借助消费者自身的传播力、依靠轻松娱乐的方式等潜移默化地引导市场消费。换言之，公司通过顺势、造势、借势《欢乐颂2》等方式，以求提高企业及悠蜜的知名度、美誉度，树立良好的品牌形象，最终促成产品或服务销售，以下为项目传播期间数据总结。

（1）微博悠蜜品牌速递：2017年5月11日—2017年5月14日，实现曝光48.2万次。

（2）微博发布热门话题#欢乐颂 五美#，总阅读量7699.9万人次。

（3）《欢乐颂2》第20集播出当天，微博话题#欢乐颂 酒#登上热搜第一，引发超71万名用户自主搜索。

（4）微信基于《欢乐颂2》播出，发布#五美变六美#海报生成H5，浏

悠蜜活动现场

览量 13644 人次，参与量 11280 人次。

（5）大量深度稿件通过 KOL 投放，全面铺开，期间微信端稿件阅读量超 30 万人次。

（6）新闻深度稿件撰写发布 12 篇，120 家媒体发布，超过 300 家媒体转载。

（7）两场落地活动现场参与人数累计量超 500，实时在线观看人数近 1200 万，微博增长“粉丝”数 3 万多，微信关注人数也突破 3 万人。

（8）截至 2017 年 8 月，悠蜜销售额超 2000 万元。

（9）公司审查“粉丝”情况，发现女性多于男性，并且“粉丝”群体也较为年轻，与悠蜜目前的调性、定位和销售情况相符，品牌推广的方式和途径针对性比较强，同时在一定程度上带动了销量。

项目亮点

（1）通过社会化娱乐营销事件，强化 IP 场景包装，通过品牌引流使受众产生情感共鸣，增加品牌忠诚度，实现销售转换。

（2）通过传播和推广强化产品场景身份，使受众产生情感共鸣。

（3）通过“IP+ 社交”的方式提升品牌溢价力和附加价值

亲历者说 曾莉　北京环智文化传媒有限公司总监

《欢乐颂》系列火爆很大程度上是由于该剧反映了当下社会女性真实的生活与情感状态，各个阶层的都市女性都可以从主角中找到自己的影子，包括我自己也很容易从剧情中产生情感共鸣。因此，我希望抓住这个社会热点，快速结合企业品牌、产品等信息，创意策划时效性强的品牌传播计划。悠蜜也是抓住这个契机，创造了一个适合受众释放自己、活出自我、分享心情的空间。我把整个品牌传播计划，评价为“走心”的实效营销，没有为了曝光而出镜的“暴力直入”，更多的是迎合剧情走向出现在年轻消费场景中，创建了酒吧狂欢、深夜蜜聊、聚会庆祝等的场景式悠蜜时刻，通过线上线下高频次的联动推广，释放与电视剧主轴相符的“每天一支，一直美下去”的品牌理念。通过品牌表述，悠蜜蓝莓利口酒是主角性格的诠释者、情感的见证者，也带入了都市女性的消费情绪，所以，很容易被看作剧情发展的一部分，由产品变为角色，表达独特的色彩内涵和情感诉求，潜移默化将场景深入消费者体验，在现实中满足消费者的需求，完成了整个闭环营销。

案例点评

点评专家：戴可　北京博锐讯市场咨询有限公司副总经理

悠蜜品牌植入《欢乐颂 2》是非常成功非常经典的一次传播规划。此次传播的成功是在进行了精确品牌定位，准确把握产品用户群体之后，以核心目标人群的需求特征为基础，进行了一系列精准营销的成功。

选择《欢乐颂 2》作为悠蜜品牌的植入对象，是此次品牌传播中的神来之笔。欢乐颂五美的形象和悠蜜品牌的目标人群高度吻合，两者的结合是对悠蜜品牌的良好诠释，也更容易让用户产生情感共鸣。

营销团队将品牌植入事件作为整个传播规划的爆点，前期通过多种途径预热，电视剧上映后迅速引爆话题，通过一系列有规划的内容传播，成功获取了核心目标用户对于悠蜜品牌的关注。在整个传播过程中，营销团队对于整体传播节奏的把控也值得称赞。在传播过程中，营销团队采用线上线下相结合的方式，阶段性地进行话题热炒，使得品牌的传播效应得以延续。特别是在传播过程中采用了 IP 场景还原的方式，让用户重温剧中的场景，激发起他们的情感共鸣，有效延长了话题传播周期，对品牌的传播起到了非常好的促进作用。

通过精准的市场定位把握自己的核心用户群，以此为基础，选择了目标人群关注度极高的人气 IP，进行一系列极具时效性的传播，是悠蜜品牌传播规划取得成功的关键因素。

Zespri 佳沛奇异果要你“早餐好好吃”

执行时间： 2016 年 7 月—2016 年 10 月

企业名称： 佳沛新西兰奇异果国际行销公司

品牌名称： Zespri（佳沛）

获奖情况： 金旗奖——2017 最具公众影响力营销实效大奖

项目概述

Zespri 奇异果进入中国十年有余，高端、活力、健康的品牌形象深入人心，尤其是在对健康生活追求较高的一线城市。近几年国产猕猴桃不论在品牌营销还是质量保证上，都迅速崛起，加上进口水果与国产水果价格的差距，Zespri 的品牌溢价在逐渐下降。因此，企业扩大业务范围走入更多二线城市，与此同时，也积极提升消费者食用奇异果的频次，提升品牌知名度。

项目背景

拓展二三线市场是一个巨大的任务，如何能够利用有效的资源借力使力是企业需要思考的问题。此外，2016 年度的品牌调研显示，“偶尔购买”的消费者数量相对比较多，如何能够更好将其转化成“经常购买”及“忠诚购买”的消费者是企业关注的重点。

Zespri 佳沛奇异果要你“早餐好好吃”1

项目调研

食用奇异果的时机虽然并不太讲究，但是企业希望能够找到一个“必须吃”的理由，而非只是“另一种水果”的替代方案。百度搜索指数显示，中国消费者花费较多时间寻找与“早餐”相关的内容，因此，公司将一天之中的早餐作为主要切入点，将 Zespri 佳沛奇异果定义为健康早餐不可或缺的元素之一。

公司进一步与上海市营养学会合作，针对全国十个城市的白领开展有关早餐习惯的调研，发现超过 7 成的白领的早餐营养不均衡，高热量主食成主角，但缺少高效果蔬，未能满足身体全天所需营养（奇异果营养密度高）；48% 的白领是在上班途中吃早餐，整体来说便利性是他们考虑的重点（奇异果食用方式简单）；尽管如此，白领还是首选“高营养”“美味”及“安全”作为选择早餐的依据。由此可见，消费者心理的期望及实际的行为有着巨大的反差。

项目策划

企业规划了一系列以早餐为切入点的传播内容，希望能更好地将奇异果跟早餐绑定，贴近白领消费者，让大家能够“好好吃早餐”。

1. 切入点：早餐是金子，但早餐营养却成重灾区

邀请上海市营养学会发布《中国 10 大城市白领早餐调研报告》，直击一线及二线城市目前早餐营养不均衡的状况，重新呼吁白领重新看待自己早餐的营养摄入情况，提倡“好好吃早餐”。

2. 结合城市话题线：营养也要接地气，特色风味早餐发布

不少消费者很难将奇异果与以本地化口味为主的早餐连接。在上述报告发布的同时，公司邀请了美食达人及厨师集思广益，试着将奇异果融入不同城市的早餐中，将报告中不同城市的数据跟不同口味的早餐相结合，给出健康早餐解决方案。

3. 铺开城市推广面：与洋气相投的 Wagas 合作进入二线城市

Wagas（沃歌斯）以健康天然的国际品牌形象深受消费者青睐，在高端白领早餐选择中具有一定代表性。Zespri 与 Wagas 联手打造“奇异 Z 家早餐”，在全国 Wagas 及 Baker & Spice（高端面包甜品店）门店同时推出。

项目执行

1. 权威机构合作发布《中国 10 大城市白领早餐调研报告》呼吁白领“好好吃早餐”

在确认早餐是品牌传播战役中重要的一个突破口后，团队积极与专家协会沟通，确定调研机制及方向，确认调研城市。最终出炉的报告，给出了一个比较全面的观察角度。报告显示白领除了整体早餐摄取营养不均衡的现状外，二线城市相对于一线城市来说也更加重视早餐质量，这也为接下来要以早餐为切入点深入二线城市起到激励作用。

Zespri 佳沛奇异果要你“早餐好好吃”2

2. DIY 营养健康的特色风味，让早餐“好好吃”

公司来到了 4 个一二线城市，邀请厨师设计制作了多款极具当地饮食特色的早餐，联合重点城市的 KOL 一起发掘当地早餐与奇异果搭配的各种可能，此外，还邀请媒体及 KOL 一起参与线下的发布会，让大家 DIY 自己的早餐。在上海，Zespri 以奇异果结合粢饭团，而在成都，Zespri 又以奇异果与辣味刀削面创造出爽口又营养的早餐。现场媒体充分互动并分享至个人及媒体的社交平台，除传统媒体外，更有诸多社交媒体，以绿色“轻”生活、《中国 10 大城市白领早餐调研报告》发布、不同城市创意营养早餐为题，进行快速传播。

3. 跨界 Wagas 的全国门店落地合作

除了点题的话题炒作及各种媒体 KOL 的推广之外，Zespri 还在寻找能在早餐上合作的品牌，对于二线城市来说，品牌形象尚未如一线城市那样深入人心，因此除了在媒体及话题上贴近当地饮食习惯之外，Zespri 也积极寻找品质相当的品牌，于是 Wagas 就成了不二之选。Zespri 和 Wagas 跨界合作共同倡导：高品质的食材，关注都市人从身到心的健康以及愉悦、轻松的生活

Zespri 佳沛奇异果要你“早餐好好吃”之上海风味早餐粢饭团

状态。Zespri 与 Wagas 的合作为崇尚健康轻食主义的人们提供了更好的选择。Zespri 与 Wagas 联合打造健康“奇异 Z 家早餐”，媒体活动中，Wagas 主厨讲述制作理念，现场演示如何制作一款健康、营养的奇异果轻食色拉。国际注册营养师分享美食、健康、生活的关联以及绿色“轻”生活的概念和饮食搭配建议。

项目评估

1. 传播价值方面

（1）上海、成都、天津三地活动及后续视频传播，整体媒体价值将近 1000 万元。媒体覆盖：生活、美食、健康、女性、综合类平台。

（2）除传统媒体外，更有今日头条、界面等从不同的角度进行了报道。

（3）与媒体合作拍摄了男团 ZERO-G（零重力）化身小鲜果为白领商务楼派送早餐的视频，14 家视频网站等媒体进行了快速传播，视频发布两天内，点击量高达 1103 万人次。

2. 在商业价值方面

与 Wagas 于全国 8 个城市的 55 家 Wagas 及 Baker & Spice 进行了推广。在仅仅 15 天的时间内，“奇异绿光侠果汁”共销售超 3 万杯，“奇异 Z 家早餐”套餐也获得白领男性女性的青睐。在良好的反馈下，2017 年 10 月 Wagas 继续使用 Zespri 佳沛奇异果创造出他们 10 月的新款色拉。

● 项目亮点 ●

与 Wagas 的合作取得了亮眼的成绩，Wagas 将其中开发的奇异果饮品“奇异绿光侠果汁”加入菜单，Zespri 也从品牌合作方成为固定供应商，成功开拓其销售渠道，也让品牌在二线城市有了更好展现。

亲历者说 李佳 高诚美恒传播咨询高级客户经理

契合度：Wagas 作为在全国有知名度的餐饮品牌，在挑选合作方时有一定要求，我们在有限的沟通时间内准备了详细且有效的相关资料。向 Wagas 展示 Zespri 是一个每一颗果子都经过用心、安全栽培并一路严格拣选的新西兰高品质品牌，并始终提倡健康生活方式。这些与 Wagas 追求和倡导的不谋而合，对于双方品牌的消费群体来说都有着共通性。

用心度：在二线城市，我们找到不同城市的 KOL，多次沟通、讨论，最终将地方性特色早餐与奇异果结合，多重考虑后创造出能让当地人信服的营养早餐（既能让消费者了解自身早餐存在的问题，且不改变喜爱的早餐，又能了解奇异果营养、有效而美味的信息）。我们对于 Wagas 合作的前期研发阶段也倾注较多精力，为确保合作餐的品质和口感，考虑到水果的保存性、新鲜度，Zespri 挑选软硬度、酸甜度适中的果子作为食材，且由双方团队、厨师及 KOL 多次反复尝试、测评、沟通，最终制作出令大家都满意的健康餐。

项目效果：通过调研、视频、二线城市媒体活动、Wagas 合作等传播整合，进行了一步步的深入传播，进而在全国范围内产生较好的影响。每一环节及传播都充分考虑与消费者的关联度，包括如何让他们产生兴趣，如何更接地气，

如何让他们最终更愿意接受产品。同时兼顾 Zespri 品牌传播目的——品牌影响力、知名度进一步提升、通过调研增加消费者食用频次，在二线城市深入沟通让消费者更了解 Zespri 佳沛奇异果的高品质、高营养。而《中国 10 大城市白领早餐调研报告》的出现，对全国消费者来说无疑是有用且有益的。

案例点评

点评专家：闫浩　国际某一线品牌营销战略顾问

Zespri 佳沛奇异果要你“早餐好好吃”是一场突围之战，同时也是一个教科书式的营销传播案例。

（1）市场战略胆大，营销战术心细。

一线城市是奇异果的主销市场，但竞争加剧使 Zespri 品牌溢价下降。那为什么竞争会加剧呢？对于一个洋品牌来说，一线城市消费力强，消费观念开放，接受新事物快，传播开展集中，教育市场障碍较小，大部分品牌进入中国都会选择一线市场，且会出于份额市场的目的进行价格战的争抢，所以会导致品牌溢价逐渐降低。Zespri 毅然选择了下沉开发二三线市场，这是一个非常大胆的市场战略。因为跨入二三线城市面临着中国地缘文化差异，社会结构差异。消费观念差异性，对一个洋品牌来说有着极大的挑战。但 Zespri 不光胆大，敏锐的营销洞察让其能够很快找到早餐这个切入点。这不是空想而来，定量上来自百度指数中发现中国消费者花较长时间寻找与“早餐”相关的内容；定性上来自国人餐饮观念的更迭。所以大胆制订战略后，Zespri 通过敏锐的消费洞察确立方向。

（2）整合传播主线清晰，布局缜密。

Zespri 本次沟通核心和手段上都体现出品牌本身的温度感。沟通主张“早餐好好吃”十分接地气。在传播上使用了三个手段：一是“高举”，邀请上海市营养学会发布《中国10大城市白领早餐调研报告》，呼吁白领重视早餐的营养摄入情况；二是“低打”，邀请了美食达人、厨师集思广益，一起挖掘当地早餐与奇异果搭配的各种可能，试着将奇异果融入不同城市口味的早餐中；三是“品牌联合，线下推进”，跨界Wagas的全国门店落地合作，使线上累积的传播资产能够在线下通过门店体验迅速转化，这些门店还具有一致性，为Zespri提升品牌形象起到了很好的保障。

2017 最具公众影响力
海外传播大奖

京东集团与沃尔玛战略合作公关项目

执行时间：2016 年 6 月 1 日—2017 年 11 月 30 日

企业名称：京东集团

品牌名称：京东，沃尔玛

获奖情况：金旗奖——2017 最具公众影响力海外传播大奖

• 项目概述 •

2016 年 6 月，京东集团与沃尔玛达成战略合作，2016 年 10 月，双方在电商、跨境电商、O2O 等领域的合作取得了多项重要进展，山姆会员商店、沃尔玛全球购官方旗舰店以及沃尔玛购物广场正式入驻京东。

• 项目背景 •

中国电商巨头京东与全球零售巨头沃尔玛达成战略合作及取得多项重要成果，此举足以改变零售及电商的行业格局。

• 项目调研 •

在“消费升级”的大背景下，中国消费者可支配财富的上涨使国人对中高端产品和海外商品的需求进一步扩大。鉴于国内消费者对于进口商品的热情居高不下，京东选择与沃尔玛携手满足消费者这一强烈需求。同时，1 号店

京东集团负责人与沃尔玛负责人会面

融入京东集团，补充了商超业务的实力，也聚集了更多商超用户。本次合作使沃尔玛丰富的海外商品与京东高效的物流体系结合，双方联手为消费者提供更加丰富、优质的海内外商品和极致的用户体验，为消费者创造更美好便捷的生活。

● 项目策划 ●

2016 年 6 月—2016 年 7 月，在国内外主流媒体上发布双方达成重大战略合作的新闻稿。

2016 年 9 月—2016 年 10 月，继续在国内外主流媒体上发布重磅战略合作新闻稿，分享双方合作的三项实质业务进展；安排双方 CEO 接受国内外主流媒体采访；促成沃尔玛 CEO 来访京东、双方 CEO 在京东总部历史性会面，安排沃尔玛 CEO 与京东员工进行深入交流，通过员工在社交媒体上发布信息，扩大事件的影响力。

双方负责人合影

项目执行

此项目在京东“6·18”前正式启动，京东国际公关部与沃尔玛全球公关负责人、中国区公关负责人等多次沟通、协调、商讨相关信息的发布内容、时间和方式。京东国际公关部及时完成了双方历史性合作的新闻素材及双方业务CEO合影照片的准备并经过IR（投资者关系管理）和法务的审核。于2016年6月19日24点、中美双方向全球媒体发布了官方新闻稿件。在1号店711店庆狂欢大促前，国际公关部进一步安排了多项媒体传播以及双方CEO在上海接受媒体联合采访。在时间紧、任务重、内外部舆论环境复杂的情况下，国际公关部确保了主流财经媒体积极正面的深度报道，成功地向行业及员工传递了双方合作发展、共赢未来的核心信息。

2016年8月，国际公关部得知沃尔玛CEO将于2016年10月来华，于是开始与沃尔玛总部等多方负责人进行沟通协调。其间多次召开电话会议，深度参与沃尔玛CEO来华的各项安排，同时积极协调双方公司CEO的日程、内部

沃尔玛 CEO 到访京东

各相关部门，成功促成了沃尔玛 CEO 到访京东集团总部、与刘强东的会面、举办双方管理团队共庆多项重要合作进展的庆祝仪式，安排沃尔玛 CEO 与数百名京东管理层及管培生进行交流互动活动。双方于 2016 年 10 月底发布的联合新闻稿具有战略高度，再次掀起海内外媒体报道的高潮，在“双 11”前夕将海内外媒体、行业和消费者的目光吸引到京东身上。

● 项目评估 ●

京东与沃尔玛战略合作的公关传播在国内外媒体上创造了几波影响深远的传播。截至 2016 年年底，国内外主流媒体，包括路透社、美联社等发布了总计 3300 篇优质稿件，98% 的报道积极正面，折合广告价值近亿元。此外，在“双 11”前，国际公关部与沃尔玛团队合作，安排了双方 CEO 接受彭博社、CNBC（美国 NBC 旗下财经有线电视卫星新闻台）及国内多家媒体的专访。此阶段 99% 的报道积极正面，折合广告价值 4200 万元。该项目成为 2016 年极受外界关注的重磅新闻之一，提升了京东在中国乃至全球的品牌形象。

项目亮点

沃尔玛作为全球知名企业，在信息发布和行事上有自己特有的习惯和方法，在沟通、协调重大信息发布和活动安排的过程中，京东国际公关部克服了多地时差、响应时间、对方组织人员层级复杂、CEO 日程紧张和难于协调、双方披露利益点不一致等重重困难，经过多次、深入、有效的沟通，最终促成了双方合作，国内外媒体均对京东与沃尔玛的合作给予了广泛、正面的报道和评价。

亲历者说 李曦 京东集团副总裁

京东与沃尔玛达成战略合作，是足以改变零售业、电商市场格局的重大举动，此次公关传播的战略是通过国际、国内主流媒体，引起零售、电商行业、供应商合作伙伴、投资者乃至广大消费者的高度关注，为双方的进一步深入合作创造良好的国内外舆论环境。

案例点评

点评专家：张景云 北京工商大学商学院教授

此项目属于企业重大战略事件的系列新闻发布项目。作为全球电商和零售业的两大巨头，京东与沃尔玛达成战略合作意义重大，具有新闻价值。如何让国际舆论正面解读并传播这一重大事件？如何让这一新闻的传播形成持续的热点，让相关公众充分认识这一战略合作的内涵和意义？如何将这一新闻发布的舆论价值转化为市场价值，实现品牌传播与市场收益双丰收？这些都是值得思考的问题。

新闻发布在时间节奏把握、媒体组合、信息释放发布范围等方面都

有精巧的考虑。

其一，根据公众认知由浅入深地发布新闻。共分三个阶段：第一阶段（2016 年 6—7 月），发布关键信息，引发媒体关注；第二阶段（2016 年 9—10 月），分享双方合作实质业务进展等具体信息，增进公众认知；第三阶段（2016 年 10 月底），通过互动加深公众认知了解。通过一系列新闻发布，向海内外公众传递了双方合作发展、共赢未来的核心信息。

其二，新闻发布与公关活动结合起来开展。新闻发布需要内容的有力支撑，在系列新闻发布之前，京东国际公关部做了大量铺垫工作，开展了一系列公关活动，使得新闻发布有条不紊并不断有新的内容。

其三，新闻发布的时机把握独具匠心。把握了京东“6·18”、1 号店 711 店庆狂欢大促和“双 11”这三个购物节品牌活动及电商促销的重要时间节点，促进销售额增长的同时，也促进了上述三个品牌购物节活动的海内外认知，实现了舆论价值与市场价值的相互转化。

此外，作为一个跨国战略合作项目，在开展新闻发布时有一定的操作难度，该项目通过联合媒体采访、多个时区电话会议等方式，深入细致地沟通协调，实现了跨国沟通无缝对接，也是值得肯定的重要内容。

“川港澳合作周”成都文创活动

执行时间：2017 年 8 月 1 日—2017 年 8 月 24 日

企业名称：成都市委宣传部，成都传媒集团

品牌名称：国家西部文创中心

获奖情况：金旗奖——2017 最具公众影响力海外传播大奖

项目概述

“天府成都　文创未来——成都建设国家西部文创中心专场活动”是成都在 2017 年“川港澳合作周”期间，在香港举行的一次全面介绍成都文创产业发展愿景和规划的大型专场活动。活动聚集了成都、港澳乃至全球的政商文创界人士。

项目背景

在香港回归祖国 20 周年之际，四川省人民政府推出“川港澳合作周”活动，旨在进一步深化经贸合作，开创互利共赢的新局面。成都作为四川省省会及中国西部文创中心，在全国的发展格局中处于重要位置。在“一带一路”倡议背景下，成都正加快各方面功能建设。

以本次“川港澳合作周”为契机，成都市委市政府力求以香港为支点，面向港澳乃至全球文化名流、知名文创企业、文创机构及投资人等，搭建文创领

天府成都　文创未来——成都建设国家西部文创中心专场活动 1

域交流合作平台，于 2017 年 8 月 24 日在香港举办“天府成都 文创未来——成都建设国家西部文创中心专场活动”。

项目调研

1. 官方性

本次活动是成都市委市政府主导的跨区域交流活动，应结合国家宏观战略布局予以考量，而成都作为国家“一带一路”倡议中着力打造的内陆开放型经济高地之一，意义重大。因此，本次活动从场地选择到与会人员邀请等各环节，都要结合活动的官方属性进行合理规划。除此之外，考虑到政府主导活动的特性，本次活动应隆重而不铺张、庄严而不呆板。

2. 艺术性

本次活动旨在将成都建设国家西部文创中心、世界旅游目的地城市的历史机遇推向全球。因此，活动环节设置、活动场地设计、活动手册设计等方面都应聚焦文创，体现本次活动的艺术性。

3. 国际化

作为政府主导的区域文化交流活动，在活动执行规划上，应站在全球背景下综合考量，彰显活动的国际化属性。

4. 紧急性

从接到客户需求到活动举办仅 20 天时间，如何在 20 天内协调各方资源、组织活动物料是本次活动规划执行中面临的巨大问题。

• 项目策划 •

1. 目标

以香港为支点，面向港澳乃至全球文化名流、知名文创企业、文创机构及投资人等，搭建文创领域交流合作平台，讲好成都故事，传播天府文化。

2. 策略

选择香港落地成都的城市形象推广与营销，运用声光电多媒体艺术组合表现手法，满载文化创意氛围，旨在借助香港的国际化优势向全世界发声，进而

天府成都 文创未来——成都建设国家西部文创中心专场活动 2

天府成都　文创未来——成都建设国家西部文创中心专场活动 3

展示成都的城市魅力与文创发展愿景。以“天府成都　文创未来”这一主题定义本次活动的视野和维度，举行一次成都对外展示形象的顶级峰会。

3. 受众

港澳乃至全球文化名流、知名文创企业、文创机构及投资人等。

4. 媒介策略

以国际国内专业媒体的广度，全国到地方权威性媒体的深度，传统媒体与新媒体多渠道组合，全方位多形式宣传，让世界看到成都这座国际化魅力之城的声音与实力。

项目执行

根据活动主题与规模进行场地选择及会场布置，确认包括舞台灯光、色调、座椅及人名贴纸、讲台包装、桌花、签到礼品、活动物料及嘉宾证、工作证的材质等细节设计；根据活动目标及效果确定每个环节的内容及时间安排，完成独特而又富有创意的领导致辞与主持词策划撰写，每个环节多次走位彩排，全方位摄影摄像机位安排与调试，定制领导及嘉宾动线图，提供专业的安保团队及培训和完整的紧急预案措施，确保本次活动圆满完成。

由成都传媒集团、天安时间当代艺术中心、北京庄凌顾问有限公司三方专业活动团队实时进行活动内容质量与进度把控，24 小时紧密合作，保证活动每个环节的顺利完成。

●项目评估●

1. 效果综述

作为“川港澳合作周”的重头戏之一，成都建设国家西部文创中心专场活动成功举办。从站位高度到执行力度，从饱满内容到创新形式，从大处着眼到细节制胜，无不体现成都文创人的匠心独具和责任担当。得到了四川省委、成都市委、香港特别行政区政府驻成都经济贸易办事处等多方的高度赞扬。

2. 现场效果

整体流程的环节衔接和节奏把控，做到了精致、新颖、连贯、流畅、自然，内容直击内心，活动原计划当天香港刮起十年难遇的十号台风“天鸽”，执行团队临场应变，进一步细化和安排，最终完美呈现了一场视听盛宴，以一场诗意的灵魂对话及震撼效果，彻底征服了现场观众。

3. 受众反应

本次活动得到了现场嘉宾的高度认可与赞扬，活动结束当天下午主办方及执行团队收到来自各层级领导嘉宾的嘉奖短信。

本次活动使多个投资人青睐成都创意产业，洽谈深度合作并草签合作意向书，令人鼓舞。

4. 媒体统计

现场媒体近 70 家，包含省市级广播电视台、全国性报纸杂志、国际主流媒体。

项目亮点

一般的投资发布会多在展会举行，而本次活动选择了亚洲协会香港中心，活动整体节目安排充满艺术与文化创意氛围。此次专场活动包括《西部文创中心建设行动计划（2017—2022）》发布、文化沙龙、14 个文创项目集中签约等。同时，视觉名家叶锦添为成都量身定做的、时长 3 分钟的新媒体视觉演出也在活动现场亮相，灯光、投影、声音共同构建了虚实交错的世界。本次活动有 100 多位政府机构代表、海内外文化名流、企业大咖及 70 多位著名媒体代表出席。在活动环节，香港未来之星 8 位代表与现场嘉宾共同启动“天府成都友善国际公益全球联盟”。

亲历者说 任远　北京庄凌顾问有限公司副总裁

“世界向东，中国向西。”成都是著名的“天府之国”，也正在积极传承天府文化，努力建设世界文化名城。在这样一个时代契机之下，我们受邀承接本次成都建设国家西部文创中心专场活动方案策划及活动执行的任务。

多方合作团队跨区域沟通，不同的工作习惯与方式为本次活动增加了难度，但在接到任务之际，我们紧密筹划，在最短时间内成立专项工作小组，调动北京深圳两部主力人员，分为成都工作小组、北京工作小组、香港工作小组三个线路并行。多方团队高度默契配合，为期两周日夜兼程，激烈碰撞，活动现场实际考察与多次彩排递交了一份令各级领导满意的答卷。

案例点评

点评专家：汪岭　中宏保险企业传播助理副总裁

“天府成都　文创未来”活动，在极短时间内以文化创意和活动设计取胜。在几个活动执行环节上用心设计。其一，选址香港地标亚洲协会香港中心开展富有文化氛围的活动，由香港知名视觉设计师叶锦添制作新媒体演出，诠释天府文化，突出活动主题，点睛出彩。其二，在较短的时间里安排好100多位来宾的出席和现场活动内容；同时开展了《西部文创中心建设行动计划2017—2022》的发布，协调能力组织能力较强。其三，从全国到地方，全媒体立体的媒体宣传安排为活动造势，扩大了活动的影响力。

海南航空“十至名归”品牌升级项目

执行时间： 2017 年 6 月—2017 年 7 月

企业名称： 海南航空控股股份有限公司

品牌名称： 海南航空

获奖情况： 金旗奖——2017 最具公众影响力海外传播大奖

项目概述

伴随着品牌形象的国际化升级，核心产品的颠覆性迭代，海南航空开创性地通过与国际设计大师劳伦斯・许定制第五代新制服并于巴黎时装周走秀的时尚跨界以及 24 周年品牌故事广告、H5、海报等多维度系列传播，将海南航空作为中国文化元素的一张名片展现在国际舞台，成功引发了海内外媒体大范围争相报道。

项目背景

2017 年 6 月下旬，巴黎航展期间（全称：“巴黎—布尔歇国际航空航天展览会”），全球航空业颇具盛名的调研与评估机构 Skytrax 揭晓 2017 年度世界航空奖项。海南航空七度蝉联“Skytrax 五星航空公司”，并首次荣膺“Skytrax 全球最佳航空公司 TOP10”，摘得全球航空界“奥斯卡”。恰逢此时，正值海南航空品牌成立 24 周年与第五代空乘制服发布。这一系列的行业殊荣与品牌动作，标志着海南航空国际化进入全新的历史阶段，而品牌全球形象的战略性升级成为品牌传播工作的核心任务。

巴黎换装倒计时最后1天海报

项目调研

（1）梳理品牌故事。统合性梳理海南航空成立24年来的历史变迁、发展脉络及品牌故事，整合品牌传播的核心信息与精神内涵，提炼传播主题。

（2）评估海外传播。根据海南航空国际航线的布局重点，以欧洲、北美地区为主，针对全球媒体环境进行整体调研，在项目设计中充分考量海外媒体属性与内容需求，将品牌巧妙植入到国际盛事中，撬动全球媒体关注。

（3）锁定国际资源。应新制服设计需求，挖掘传承东方之美与中国传统文化并兼具国际声誉的设计师，调研符合品牌调性与传播需求且具备全球关注度

海南航空新制服巴黎街拍大片

的国际事件作为品牌形象升级的发布契机，评估海南航空品牌与该资源的契合点，探讨合作方式，利用跨界的形式将航空产业新闻拓展至全球公众视野，实现海南航空全球品牌形象在中国本土与全球主流媒体两条主线的统一亮相。

• 项目策划 •

1. 传播目标

借势 2017 年 Skytrax 评选荣誉公布，夯实海南航空品牌实力及影响力。顺势通过系列品牌升级国内外整合传播，打响品牌国际化升级战役，提升品牌全球知名度。

2. 传播策略

（1）确立行业占位。通过强化“七度蝉联 Skytrax 五星航空公司”“内地航空首次荣膺 TOP10”等极具行业差异化的竞争优势，配合展示 24 周年品牌故事及产品迭代等软、硬实力，确立海南航空行业领先的品牌占位。

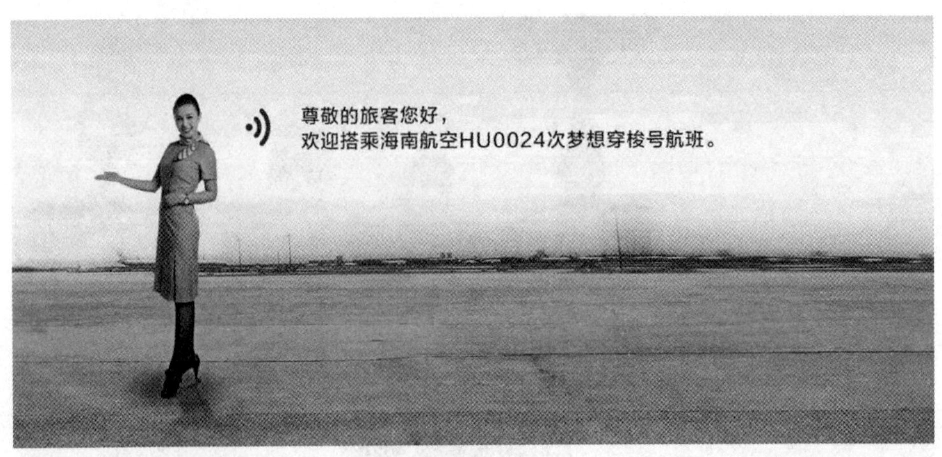

活动宣传图

（2）巧用大咖背书。联合具有国际知名度的行业大咖，分别在品牌实力、制服升级、贵宾室建设等领域进行合作背书。

（3）打造吸睛事件。利用巴黎时装周这一时尚大众及媒体关注焦点，结合第五代航空制服，巧借大师个人高定秀场，打造“巴黎时装周制服走秀”吸睛事件，引发全球关注及国内外媒体主动报道。

（4）实现全球影响。通过国内外传统媒体、新媒体整合传播，创造视频、H5、海报、GIF 图等多元化传播物料，利用自带话题的吸睛事件，实现国内外媒体大范围自发性报道。

3. 传播受众

航空垂直行业专业人士，社会精英人群，国内外主流大众、消费者。

4. 媒介策略

（1）媒介渠道。海内外双管齐下，传统新媒体联合发声；共涉及海内外主流电视媒体、权威平面媒体、门户网络媒体、微博、微信、Facebook、Twitter 等。

（2）媒介形式。广告投放与公关渗透并重，图文报道与多样化传播物料并举；共涉及平面媒体广告、网络广告 banner、朋友圈广告、纽约时代大屏广告。

项目执行

1. 第一阶段：依托行业评选，确立行业占位

视频《海航梦》回首 24 年品牌征程，海南航空从未放弃信念，从未停止前进，呼应“Fly your dreams”品牌理念。

朋友圈广告《七年之“养”，“十”至名归》运用七与十，巧妙连接七度蝉联 Skytrax 五星航空公司与 TOP10 行业背书，将业界殊荣第一时间传递至本土市场。

H5《实力反转，梦想成真》选取品牌发展 24 年里程碑事件，通过手机反转 180° 的互动操作，寓意与受众共同见证从无到有的海航蜕变。

2. 第二阶段：巧用大咖背书，点亮国际征程

承接巴黎航展，2017 年 6 月 26 日，海南航空在巴黎小皇宫举办国际慈善晚宴，Skytrax 主席颁发“全球最佳航空公司 TOP10”证书，海南航空历代制服集体亮相慈善晚宴。

不同于常规品牌营销单纯追求流量效应的网红及 KOL 合作，海南航空此次选择国际钢琴巨星及海南航空国际航线代言人——郎朗，服装设计师及海南航空第五代制服设计者——劳伦斯·许，设计大师及海南航空海翼堂国际贵宾室设计者——梁景华，运用海报的形式致敬匠心，为海南航空实力站台。

3. 第三阶段：打造吸睛事件，实现全球传播

（1）大秀预热，悬念营销。

以即将到来的海南航空大事件为原型，借由电影宣发手法，分步释放电影预告片、电影海报等强创意、强视觉冲击的传播物料制造悬念。

选取巴黎及海南航空重要航点城市的地标建筑，将新制服的东方元素融入其中，制作系列建筑换装海报，开启受众对新制服的无限联想。

（2）巴黎时装周传播，时尚跨界。

作为时尚界顶级盛宴，巴黎时装周自带全球话题与关注，设计师劳伦斯·许携海南航空第五代新制服的惊艳亮相，引发到场外媒及海外社交平台的主动性报道并在国内通过网易直播平台实现全球同步。

由劳伦斯·许亲自出镜演绎阐释新制服设计理念与品牌内涵，与巴黎场景式街拍时尚大片配合作为场外传播物料，展现东方神韵与西方格调融合后的化学反应，以时尚之名，传递东方之美。

（3）后续传播，创意总结。

以长图的形式打造了一台梦想穿梭号航班，为旅客定制时空穿梭之旅，将当年的大事件与海南航空串联，用复古情怀唤起网友的回忆、引发共鸣。

• 项目评估 •

1. 效果综述

（1）境外。针对项目的新闻累计报道篇数超 1151 篇，阅读量总计 3 亿人次；在 Facebook、Twitter、Instagram 三大传播平台上相关话题阅读量超 7 万人次；通过纽约时代广场、法国戴高乐机场等户外传播渠道，品牌广告浏览量超过 2 亿人次。

（2）境内。项目报道篇数累计超 351 篇；通过悬念视频、H5、创意长图等多种推广形式，实现全网曝光量超 3 亿，相关话题点击量高达 1 亿人次（# 七年之养，十至名归 # 微博话题位列当日话题榜第六名），多个微博“大 V”主动传播相关话题；2017 年 7 月 4 日网易现场直播海南航空第五代制服亮相巴黎时装周，观看量达到 83 万人次。

2. 各方评价

CNN 早间新闻节目进行了正面报道；法国《费加罗报》也对新制服给予高度评价。在社交媒体上，国外网友对全新制服多以正面评价为主，称赞新制服能直接去米兰时装秀了。

3. 媒体统计

境外主流网络媒体《财富》杂志、《泰晤士报》，彭博新闻社等；境外主流电视媒体 CNN、BBC（英国广播公司）等；境外知名旅行杂志《国家地理》《Lonely Planet》(《孤独星球》) 等；境内主流网络媒体人民网、新华网、新浪、凤凰等；境内主流报刊媒体《中国日报》《环球时报》《第一财经》《南方都市

报》等；境内手机客户端网易、今日头条等；境内 KOL：英国那些事儿、Vista 看天下、中国新闻周刊、赵圆圆谈广告等。

● 项目亮点 ●

（1）深度时尚跨界。深度绑定带有鲜明中国元素的国际大咖，将航空制服、艺术时尚与全球顶级秀场进行定制化结合；利用大 IP，打造大事件，吸引全球关注，带动全球媒体主动报道。

（2）全面海外报道。通过投放彭博新闻社、《国家地理》等海外权重媒体、纽约时代广场大屏等知名平台的广告，打响海南航空的国际认知度。继而通过“巴黎时装周制服走秀”的公关事件，引爆海外媒体关注及报道。

（3）充分整合传播。通过彰显国际级大公司气度的品牌升级视频、网络大电影、兼具文化与艺术结合的城市换装海报、趣味互动的 H5、24 年品牌故事深度图文报道等多元化物料，实现广告与公关、传统媒体与新媒体的全方位整合传播。

亲历者说 余妍鸾 海南航空传播与市场开发中心品牌推广高级经理

2017 年，是海南航空成立 24 周年，这一年对于海航人而言，意义非凡。“七”和“十”，对于我们，不再是无意义的数字。七是摘星之旅中的坚守初心、一次次取得荣耀却不停歇的脚步，是五星荣誉的七系传承；十是国际舞台对坚持传递东方之美的“海航梦”，最美的实现与最佳的肯定。七年之“养”，终于，“十”至名归。所有荣誉的背后是一代代海航人在“飞行安全、航线开拓、服务体系、硬件设施”等细节的深耕细作，是不断追求下一个更好的初心。

值此之际，向全球展现中国航企的品牌实力与气度，刷新海南航空国际卓越航企的品牌形象与担当，成为品牌传播工作的核心任务。借助 Skytrax 奖项颁布的契机，我们立足于公司在全球航企中的行业定位，通过借势国际优质传播资源，巧妙撬动了品牌全球传播的杠杆，向海南航空品牌 24 周年交出一张漂亮的成绩单。

案例点评

点评专家：黄小川　华谊嘉信集团联席总裁、迪思传媒集团董事长

全民娱乐时代赋予营销更多元的内涵，内容营销越来越受到重视，而内容也早已从原先的视频、广告升级到一个“超级内容时代”。海南航空‘十至名归’品牌升级项目，通过借助巴黎时装周等国际IP品牌及故事化内容包装手段，将东方民族文化与海南航空24周年品牌文化巧妙融合，在找到品牌与用户感同身受的情感连接点的同时，亦在海外展现出温情、丰满的品牌形象与企业文化。项目以超级内容激发用户共鸣及行业认可，最终成为在海外产生高度社会影响力的营销事件。

具体来说，海南航空通过邀请国际知名的行业大咖站台发声，在各自领域进行合作背书，夯实了品牌实力及国际影响力；在创意策划上，通过联合国际大IP巴黎时装周、劳伦斯·许定制制服跨界合作，快速吸引了全球精英人群关注，在创新形式突破上，以走心内容输出、多元化传播手法，快速引爆行业关注。

目前营销已进入4.0新时代，在营销1.0时代突出产品功能，营销2.0时代突出品牌理念，营销3.0时代以内容为王，营销4.0的新时代则是超级内容制胜的时代。海南航空正是通过超级内容及国际资源合作，增强了品牌实力，也正式拉开了国际化征程的传播序幕。

附　录

北京万达传媒有限公司

公司简介及业务

北京万达传媒有限公司（万达传媒）是世界 500 强万达集团旗下唯一以电影为入口的传媒公司，系上市公司万达电影全资子公司，独家运营全球最大院线万达院线的传媒资源，并通过运营万达集团旗下商业、文旅、体育等媒体资源，以电影为入口，是中国目前唯一的融合营销解决方案提供商。

万达传媒与万达影业、传奇影业及国际娱乐营销公司 Propaganda GEM 均为同门公司，在全球范围内展开内容营销和娱乐营销领域的独家深度合作。

公司 LOGO

万达传媒的独家资源跨电影、儿童娱乐、商业、体育、文旅等业态，吸引国内知名品牌营销专家及资深 4A 广告专家加盟，组建全案营销策划及创意团队，为众多世界 500 强客户和国内知名客户提供专业营销服务。

创新——融合营销战略

万达传媒在营销业界首提营销升级，率先梳理营销断代史，指出营销升级至 5.0 时代的趋势。同时，开创性地提出融合营销战略，打破传统营销的分散区隔，通过融合线上与线下、媒介与渠道、内容与情感、品牌与记忆，以电影这一仪式感社交的最大公约数为入口，以观影动线为核心，满足消费者创造“一站式好心情”需求的同时，为品牌客户提供一站式营销解决方案，放大了互联网时代深度营销价值。

独家产品——万达影立方

万达传媒独家开发的全新媒体形式——万达影立方（影院智能取票机），创新性地采用H5互动等方式，突破了传统户外媒体单向填鸭式传播、无可测性效果数据的现状，打通真正实现影院场景内营销闭环，获得超高的转化率，引爆线上与线下的融合，创造广告主、消费者、影院、媒体平台四方共赢的商业模式。

独家优势领域

万达传媒是融合营销开创者，也是中国目前唯一的融合营销解决方案提供者。融合营销的核心是最丰富场景的最大化融合。万达集团积累三十年的丰富商业实景资源，成为融合营销的绝高护城河。

公司网址

http://www.mediawanda.com/

“好心情场景”蕴含巨大流量，万达传媒引领融合营销新趋势

人物专访：魏亚欧　万达传媒高级副总裁兼首席战略官

万达传媒是如何划分过往营销历史的，1.0 到 5.0 时代分别注重什么？

通过研究营销断代史，万达传媒认为，营销 1.0 时代最突出特征是以产品为核心，2.0 时代以消费者细分为核心，3.0 时代进入到整合营销，4.0 时代则伴随碎片化掀起社会化营销。从 1.0 到 4.0，营销共同的特点是“线性区隔或分散”。

当营销升级到 5.0 时代后，一个重要的特点是——打破“区隔”，走向“融合”。时间成为最宝贵的资产，消费者希望在一个完整的时间内，通过一站式的方式，解决所有对自己来说重要的事情；广告主希望通过一站式的方式，来核算广告投入和广告效率，并且希望可以一站式深度触达核心消费人群。

魏亚欧

3.0 时代的整合营销和 5.0 时代的融合营销看起来有类似之处，它们最大的区别在哪里？

3.0 的整合营销做加法，理论上集 1.0

时代的产品理论和2.0时代的消费者理论于一身，兼之以电视为核心的所谓四大媒体的高度发达，理论与执行都是做加法，既要考虑产品例如4P理论（产品、价格、渠道、促销），也要考虑消费者例如4Cs营销理论（消费者、成本、便利、沟通），还要根据品类和产品生命周期特点，如同投资经理考虑投资组合一样思考媒体组合。

5.0的融合营销实际上是做减法，以场景为核心，尤其是好心情实景社交的场景为最重要核心，只有这样才能占据消费者最大块的时间和最好的心情，时间占据足够多，就有足够机会满足消费者和品牌主各自的一站式需求。

融合营销为什么是做减法？因为不再像以往线性区隔线上与线下、媒体与渠道、内容与情感、品牌与记忆，这一切都可以一站式激活。

整合营销做加法，融合营销做减法。互联网带给我们的最大的益处是节省时间，提高沟通效率，所以，融合营销应运而生。

万达传媒在融合营销领域的独家性体现在哪里？

万达传媒提出融合营销，首先是基于对营销断代史的梳理，其次是对消费者的深刻洞察，更重要的是在资源储备上，万达更具备融合营销的综合实力。在5.0融合营销时代，那个真正适合做一站式、减法营销的场景在哪里？

以到万达影城看电影为例，消费者通常在线上购票，然后到影城取票，同时又成为万达电影的会员，并与关系亲密者共度2小时左右的观影时间，这是一段完整的感情同频体验。在这个观影动线中，通过一张电影票，万达聚集18岁～35岁这个非常核心的群体，他们往往结伴而来，与自己最在乎的人一起，在观影动线上慷慨地付出时间与金钱。可以说，守在电影院入口，就是守在线上线下融合的最高效入口，也是万达传媒倡导的融合营销的最大流量入口。

万达积累了30年的丰富商业实景和文体资源形成了万达独特的商业集群。钢筋混凝土盖好大楼之后，需要内容填充，这不只是商场的运营，还有万达各个产业的支持，比如万达电影、万达体育、万达文旅等，没有这些丰富的好心情实景资源，又怎么做融合营销呢？

作为资深品牌及营销专家，您认为什么样的企业适合多品牌战略？多品牌管理最大的挑战是什么？

多品牌战略是一个比较有陷阱的选题，我们可以泛泛地说，如果是这个企业已经有多种不相关多元的业务，那么它大概率应该采用多品牌战略。有的企业喜欢使用单一品牌，这是基于对母品牌有非常强烈的信心，比如说万达集团，它布局了商业、文旅、体育等产业，可能几大领域看起来不太直接相关，但实际上它的物质根基是高度相关的，发展历程则彼此衔接、水到渠成。而我之前供职的方正集团，也是较早发展了非相关多元业务，但由于各产业有不同的历史发展渊源，它更适合以方正为主的多品牌体系。是多品牌还是单一品牌，往往与企业的战略规划相关联，是战略层面的设计，而非品牌部门拍脑袋或请咨询公司就能确定的。

当一个企业的品牌发展到一定程度，不管它是单品牌还是多品牌，都需要品牌管理。品牌一定是经营管理出来的，刻意用心，常年坚持，对外有长期的一致性，对内必须上下一致，品牌 = 时间 × 金钱 × 一致性，这是我一直倡导的魏亚欧品牌公式。在这个公式里面，时间与一致性都是更大的挑战，远胜于金钱。

灵思云途上海公司

公司简介

灵思云途上海公司：（简称：灵思云途）是国内为数不多的广告、公关双 4A（美国广告代理协会）公司，服务网络遍及全国 100 余个重点城市，全国共计 16 家子公司，员工近 1400 人。公司旗下拥有 7 大业务品牌公司，提供包括品牌顾问、广告传播、公关顾问、时间行销、网络营销、新媒体等在内的全方位大数据营销服务。2016 年，灵思旗下微票儿收购格瓦拉。

公司 LOGO

核心优势

第 1 家导入国际传播理念并进行实际应用的公司；第 1 家导入体育营销并将体育资源整合应用到 PR 体系中的公司；第 1 家整合布局娱乐全产业链的营销公关推广公司；第 1 家构建“数据化”“移动化”媒体库的公司；第 1 家自有自媒体高端资源交易平台、公关业务管理系统——赢联企业版的公司；第 1 家建立媒体智囊体系化管理，打造优质 UGC 的公司；第 1 家打造“全战略化”“资本化”媒体资源平台的公司；第 1 家 打造“人机合一 + 动态定制化”危机监测体系的公司。

获得荣誉

第八届“金投赏国际创意节”社会化媒体营销金奖；

中国 4A 协会（含港澳台）40 个成员之一；

中国国际公共关系协会公关综合实力前三甲；

CIPRA“数字营销最佳团队”奖；

2015 年，奥迪 TT——艾菲奖银奖；

2015 年，华晨汽车中华 V3——影响中国年度营销金奖；

2015 年，舒肤佳——金投赏金奖；

2015 年，东风风光 580 上市百名网红直播——蒲公英奖营销类金奖；

2015 中国 4A 创意金印奖银奖；

最具价值互动代理公司奖；

首届微电影大典最佳影片奖、及最佳微电影导演等 4 项提名。

公司网址

http: //www.linksus.com.cn/

“人性的痛点，必须是公关人的兴奋点”

人物专访：张冬妮　灵思云途上海公司副总经理

千禧一代开始成为市场的消费主力，给销售渠道和营销方式带来了变革。您觉得现今年轻人的消费观念有什么特点？

张冬妮

从消费意识来看，年轻消费者的消费方式和观念呈现多元化、个性化趋势。我们从“95后”说起吧，相比“85后”“95前”这一代人的消费观，“95后”的消费行为是更加积极而理性的。比如网购这个行为，“80后”“85后”产生消费的初衷可能大多数还是基于“我现在需要但是无法或不愿意分身，网购更加便利”这样的洞察，然后大家可能选择自己知道的品牌或者是按照销量或信誉等顺序去选择商家购买。然而对于“95后”消费者来说，自我感受是他们网络购物最优先考虑的因素，他们充满自信、更加注重自我，“凡是我买的都是我喜欢的”。品牌不重要，他们更加看重通过社交多媒体分享的在线评论分享、对产品的评级等信息，更加看重产品的品质、品牌、体验与属性标签，对于产品价格的敏感度较低。“做自己认为对的决定”对这一代人很重要，小到网购一个商品，大到他们对住房的态度，他们热爱共享经济，是旅游、租房、租车、教育、购物等各种场景的分期消费的主要力量。他们偏爱体验式消费，更乐意为一次理想的体验过程买单。他们偏爱个性化消费，要能体现自己的品味，要让自己独树一帜。

他们对产品和服务的需求更加移动、便捷和高效。综合各个方面，我们都能看出他们的消费观念积极而理性，相比之下“95后”比上一代人更加决断和积极。

您擅长产品上市营销，从业期间也参与或主导了多项新品上市传播大事件，那么，您认为新产品上市的传播目的和传播特点是什么？

新品上市进行传播时，品牌方都希望新客获取、老客留存、品牌建设与提升诸多功能有效集合。品牌形象的打造以及消费者洞察一定要符合新客户的心理，也不能让老客户觉得他们喜爱的牌子“失去了原有的样子”。

大的通调把控很重要，比如，很多化妆品品牌会选择“品牌代言人”和“产品代言人”同时存在的方式，有的品牌会选择在保持产品调性的情况下，选择性地结合当下热点事件，使自己有新鲜的新品时代感。对于方案来说，每一个阶段都有不同的侧重点。同时，要前瞻新品上市两年以后的趋势，因为每次新品上市前半年基本上是铺声量，当时的好方案，未必两年后就是好的。反之亦然，会不会有效果大概是在半年甚至一年以后才能看出来。当然也要看每个新品在整个品牌蓝图中承担什么样的使命，使命不同，新品上市的策略自然也不同。

在之前的2017金旗风云人物候选人申报资料中，您的行业评价中多人提及“超前的消费者洞察及超越常规营销的战略化思考模式”是您突出的优势。那么，对于“超前的消费者洞察”和“战略化思考”这两个词，您怎么解读？

首先感谢大家给我这么高评价，这是不是在“变相”说我是一个不按常理出牌的人呢？我承认我有些“杞人忧天”，喜欢进行“超前的消费者洞察”。很多时候我会脱离现在的时间维度，从未来角度思考问题。举个例子来说，我经常思考“95后”在三十而立时，那个世界会是怎样的。2025年，中年人将变成“85后”，那时的社会经济、文化、消费观的发展会是怎样的？2025年，“00后”已经25岁了，他们会用什么样的化妆品？是不是医美代替今天的面膜是必然和普遍的？25岁的“00后”女性用车是怎样的？是不是她们的车将会是一个移动化妆间和试衣间呢？种种类似这样的问题再反推到当下，可能会得出一些现在看起来有些匪夷所思的结论。

“战略化思考”其实就是整合行销，换句话说就是如何在特定的时间、特定地点内，解决人的衣食住行购娱美乐其中的一个或者多个痛点，比如是不是有机会把营养健康的饮食、环保安全的家居环境、方便快捷的出行方式等这些作为消费者真正在意的痛点，转化成品牌愿意综合到一起去思考的一系列营销。另一种思路就是一个产品的呈现，也可以在多个消费者接触的点上打通，比如某些汽车品牌的营销，特别是家里有两个宝贝的家庭用车，也可以逐步渗透到母婴类场景中。因为妈妈也将成为多成员家庭用车的一员，谁说母婴网站不能选车呢？这种战略也不是仅仅在传统意义上的媒体组合战略或者品牌营销战略，“一站式”“全方位”拥抱消费者本身就是一种极好的战略化思考方式。

您怎样划分公关传播的时代？每个时代各有什么特点？

这个话题比较大，也有行业内很多专业人士偏爱从各个维度划分。今天既然更多地从消费者视角出发，我们就从消费者的世界去看下传播的变化吧。

我们暂且把最原始的传播方式叫作 1.0 时代，无论媒介的性质属于平面媒体还是其他，在 1.0 时代消费者更多是被动接受一些信息，媒介的渠道是报纸、杂志当然也包括网络传播，传播更注重在有限的媒体资源内，露出品牌声音，打响知名度。2.0 时代更多的是媒体与消费者之间的互动，消费者开始有了自己声音的阵地，论坛出现后，还有了开心网等记忆中的人机互动。3.0 时代我们开始说数字营销、社交媒体，媒体慢慢以官方的、第三方的身份加入了社交阵地，微博、微信的出现让社交媒体和自媒体的力量与日俱增。随着电商时代的到来，我们不得不承认，淘宝、天猫等阵地也开始具备了媒体的属性。有口碑的聚集就有了媒体的属性。

到了今天，我们可能会总称新媒体时代，其特点我认为有以下几个。第一，互联网产品的一些属性很重要，无论是小程序还是 H5，以内容为核心的千人千面传播的属性是这个时代的特质。第二，媒体自身可以打造出在视觉上、听觉上、思想上吸引人的产品，比如喜马拉雅、得到、混沌大学等也是年轻人喜爱的媒体形式。第三，以消费者体验感受、用户触媒习惯、用户触媒方式为前提进行传播。淘宝、天猫等集产品口碑于一身，告别品牌方的自说自话，会是新时代媒体传播的特点，有人的地方就会有声音，声音多了会形成口碑，有口碑的地方就是媒体。

广州立白企业集团有限公司

公司简介

公司 LOGO

广州立白企业集团有限公司（简称：立白）是国内日化龙头企业，创建于 1994 年，总部位于广州市。主营民生离不开的日化产品，产品范围涵盖“织物洗护、餐具洗涤、消杀、家居清洁、空气清新、口腔护理、身体清洁、头发护理、肌肤护理及化妆品”九大类几百个品种，营销网络星罗棋布，遍布全国各地。

立白近年来均保持较快增长速度，全集团年销售收入一百多亿元，洗涤剂全国销量领先。年向国家上缴税收超 15 亿元，连年荣登“中国私营企业纳税百强”排行榜。立白先后荣获“中国优秀民营企业”“全国守合同重信用企业”“最具市场竞争力品牌”“中国工业先锋示范单位”“中国绿效企业最佳典范奖”等各种世界级、国家级荣誉一百余项，立白已成为民族日化工业的一面旗帜。

公司网址

http: //www.liby.com.cn/

奇妙时刻快乐好爸爸·上海迪士尼乐园酒店见面会

人物专访：胡珊　好爸爸品牌事业部总经理

自2017年4月以来，好爸爸亲肤抱在网络上不断刷屏，相关的话题也引发了网友们的热烈讨论。请问您所理解的亲肤抱是什么？

亲肤抱，指的就是双方肌肤和织物接触，彼此能感受到对方肌肤温度、织物温柔的拥抱。好爸爸认为，亲肤抱能让家庭成员关系亲密、感情升温，使家庭更完美。

宣传和倡导亲肤抱动作，这与好爸爸的品牌策略又有什么深层的联系呢？

“完美一家，少不了好爸爸”是好爸爸与消费者的情感诉求沟通。亲肤抱动作表达的是对家人的关爱，而好爸爸高端亲肤洗涤产品，通过了相关检测，能让衣物洗涤后亲肤无刺激，使亲肤抱体验更完美。

亲肤抱是一个超级符号，将品牌情感与产品功能完美链接。这个超级符号也有着比较大的创意空间。

胡珊

好爸爸自2014年更名升级之后，一直主张“高质量亲子陪伴”并以“完美一家，少不了好爸爸”为品牌理念。能否请你谈谈品牌的发展现状以及未来的规划?

自好爸爸更名后，越来越多的家庭认可了好爸爸和好爸爸倡导的品牌理念。说到未来，我们认为那是属于智能科技的时代，好爸爸也将顺势而为，不断做出更多更新、更受年轻人喜爱的尝试，满足消费者的需求。

您如何看待好爸爸更名升级后，对于品牌软实力的提升?

好爸爸的品牌名与消费者有着天然的共鸣。2014 更名后至今，好爸爸通过《爸爸去哪儿第二季》快速提升知名度。同时，通过互动营销、娱乐营销等行销手段传递品牌内涵。好爸爸也是行业内较早开始尝试跨界合作的品牌之一，比如与滴滴出行合作，制造“好爸爸奇葩蹭车”事件；联合乐高打造乐高好爸爸成长营；2017 年春节前后，好爸爸更与腾讯旗下的火爆手游《天天爱消除》携手，推出了联名新产品好爸爸爱消除新春大礼盒，这是洗涤品牌与网游跨界合作的全新尝试。

好爸爸还一直热心于公益事业，先后举办了“好爸爸教室全国公益行”“好爸爸成长营 30 分钟拥抱计划”等公益活动。通过以上这些行动，好爸爸的知名度和美誉度得到了全面提升。

中粮粮谷

中粮粮谷是中粮集团旗下从事大米、小麦和啤酒原料加工、贸易及销售的专业化平台，是中粮集团粮油棉糖核心主业的重要组成部分。中粮粮谷各项业务在国内行业中均处于领先地位。

公司 LOGO

业务概览

中粮粮谷业务涵盖大米、面粉、面条、面包和啤酒原料五大产品品类，在国内粮食主产区拥有较为完善的产业布局，具备国内外一手粮源掌控能力，产品销售网络遍布全国。

大米业务

中粮粮谷在国际和国内市场扮演重要角色，是中国大米进出口的主渠道，历经十余载发展，从贸易商转型为稻米行业全产业链企业，基本完成在全国优质水稻主产区的战略布局，通过借力传统国贸优势，加强渠道建设和品牌营销，实现经营规模持续稳定增长。目前，年稻谷加工能力达 408 万吨，居全国第一。

小麦加工业务

生产设备国际领先，质量管控严格，产品线完整丰富，产品品质稳定，是国内外知名品牌和连锁超市的合作伙伴。在 B2B 领域，根据客户需求，提供一揽子原料解决方案下的差异化产品；在 B2C（商对客电子商务模式）市场，根据消费者需求，提供多样优质产品。目前，年小麦加工能力达 357 万吨，居行业领先地位；年面条生产能力达到 22 万吨；年面包及糕点产能 3600 吨。

啤酒原料业务

中国领先的啤酒原料供应商，甄选全球优质啤酒大麦，采用领先的制麦工艺，为啤酒、食品饮料及小型精酿客户提供麦芽原料解决方案。目前，年麦芽加工能力 74 万吨。内销市场覆盖全国各大啤酒企业，市场占有率超过 20%；出口市场集中在东南亚、蒙古、非洲等地，出口量占中国麦芽总出口的 45% 以上。

发展目标

中粮粮谷将按照国际化大粮商定位，充分利用国际国内市场资源，进一步完善产业布局，扩大经营规模，夯实运营管理能力，加强产品研发创新，提高市场占有率和盈利水平，提升主粮控制力，为亿万中国消费者提供安全、营养、健康的米面主食和优质食品原料。

从“心”出发为消费者打造无界体验

人物专访：方驭 中信银行信用卡中心市场部副总经理

不同行业进行数字化转型时都有着各自的特质。作为大家非常熟悉的日常消费方式，信用卡一直以来通过给广泛人群提供标准化的服务来获取盈利。然而随着互联网科技的冲击以及消费升级，在消费需求变得多样化、差异化的今天，关于如何让信用卡突破传统模式，通过捕捉每一次的客户体验，为客户带来专属化、个性化的服务，有几点经验想跟大家分享。

事实上，我们开始思考如何运用数据模型进行转型是在 2013 年受到互联网冲击之后，通过大数据分析工具，我们得以更全面地实时知悉、捕捉和了解品牌现状及消费者需求，并基于分析结果实时调整自己的业务和沟通策略，重塑品牌价值。当时我们在分析信用卡持卡人和消费者画像时就发现，整个人群和结构已经发生了很大变化，尤其是“90 后”新生代消费力量崛起，他们对信用卡很依赖，同时又希望能够享受到多样化、专属化、个性化的服务。经过进一步数据挖掘，我们发现那些追求上进和喜欢分享社交的消费者需求还没有被满足。于是我们希望不仅从功能和利益上满足消费者，

方驭

更要跟他们有情感层面的交流。通过重建内部品牌价值体系，我们与 7 个提供不同服务类型的品牌合作发起活动，让消费者感受到信用卡给生活带来的各种便利。

我们认为，数字化转型过程中科技和技术的运用可以大大拉近品牌与消费者的距离，帮助品牌与消费者做朋友，从“心”出发，产生情感交流与共鸣。

上海爱琴海商业集团股份有限公司

公司简介

爱琴海商业集团是红星美凯龙集团旗下的资产管理平台，是国内领先的商业不动产全程运营商。

截至发稿前，爱琴海商业集团已进入北京、上海、天津、重庆、成都、苏州、昆明、福州、兰州、唐山等60余个大中城市，管理面积超过800万平方米。

公司 *LOGO*

爱琴海商业集团始终坚持以“创造更持续的价值”为目标，围绕资产盘活、资产运营以及资产升值提供全程专业服务，目前已与数十家地产企业及金融机构建立战略合作关系，在全国实现资产管理业务的快速拓展。爱琴海商业集团多次被评为“商业地产最佳营运商”“最佳雇主”等称号。

公司网址

http: //www.aegeangroup.com.cn/